THE SCOUT
스카우트

SSG 랜더스 진상봉 스카우트의 시선으로 보는 한국프로야구
그리고 '스카우트'라는 직업의 극현실적 세계

THE SCOUT
스카우트

프로야구의 모든 것은 스카우트에서 시작된다

브레인스토어

차례

추천사 · 006
프롤로그 · 011

PART 1.
프런트로서 야구를 말하다

Chapter 1.
프런트의 일원으로 생각하는 프로야구 행복 구조

- 3~4시간의 행복을 위해 야구장을 찾는 사람들 · 019
- 희비의 계절, 잔인한 가을 · 024
- 프로야구는 늘 도플갱어 같은 평행이론 · 031

Chapter 2.
프런트의 일원으로 공유하는 구단 매니지먼트

- 프로야구단은 어떤 일들을 할까? · 038
- 이것 저것 다 하는 운영팀의 역할 · 042
- 승리와 우승의 원천은 선수단 구성 · 047
- 언제나 가슴 아픈 방출선수 선별 · 054
- 트레이드 카드는 항상 빗나간다. · 058
- 선수단 연봉 계약을 위한 고과 산정 · 063

PART 2.
스카우트로서 야구를 말하다

Chapter 3.
스카우트로서 생각하는 감독 선임과 FA 선수 영입

- 프로야구 감독의 굴레 · 079
- 프로야구 감독의 명암 · 083
- 리더십 교체가 필요하다는 공감대 · 089
- 감독 선임 과정에 대해 · 095
- 감독의 고뇌 · 106
- 소속 선수 FA 잔류 프로젝트 · 121
- 외부 FA 영입전에 뛰어들다 · 135

차례

Chapter 4.
스카우트로서 공유하는 외국인선수 영입

외국인선수 제도 도입 배경 • 146
최초 외국인선수 선발과 이후 과정 • 150
첫 외국인선수 스카우트 출장의 기억 • 157
위험을 무릅쓴 멕시코 방문 • 161
MLB 사무국으로부터 날아온 템퍼링 경고장 • 167
기울어진 운동장의 외국인선수 선발 • 174
신속한 의사결정의 필요성 • 188
KBO 리그에서 통하는 투수 유형 • 195
KBO 리그에서 통하는 타자(야수) 유형 • 204
외국인선수들의 고충 • 209
실패에서 찾아가는 해법들 • 216
전 SK 와이번스 외국인선수 이야기 • 220
KBO 외국인선수 탐구에서 얻어가는 것 • 241

PART 3.
야구인 진상봉의 생각들

Chapter 5.
지속적으로 변화하는 선진야구 MLB

코로나19의 여진 • 251
미국 스프링캠프 이야기 • 259
제도 변화와 시간과의 싸움 • 263
투수들의 스피드 전쟁 • 266
타자들의 메카닉 변화 • 271
MLB와 선수노조의 미래를 위한 상생 • 275

Chapter 6.
KBO 리빙 레전드 선수들에 대한 생각

코리안 몬스터 류현진 • 280
KBO 홈런왕 소년장사 최정 • 287
SSG 레전드이자 국대 에이스 김광현 • 295

에필로그 • 305

추천사

SSG 랜더스 선수
김광현

진상봉 팀장님과는 내가 아마추어 선수였던 고등학생 시절부터 20년 넘게 연을 이어가고 있다. 지난 20여 년 바라본 팀장님은 업무의 경중을 따지지 않고 모든 일에 최선을 다하는 모습으로 후배 야구인들의 존경을 받는 선배이다. 팀장님은 야구단 내에서 오랜 시간 동안 선수단 운영, 육성, 스카우트 등 다양한 실무를 경험하셨는데 긴 시간 동안 축적한 지식과 정보가 이 책에 잘 담겨 있다. 야구팬 혹은 훗날 야구 관련 직업에 종사하고 싶은 독자들이 이 책을 읽는다면 프로야구와 프런트에 대해 유익한 정보를 얻을 수 있을 것이라고 생각한다.

SSG 랜더스 선수
최정

진상봉 스카우트님은 늘 조용히, 그러나 누구보다 뜨겁게 팀을 위해 행동하시는 숨은 MVP였다. 그라운드 밖에서 묵묵히 팀을 위해 헌신하신 팀장님의 이야기가 담긴 이 책으로 야구단의 진짜 MVP가 누구였는지 많은 분들이 알게 되길 바란다. 이 책은 야구단 프런트의 세계는 물론, 야구장의 밝은 스포트라이트 그 뒤에 숨겨져 있는 다양한 이야기를 담고 있다. 이 책을 통해 팬 여러분들도 분명 새로운 시선으로 야구의 매력과 가치를 느끼실 수 있을 것이다.

전 SSG 랜더스 선수
제이미 로맥

진상봉 스카우트는 2017년 여름 내가 KBO 리그에 진출하는 데 결정적인 역할을 했다. 그가 언제나 변함없는 믿음을 보여주고 여러모로 큰 도움을 주었기에 내가 외국인선수로서 5시즌 동안 성공적인 커리어를 보낼 수 있었다고 생각한다. 한국에서 지내는 동안 SSG 랜더스와 SK 와이번스가 인천 팬들을 자랑스럽게 만드는 최고의 구단으로 성장하는 모습을 지켜볼 수 있었다. 우리 팀은 물론, 한국프로야구 발전에 커다란 영향력을 미친 그에게 찬사를 보내며, 은퇴 후 이어질 인생의 다음 챕터도 좋은 일만 가득하기를 바란다.

LG 트윈스 감독
염경엽

선수 출신으로 프런트에 몸담아 35년이 넘는 시간을 프로야구와 함께 동고동락한 저자가 디테일하게 풀어낸 진솔한 야구 인생 이야기는 야구팬들을 비롯해 현장에 있는 선수들과 코칭스태프에게 의미 있는 메시지로 전해질 것이다. 평상시 궁금했던 야구장 안팎의 이야기를 시원하게 가감 없이 풀어내 주었다. 그 누구도 이렇게까지 상세하고 진정성 넘치는 야구 이야기를 책으로 만들기는 어려울 것이다. 더 많은 야구인들이 기술에 관한 것이든, 전략에 관한 것이든, 마케팅과 비즈니스에 관한 것이든 프로야구를 매개로 하는 책을 더 많이 발표해 야구 발전에 다양하게 기여할 수 있기를 바란다. 이 책은 그런 측면에서도 매우 깊은 의미를 갖는다.

OSEN 스포츠부장
강필주

프로야구는 어쩌면 경기장 안보다 밖이 훨씬 더 치열하다. 스카우트, 감독, 프런트, 외국인선수까지… 지명과 영입, 잔류와 방출 사이, 보이지 않는 수많은 결정들이 한 시즌의 성패와 구단의 역사를 만든다. 그 무대 뒤편에서 프런트로, 스카우트로 25년을 버틴 야구인의 기록이 이 책에 담겼다. 이 일을 업으로 삼고도 정작 글로 자신의 경험과 지혜를 공유하는 야구쟁이가 드문 이 판에서, 이 책은 유용한 전략서이자 참고할 만한 선배의 노트로 야구계에 남을 것이다.

경남FC 축구단 단장
진정원

대한민국 프로스포츠를 이끌어가고 있는 양대 축인 프로축구와 프로야구는 국민들의 사랑과 열렬한 환호 속에서 늘 희로애락을 함께 하고 있는 불가분의 관계에 있다. 다른 듯하면서도 유사한 조직의 생리와 전략들을 프로야구를 다룬 이 책에서 구체적으로 잘 표현했는데 프로축구에서도 유용하게 활용할 대목들이 너무 많은 것을 보고 놀라웠다. 특히 감독 선임과 FA 영입, 외국인선수 선발문제들은 프로야구만의 문제뿐만이 아니다. 프로축구에서도 타산지석 삼아야 할 점이 많다. 이 책은 많은 경험담 속에서 세세한 방향을 알려주고 있다. 한국프로축구의 발전을 위해서도 이 책의 저자처럼 담대하게 써 내려간 축구인들의 리얼한 현장 이야기가 더 많이 필요하다. 이 책이 주는 진정한 가치는 스포츠인들의 자신감, 자부심을 일깨워주고, 팬들에게는 궁금증을 해결해주면서 흥미로운 정보와 지식을 전해준다는 데에 있다. 정말 오랜만에 진솔한 현장 이야기에 푹 빠져보았다.

전 MLB 피츠버그 파이리츠 단장
데이비드 리틀필드

진상봉 스카우트와 나는 약 20~30년 전 메이저리그(MLB) 프로 스카우트 과정에서 처음 만났다. 같이 알고 지내는 친구와 지인들이 여럿 있었지만, 그보다는 야구장 안팎에서 직접 야구에 대한 경험과 지식 등을 공유하고 이야기 나누면서 훨씬 더 빠르게 돈독한 관계로 발전할 수 있었다. 우리는 국적도 문화도 달랐지만 야구가 여러 가지 면에서 우리를 하나로 묶어주었다. 나는 그의 자신감 넘치면서도 차분하고 친근한 태도와 매너에 감탄했다. 특히 그가 한국프로야구(KBO)는 물론이고, 메이저리그, 트리플A, 일본프로야구(NPB), 각종 독립리그와 수많은 국제대회에서 수천, 수만 번의 경기를 관찰하며 쌓은 통찰력에 깊은 인상을 받았다. 그는 수많은 스타플레이어들에 대해 탁월한 분석력을 보여줬을 뿐만 아니라 스타가 될 잠재력을가진 선수들을 파악하는 감각이 매우 뛰어났다. 우리의 관계는 내가 플로리다 말린스에서 일하는 동안 오래 지속되었고, 피츠버그 파이리츠의 단장으로 7시즌을 보내는 기간에도, 이후 시카고 컵스와 디트로이트 타이거즈에서 다양한 역할을 수행할 때도 좋은 관계를 유지했다. 나는 그를 친구로서도 좋아하지만, 경험이 풍부하고 신뢰할 수 있는 훌륭한 야구인으로서도 좋아한다. 특히 지난 오랜 시간 동안 SSG 랜더스와 SK 와이번스에서 구단의 발전에 커다란 기여를 해왔다는 점을 높이 평가한다. 나 역시 지난 2년간 그와 함께 SSG 랜더스에서 팀메이트로 함께 활동했던 경험을 특별하게 생각한다. 진상봉 스카우트는 야구계에서 놀라운 커리어를 쌓은 인물이며, 이 책이 오랜 경력의 산물로 탄생하게 된 것에 축하의 메시지를 건네고 싶다.

스카우트 scout

1. 재능이 뛰어난 운동선수 또는 연예인, 특수기술자 등의 인재를 물색하고 발탁하는 일.
2. 재능이 뛰어난 인재를 물색하고 발탁하는 직업 혹은 그러한 직업을 가진 사람.
3. 적의 정세나 지형에 관한 첩보 등을 수집하는 군사적 임무를 행하는 병사. 정찰병.

* 한국에서는 스카우터(Scouter)로 쓰이기도 하나, 이는 스카우트의 콩글리시 표현으로 볼 수 있는 오류임.
* 한국프로야구에서 스카우트가 주관하는 가장 대표적인 직무는 아마추어 신인선수 선발과 외국인선수 선발이나, FA 선수 혹은 감독의 영입도 광의의 개념으로는 스카우트에 해당하는 행위로 해석할 수 있음.

프롤로그

프로야구는 매해 다들 이구동성으로 올여름 무더위가 역대 최악이라며 힘들어서 뻗을 것 같다고 푸념을 늘어놓을 무렵에 잠시 잠깐 짧은 휴식을 취했다가 다시 쭉 내달려 뒤를 돌아보면 언제 그랬냐는 듯 여지없이 찬바람 부는 가을로 바뀌고는 이내 곧 시즌이 마무리된다.

이제는 동남아와 별반 차이가 없는 듯한 무더위가 해마다 더 심하게 기승을 부리는 것도 도를 넘은 지 오래다. 선수들의 체력과 정신력이 그 어느 때보다도 철저히 잘 관리되어야 할 필요성이 커지고 있다. 이는 아무리 강조해도 전혀 지나친 것이 아니다.

예전에는 마냥 정신력으로 버티고 또 버텼는데 최근의 이상 기후는 마인드 컨트롤로 해결될 문제가 아니다. 프런트와 현장이 지혜롭게 잘 준비하고 관리해야 하는 이유는, 선수들의 건강 유지가 곧 팀 전체의 전력, 경기력과 직결되기 때문이다. 이는 여름은 물론 시즌 내내 구단이 신경 써야 할 중요한 요소가 되었다.

조용히 뒤를 돌아보면 언제나 그러했다. 스프링캠프를 치르고 귀국할 즈음이면 벌써 한 해가 시작되기도 전에 왠지 모르게 시즌이 끝나는 듯한 묘한 느낌이 있었다. 올 한 해는 또 어떤 얼굴로 야구장 안팎의 사람들을 마주할까 궁금하기도 했지만, 항상 첫째로 기도하는 것은 무사무탈하게 큰 사고 없이 한 시즌이 잘 지나가는 것이었다. 둘째로 팀의 성적까지 잘 나와서 구단의 목표치를 달성한다면 그것으로 더할 나위 없는 기쁨과 행복이라고 생각했다.

그만큼 야구단의 1년은 늘 익숙하면서도 전혀 다른 얼굴로 매년 각각의 서로 다른 캐릭터를 나타내 보이며 사람들을 울게도 웃게도 하면서 분노를 주기도 감동을 주기도 했다. 세월이 지난 후 매 시즌별로 각각의 얼굴 표정을 만들라고 한다면 셀 수도 없을 만큼 다양한 표정이 나올 것이다. 그 중 환하게 행복한 웃음을 보이기만 했던 해가 과연 언제 있었던가 싶다.

프런트의 시즌 준비는 늘 루틴(Routine)하게 진행되지만 그 안으로 들어가 보면 굵다랗고 시급한 일들이 다양하게 존재한다. 그중에서도 첫 번째로 우선하여 숙고해야 될 사항이 다음 시즌 팀 전력을 구상하고 선수단을 준비하는 재정비이다. 한마디로 표현한다면 내년에도 팀에서 함께 할 선수들과 그렇지 않은 선수들을 구분하는 것인데, 결국 가장 큰 정비가 바로 이러한 전력 분류라고 할 수 있다.

이 안에서 외국인선수들의 거취도 정해지고, 그리고 FA로 잡을 선수들과 잡지 않을 선수들도 플랜A와 B로 나누어진다. 미래지향적인 포석과 함께 내년도 전력의 극대화와 초집중에 포커싱하는 투 트랙이 반영된다. 외부 FA 영입에 대한 효율성과 내부 FA 잔류에 대한 구단 정책 수립 등이 중대하고 주요한 전력강화 정책이 되는 셈이다.

때로는 감독 이하 코칭스태프의 재정비도 선수 구성만큼이나 큰 이슈로 선결해야 할 중요 과제가 되는 해도 있다. 겨울 스토브리그 기간 동안 선수단 연봉 계약을 마무리하고 외국인선수 계약까지 마무리하고 난 뒤 선수단이 스프링캠프 훈련지로 떠나게 되면 프런트가 새 시즌에 앞서 준비하고 처리해야 할 문제들은 대부분 정리가 되는 셈이다.

시즌이 끝나자마자 바로 내년도 시즌 준비에 돌입하는 프런트는 시즌 후와 스프링캠프 이전 그 중간 사이 스토브리그 기간에 선수단을 새롭게 조각하고 보강하여 전력을 강화하는 데 초점을 맞추는 업무를 진행한다. 스프링캠프로의 출발은 첫 번째 관문을 무사히 통과하고 두 번째 해결 과제들로 들어선다는 뜻이기도 하다.

매년 FA 계약만큼이나 중요한 전력 보강책인 외국인선수 영입 문제는 각 구단마다 몹시 큰 숙제에 해당된다. 이 과제들을 얼마나 효과적으로 알차게 잘 준비하고 풀어냈는가에 따라 시즌 성적 전체가 걸렸다고 해도 과언이 아니다.

큰 숙제를 훌륭히 해결하고자 구단들은 내실 있는 시스템을 구축하려 해마다 노력에 노력을 거듭하는데 이는 아무리 반복해도 끝이 없다. 언제나 여전히 계속해서 현재진행형이다. 하지만 내가 프로야구 세계에서 겪어온 지난 35년여의 세월 속에서 꾸준하게 지속적으로 성과를 내는 구단들은 운영 시스템이 뭐가 달라도 달랐다.

2020년을 뒤로하고 운영팀 업무에 손을 놓았던 나는 2024년에 들어서며 다시 외국인선수 선발 해외 파트로 보직 이동되었다. 2024시즌

봄 미국 애리조나 피닉스에서 열렸던 MLB 스프링캠프를 관찰하고 다녀오면서 문득 운영팀 전반의 업무와 외국인 선수 선발에 대한 내용을 하나둘 말과 글로 정리해보자는 생각을 했다.

귀국 후 KBO 리그 역사 전반을 살펴보니 프런트 업무에 대한 구체적인 이야기가 담긴 책들은 존재하지 않는 듯했고, 야구단 생태계를 간접적으로 지켜본 언론사 기자들이 취재하여 집필한 도서는 몇몇 존재했다. 그런 이유들이 동기가 되어 다시 한번 용기를 내어 내가 잘 알고 있고, 직간접적으로 경험하고 체득한 프로야구의 변화 과정들을 책으로 풀어보고 싶은 마음이 일었다.

두서없이 써 내려간 내용들 속에서 성공에 가까워질 수 있는 효과적인 방법들과 실패를 조금이나마 줄일 수 있는 유형들을 하나하나 소개하여 공유해보고 싶었다. 또한, 야구팬 독자들이 호기심을 가질 만한 프런트의 전반적인 업무 내용들과 FA 선수 영입이나 감독 선임, 외국인선수, 아마추어 신인선수들의 스카우트 과정들도 두루 살펴보면서 흥미로운 대목이나 문제점 같은 부분을 짚어 보았다.

FA로 거액의 자금을 들여 영입한 선수나 야심 차게 선발한 특급 외국인선수가 부진하여 실패에 가까운 결과를 경험했다고 하더라도 그 모든 것이 다 영원한 실패로 남는 것은 아니라고 생각한다. 때로는 실패를 딛고 다시 일어나고, 그 실패를 거울 삼아 훗날 언제든 더 나은 선택과 영입을 할 수 있는 곳이 바로 프로야구 스카우트 분야이다.

행여 잘못된 선택으로 고통받을지 모를 구단의 실무자와 관계자들이 실패의 늪에서 허우적대지 않고 성공사례들을 이어 가길 바라는 마음으로, 그리고 한국프로야구를 사랑하는 팬들에게 흥미로운 정보와 이야기를 전하고자 한 땀 한 땀 자수를 놓듯 기억과 메모를 추슬러 모아 한 권의 책에 담았다. 책에 쓰인 내용들이 프런트의 고충과 의사결정의 배경, 이유 등을 독자 여러분들에게 알리는 데 도움이 되고, 많은 이들이 프로야구를 즐기면서 조금이나마 이해의 폭을 넓힐 수 있기를 바라는 마음이다.

돌아보면 참 많은 세월이 흘렀고 그 시간 속에서 많은 선수들이 그라운드에서 땀 흘리다 사라져갔다. 어떤 선수는 보란듯이 명성을 얻고 거액의 FA 계약으로 값진 보상을 받기도 했지만 소리 없이 사라져간 선수들의 아우성이 더 많았던 것이 우리네 현실과 다를 바 없는 야구계의 모습이기도 하다. 시간이 흐르고 흘러도 야구장은 늘 그랬듯 변함없이 자리를 지키고 있겠지만, 지금 열심히 그라운드를 누비고 있는 선수들 그리고 야구와 관련된 사람들 또한 언젠가는 바람이 스쳐 지나듯 자연스레 시야에서 사라질 것이다.

살아보니 오늘이 가장 중요하고 제일 건강하고 가장 젊은 시간인 것 같다. 세상은 영원한 것도 없고 남기는 이름조차 어쩌면 큰 의미가 없다는 얘기가 가슴에 와닿는 나이가 되었다. 내가 프로야구 스카우트 등 프런트 경험을 바탕으로 야구단에 대한 책을 쓰기까지 그 숱한 세월과 고락 속에서 음과 양으로 도움을 주셨던 전임 대표님들과 단장, 본부장에게 감사의 뜻을 전한다. 또한 직장 동료이자 벗인 김찬무, 그리고 일일이 거명하기도 어려울 만큼 수많은 야구계의 선배, 후배들에게 진심 어린 감사의 마음을 밝히고 싶다.

PART 1.
프런트로서
야구를 말하다

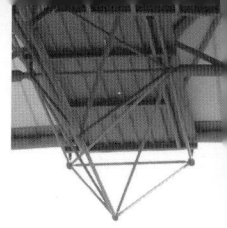

Chapter 1.
프런트의 일원으로 생각하는 프로야구 행복 구조

3~4시간의 행복을 위해
야구장을 찾는 사람들

2024년 10월 28일, 한국프로야구(KBO) 2024시즌 페넌트레이스 그리고 포스트시즌이 대망의 막을 내리고 왕관을 쟁취한 우승팀이 가려졌다. 모든 영광을 누리는 최정상의 자리에 오른 팀과 아깝게 마지막 순간에 분투를 삼켜야 했던 팀이 있었던 반면 일찌감치 탈락이 정해지는 아픔을 견디며 훗날을 기약했던 팀도 있었다.

역대급 순위 경쟁으로 팬들은 열광했고 마침내 프로야구 출범 이래 첫 1천만 관중을 돌파하는 기염을 토해냈다. 최초라는 수식어가 어울릴 만큼 역대 처음으로 타이 브레이크 5강 결정전이 열렸고, 한국시리즈도 1993년 이후 31년 만에 KIA 타이거즈와 삼성 라이온즈, 두 야구 명가 팀이 맞붙는 클래식한 파이널 매치업이 펼쳐져 만인의 관심이 폭발하기도 했다.

과감한 ABS 도입은 세계 최초의 파격이었다. 선진야구 메이저리그

(MLB)조차 주저하며 망설이던 제도였으나 KBO는 보란듯이 성공적으로 리그에 연착륙시켰다. 어떠한 변화든 항상 문제의식과 도전의식에서 출발하여 제도화되며 점차 개선되고 성숙해진다. KBO의 바람직한 변신과 도전은 현재진행형으로 계속 이어지며 리그와 함께 앞으로 나아갈 것이다.

천만 관중이 주는 의미는 각별하고 소중하다. 폭발적인 관중 유입이 언제든 급작스럽게 크고 작은 이슈들로 인해 썰물처럼 빠져나갈 수도 있다. 언제나 경각심을 가지고 최선의 노력을 다해야 함을 무거운 숫자로 잘 알려주고 있는 것이다. 선수단뿐만 아니라 KBO 구성원 전체 차원에서 각고의 노력이 지속 동반되어야 할 것이다.

젊은 팬층의 확산과 구단들의 적극적이고 신선한 마케팅 활동이 맞물리며 야구장은 더욱 재미나고 흥미로운 곳으로 탈바꿈했다. 승부 자체를 떠나 젊은이들에게는 신나는 만남의 장소로, 웃고 떠들고 노래하면서 스트레스를 풀고 힐링하는 곳으로 변모했다.

야구장은 그야말로 일상 속에서 행복을 찾아 누리는 곳이 되었다. 팬들은 야구를 보면서도 즐거워하지만 야구장을 찾아가는 길에서도 설렘과 흥분을 느끼며, 선수들은 소중한 그라운드에서 온몸을 내던져 맘껏 승부를 펼쳤다. 프런트와 관련 종사자들도 야구로 인하여 행복을 영유하고 업과 꿈을 키워 나간다.

천만 관중이 찾아오기까지 야구장의 새로운 트렌드도 한몫을 했다. 물론 중년, 장년, 노년층의 팬들, 흔히 '아재'라고 부를 만한 올드 팬들도 옛 추억을 살려서 야구장을 많이 찾지만, 최근 몇 년 특히 2010년대 이후로는 젊은이들의 증가세가 유난히 돋보인다.

모든 사람들을 지칭하는 것은 아니지만 이 같이 신규로 유입되는 관중들은 야구가 주는 진면목인 승부의 짜릿함보다는 볼거리, 먹거리, 놀거리에 더 관심이 많고. 또래 친구들 혹은 이성 친구와의 색다른 만남이나 데이트로 탁 트인 야구장을 찾기도 한다. 그렇게 한두 번씩 야구장을 찾던 것이 빈번해지면 어느 날 야구가 전해주는 매력에 푹 빠지면서 야구 마니아로 변모하게 된다. 야구장 나들이가 그 자체로 행복인 사람이 되어가는 것이다.

구단들의 마케팅 활동도 다양하게 변화를 추구하여 매일같이 새로운 콘텐츠를 선보이며 노력 중이다. 더구나 고물가 인플레이션 시대인 요즘 야구장만큼 가성비 좋게 3~4시간을 즐겁게 놀 수 있는 곳도 흔치 않다는 여론이 지배적이다. 그래서 야구장은 신세대의 새로운 소통 장소가 되어 말 그대로 젊음이 넘쳐나는 곳이 되었다.

야구장 특히 관중석에서의 새로운 트렌드는 단연 스케치북이다. 기발한 아이디어가 빛나는 문구들을 자필로 써서 스케치북에 노출하면 TV중계 카메라가 이를 잡아서 화면에 띄운다. TV화면 속의 그 장면들을 캡처하여 자신의 SNS에 올려서 사람들과 소통하고 자랑하기도 하며 새로운 야구장 문화를 만들었다. 조용히 혼자 보는 TV중계보다는 직관이 대세라며 직접적으로 사람들과의 소통을 원하는 세대에 딱 들어맞는 문화가 조성된 것이다.

다른 한편으로 치어리더들의 최신 유행 춤을 보고 즐기며 따라 출수 있는 스테이지가 되기도 한다. K-POP 아이돌 가수들이 추는 춤을 치어리더들도 프로답게 완벽한 안무로 재구성하여 응원에 활용하는데 이를 젊은 팬들과 어린 학생들도 콘서트를 보듯 즐기며 흉내내면서 따라 춤추는 그런 재미를 야구장에서 느끼는 것이다. 치어리더들 역시 많은 팬들의 응원을 받으면서 야구계의 또 다른 스타로 부상하기도 하며 누군가에게는 꿈이 되기도 한다.

이제 프로야구 그라운드는 거의 모든 면에서 행복할 자격이 충분하고 차고 넘친다는 표현이 맞을 것 같다. 많은 사람들의 고민과 스트레스를 기쁨과 행복으로 변환하여 나눠주는 곳이기 때문이다.

공정하고 공평하며, 약한 자가 강한 자를 이기고, 지고 있다가도 역전을 하여 이길 수 있는 곳이 야구장이 아닌가? 현재의 어려운 상황을 극복하고 힘과 용기를 얻고자 하는 사람들이 야구를 통하여 역전 만루 홈런을 치는 꿈을 갖는 이유가 마법처럼 믿기지 않는 일들이 실제로 벌어지는 곳이 그라운드이기 때문은 아닐까?

만년 꼴찌팀이 어느 해부터는 최고의 강자가 되어 우승을 쟁취할 수 있는 그라운드가 있기에 우리 역시 새 희망을 품고 새 도전에 나선다. 그라운드는 공평하다고 믿는 이유가 바로 여기에 있다. 어느 팀에게나 어떤 선수에게나 기회가 주어지는 곳, 그리고 그곳에서 소리치며 환호하는 천만 관중들은 글자 그대로 느낌 그대로의 행복 그 자체이다.

야구장에 가면 누구라도 그 행복을 느낄 수 있다. 야구장을 찾아서 걸어가는 내내 마음이 설레고, 푸른 그라운드를 보면서 행복하고 마음이 평온해지는 그런 느낌은 꽉꽉한 일상생활을 힘들게 살아가는 우리에게 넌지시 가슴을 열어주는 안식처 역할을 하는 곳이지 않을까 생각한다. 마치 투우장의 소들이 거친 숨을 몰아쉬면서 휴식을 취하고 다시 전열을 다지는 곳 케렌시아(Querencia)처럼.

나는 그런 곳에서 선수로서, 코칭스태프로서, 프런트로서, 스카우트로서 35년에 이르는 긴 시간을 보내왔다. 누군가에게는 함박웃음을 주고, 다른 누군가에게는 쓰린 눈물을 주기도 하는 프로야구 필드에서 지내온 세월을 바탕으로 본격적인 야구, 야구단 이야기를 해보려고 한다. 때로는 잔인하고, 때로는 인간미 넘치는 미스터리한 생태계지만, 사실 우리 인생과 정말이지 많이도 닮아 있다. 누군가는 야구를 인생의 축소판이라고 하지만, 나는 야구가 곧 인생이고, 인생이 곧 야구라고 생각한다.

희비의 계절, 잔인한 가을

　매년 프로야구는 시즌 막바지에 들어가는 9월에 접어들면 시즌 최종 결과의 윤곽이 거의 드러난다. 포스트시즌 진출이 확정적인 팀과 마지막까지 안간힘을 써서 겨우 5강권에 턱걸이하려는 팀, 그리고 일찌감치 팀 전력이 고갈되어 잔여 경기를 치르기도 버겁고 어쩌면 전의를 잃은 팀들로 나뉘어진다.

　승률 6할 이상을 기록하는 팀은 선두권을 안정적으로 질주하고 나머지는 겨우 5할 언저리를 엎치락뒤치락하며 선수단은 물론 구단 관계자들과 각 팀을 응원하는 팬들의 애간장을 녹인다.

　이 즈음이면 먹이사슬이 확실하게 정해져서 하위권 팀들은 상위권 팀들의 승수 쌓기에 희생양이 된다. 그도 그럴 것이 이런 팀들은 주로 주전급들의 부상과 선발진들의 붕괴 그리고 외국인선수들의 부진 등이 동시에 겹치며 주로 2진급이나 2군에서 올라온 선수들이 경기에 나

선다. 육성 차원에서 실전 경험을 쌓아주기 위한 목적으로 잔여 경기를 치를 전력을 구성하기 때문이다.

일찌감치 내년을 준비하는 사전 포석이 되어 포지션별로 시험 무대를 펼친다. 이와 같은 상황이 되면 당연히 상위권 팀들의 먹잇감이 될 수밖에 없는데 사람 마음이 어쩔 수 없듯 순위 다툼을 하는 경쟁 팀에겐 악착같이 분발하여 고춧가루를 뿌려 주길 바라고 자신의 팀과 대전할 때는 추풍낙엽처럼 축 처지기를 바라는 이중적인 마음이 들 수밖에 없는 현실이다.

매년 어느 해든 늘 반복되는 숙명의 승률이 바로 3할대이다. 어떤 팀이 될지는 모르지만 밑바닥에 자리한 팀은 거의 다 3할대 언저리를 기록하며 최하위권을 맴돈다. 그래서 마지막 페넌트레이스가 끝났을 때 1위 팀의 승수와 10위 팀의 패수는 믿기 어렵지만 거의 동일하다.

2024시즌은 각팀들의 최종 승률을 보면 하위권팀들이 끝까지 게임을 포기하지 않고 최선을 다한 모습이 역력한 해로 남았다. 대표적인 수치가 하위권 팀인 8위에서 10위까지의 팀들이 4할대의 승률을 유지한 것인데, 이들이 시즌 끝까지 상대팀들을 긴장하게 했다는 것은 리그의 건강함과 경쟁력을 보여줬다는 것에 의미가 깊다.

역대 각 시즌 프로야구 페넌트레이스 최종 순위를 살펴보면 바로 이해할 수 있는 부분이 각 시즌 최하위팀의 3할대 승률인데, 이 수치는 거의 만나는 팀마다 3연전에서 루징 시리즈를 기록한다는 이야기이고, 어떤 때는 반복적으로 연패에 빠지면서 승리를 헌납하는 먹잇감이 되었다는 이야기다.

그러니 자연히 이 팀을 상대하는 팀들은 승수 사냥을 위해 이 팀과

프로야구 2024시즌 최종 순위

순위	팀명	경기	승	무	패	승률	게임차
1	KIA	144	87	2	55	0.613	0.0
2	삼성	144	78	2	64	0.549	9.0
3	LG	144	76	2	66	0.535	11.0
4	두산	144	74	2	68	0.521	13.0
5	KT	144	72	2	70	0.507	15.0
6	SSG	144	72	2	70	0.507	15.0
7	롯데	144	66	4	74	0.471	20.0
8	한화	144	66	2	76	0.465	21.0
9	NC	144	61	2	81	0.430	26.0
10	키움	144	58	0	86	0.403	30.0

의 대진에 전력을 쏟아붓게 된다. 그래서 별다른 변수가 생기지 않고 늘상 변함없는 지루한 승패 결과가 이어지며 관중들의 흥미는 날로 식어가게 된다.

마치 약속이나 한 듯이 이 비율은 거짓말처럼 매년 되풀이된다. 프로야구는 시즌 내내 팀간 3연전을 기본으로 치르는데 3경기를 내리 이기는 스윕(Sweep)은 더할 나위 없이 기쁜 일이고 2승 1패의 위닝 시리즈만 해도 든든하고 뿌듯한 마음이 된다.

팀과 팀 사이의 팽팽한 승부가 기우는 것도 결국은 전력 차이에서 비롯된다. 힘과 힘, 전략과 전략 그리고 지략이 총동원되어 상대의 허점을 파고 들어가 승기를 잡는 프로야구의 냉정한 현실에서 봐주는 것은 없기 때문이다.

선발이 상대와 비교하여 약할 경우엔 승부가 초반에 일찍 벌어지고 선발은 다행이도 잘 버텨주었으나 중간 계투진들이 약하면 이도 여지없이 상대가 물어뜯어서 전세를 뒤집어 버린다.

시즌이 진행되는 동안 이와 같은 투수진들의 열세는 팀의 성적과 직결된다. 투수진들이 약해서 상대 공격을 막아내지 못하면 수비시간이 길어지고 교대 후 맥없이 시작되는 공격은 이내 삼자범퇴로 이닝이 끝나기 마련이다.

속수무책이란 말이 이런 때 자주 등장한다. 모처럼 시합 중반까지 잘 이기고 있던 경기도 역전패로 지게 되면 그 여파는 상당히 오래 간다. 그래서 연패가 오게 되고 새로운 시리즈가 시작되는 팀마다 득달같이 달려들어 포식을 한다.

마치 여름을 대비하여 보양식을 먹으려는 것처럼 연패 팀에게 최대한 승수를 벌어보려고 혈안이 되어 덤빈다. 평소에는 2승 1패만 해도 대만족인 시리즈가 스윕을 못했다는 아쉬움이 더 크게 다가온다.

백약이 무효하다고 연패 팀들은 그야말로 전전긍긍하게 되고 어떤 방도를 써도 쉽사리 연패에서 벗어나기 어렵다. 정말로 지긋지긋한 연패는 끝 모를 부진과 잦은 에러 등으로 선수들의 플레이를 위축시키고 옭아맨다. 야구는 심리적인 요소가 특히 많은 스포츠인 탓에 정신적으로 불안한 연패 팀들은 무엇을 해도 잘 풀리지 않아서 연패가 길어질 수밖에 없다. 흔히들 말하기를 손이 오므라든다는 표현을 쓴다.

그러다 언젠가 생각지도 못한 연패가 끊어지는데 이는 연패 팀이 심기일전하여 잘 해서라기보다는 대부분 상대 팀의 영향이 크다. 일부러 그렇게 만들어주려고 해도 만들어내기 힘들 정도의 이상한 플레이가 나오며 연패를 탈출하게끔 도와주는 듯한 그런 경기가 나온다. 마치 야구장에서 귀신들이 장난치는 것처럼 이상하게 꼬이는 야구가 펼쳐지며 승운이 연패 팀으로 기우는 것을 종종 보게 된다.

한편으로 잘 나가는 팀들은 무엇을 하더라도 운이 따른다. 타자들이 부진하여 경기를 풀어나가기가 힘들 때엔 여지없이 투수들이 선전하여 실점을 최소화한다. 어떤 때엔 투수들이 부진하여 경기 초반에 대량 실점을 할 때가 있는데 되는 팀들은 이런 경기도 끝끝내 따라붙어서 이기고 만다. 타자들이 거의 미친듯이 전원 상대를 초토화시켜서 결국 이겨낸다.

되는 팀들은 투타가 안정되어 실력으로 이기는 경기도 많지만 상대가 부진하고 부실해서 이기는 경기도 많다. 어떤 때는 갑자기 상대 에러로 거저 줍기도 하는 경기가 있다. 흔히 운이 따른다고들 이야기하는 이유가 이런 이상한 경기를 승리로 장식한다는 데 있다.

시즌이 계속되다 보면 구단 프런트나 현장의 선수단 모두가 동감하며 올해는 운이 따른다고 이야기하기 시작하는데 이런 경우는 모두가 그런 느낌을 받을 정도로 운이 따르는, 정말 재수가 붙는 해가 된다. 항상 우승을 했던 해에는 이런 느낌들이 있었다. 프로야구 레벨에서도 신기하고 이상한 흐름이 나온다. 마치 신들린 것처럼.

2024시즌은 최하위팀마저도 호락호락하지 않아서 상위권 팀들도 맞대결을 펼칠 때는 긴장할 수밖에 없었으며 특히 선발 로테이션에서 외국인 투수 두 명이 연이어 던지게 되는 로테이션이 걸리는 시리즈가 되면 한껏 승수를 올리지는 못했다.

두 명의 외국인 투수가 모두 10승 이상을 기록했고 개인 성적도 양호한 선발들이어서 만약 이들이 공격력과 수비력이 탄탄한 선두권 팀 소속으로 한 시즌을 보냈다면 수치상의 성적은 훨씬 더 좋아졌을 것이라고 생각한다.

하위팀의 한계에 봉착한 환경에서 순수하게 나타난 성적만 하더라도 10승대이니 타 구단이었다면 어느 정도 예상 가능한 승수가 나올 법도 하였고 이들과 맞붙는 상대팀 타자들은 더욱 집중하며 경기를 해야 했다. 그런 이유로 2024시즌 페넌트레이스는 마지막까지도 확실한 고춧가루 부대들이 즐비하게 나열되어 있었다.

사실 한두 팀이 어떠한 갑작스러운 변수나 기존 전력의 열세로 상대팀과의 대전에서 절대적으로 밀려 일방적으로 처지는 경기가 계속되면 야구 자체가 싱거워지고 박진감이 떨어진다. 팽팽하지 않고 흥미진진하지 않은 결과들이 반복되면 지나칠 정도의 지루한 경기가 양산되기 때문에 궁극적으로 프로야구 발전의 저해 요소가 될 수밖에 없다.

그래서 항상 KBO 차원의 전력 평준화를 강조했으며 그에 대한 해결책으로 하위권 팀들에게 크고 작은 혜택을 제공하여 전력의 업그레이드와 상향 평준화에 힘쓰고자 했다. 전력이 약한 구단이 재정적 위험에 빠질 때 선수를 끼워서 현금 트레이드 하는 것을 막은 것도 전력의 불균형을 줄여 리그를 더욱 건강하게 만들기 위함이었다. 프로야구다운 수준 있는 경기가 펼쳐질 수 있도록 제도적인 안전장치를 마련한 것이다.

대표적인 것이 매년 벌어지는 신인 드래프트에서 최우선 순위의 아마추어 선수를 하위팀이 영입할 수 있게 하여 전력을 축적시켜주는 제도이다. 이는 리그의 전력 평준화를 위한 제도였고, 보호 선수 외 선수를 선발하는 2차 드래프트도 하위팀들에게 우선적인 지명 혜택을 주고 있다.

또한 시즌 중 나오게 되는 웨이버(Waiver) 선수들의 우선 취득권도 하위권 팀들이 우선 선택권을 갖는 제도를 운영하고 있다. 물론 모든 구단들이 하위권 전력으로 급 추락하는 것을 미연에 방지하기 위해 각기 많은 노력을 경주하지만 매해 보유한 자원들의 에이징 커브와 FA 유출 그리고 군 문제와 부상 등의 악재로 인해 한치 앞을 예측하기 어려운 것이 현실이다.

통상적으로 가을야구 초대장을 받은 팀들은 시즌 말미 즈음이면 일찌감치 포스트시즌을 준비할 수 있는 여유를 갖고 신진급 선수들의 경기 경험을 위해 출전 기회를 주기도 하지만 2024시즌은 모든 팀들에게 그럴 만한 여유가 없었다. 시즌 마지막까지 박빙의 승차를 유지하며 최종일에 역대 처음으로 타이 브레이크 5위 결정전을 치르는 일까지 벌어졌다. 마지막까지 최선을 다한 양 팀과 경기가 끝나는 순간까지 성원을 아끼지 않은 두 팀의 팬들이 정말 대단하게 느껴졌다.

프로야구는 늘
도플갱어 같은 평행이론

프로야구는 시즌 초반 10승을 선점하는 팀들이 해당 연도에 상위권에 자리할 확률이 높다. 10승을 내리 연승으로 달성하지 않는 한, 시즌 개막 후 대략 대여섯 팀을 상대하고 나오는 승률이라서 어느 정도 상대 팀들의 전력과 우리 팀의 전력을 파악할 수 있고 강세를 띄는 팀의 기본 전력과 향후 추가될 전력이 있는지 등이 상승 추세가 이어지는 관건이 된다.

물론 여기선 향후에 벌어질 변수는 배제하고 현 시점만 보고 객관적인 관점에서 하는 말이 된다. 앞으로 야구단에서 어떤 불미스러운 일이 벌어질지는 그리고 또 불운한 일들이 생길지에 대해선 족집게 선무당도 모른다. 하지만 그런 일들이 길고도 긴 페넌트레이스의 복병이고 결국 모두 사람이 하는 일이라서 얼마든지 생길 수도 있는 것이다.

잘 나가는 팀이 갑작스럽게 추락할 때엔 반드시 이러한 이유들이 따라다닌다. 항상 주의해야 할 경계 1호이자 구단이 매년 반복해서 풀어야 할 숙제이다. 다만 유추할 수 있는 데이터적 관점에서 10승을 선점하는 팀들이 5강권에 들어갈 확률이 매우 높다는 것이 야구계에 알려져 있는 정평이다. 조금 이르다고도 할 수 있지만 마냥 신빙성이 없는 것은 아니다.

시즌을 치르는 동안 팀내에서 선수단의 일탈행위 즉 부도덕하고 부정한 일들이 발생하지 않고 일사불란하게 현장과 프런트가 하나의 목표를 가지고 매진하는 팀이라면 10승 선착은 그해의 성적을 미리 알려주는 바로미터가 될 수 있다.

자! 올해는 우승이 목표라며 출사표를 내걸고 똑같이 시작했던 구단들이 극명하게 차이나는 성적표를 받아야 하는 이유들은 무엇일까? 구단마다 최고의 스프링캠프를 차리고 선수들의 컨디션을 최상으로 끌어올리면서 누구나 모두가 올해는 한번 해 볼만하다고 호언장담을 하기도 하는데 영락없이 승부의 세계는 처참한 꼴찌 성적표를 받는 구단을 만든다.

스프링캠프를 치르는 동안 어떤 팀의 감독과 프런트 수뇌부라도 '올해는 우리 팀이 꼴찌를 할 것 같다'라고 말하는 사람은 아무도 없다. 상상조차 하기 싫은 현실이기 때문이고 그 꼴찌가 불러오는 파장이 너무 가혹하고 혹독하기 때문이다.

야구팬들이야 속 터져서 속상하고 분하지만 때론 술 한잔과 넋두리로 내년을 기약하면 된다. 하지만 구단에 소속된 당사자들은 무거운 책임을 져야 하고 선수들도 그에 상응한 조치를 받게 된다.

감독은 이미 책임을 통감하고 시즌 중에 경질되거나 자진사퇴를 빙

자한 해임을 당한다. 매년 반복되는 일이다 보니 몇 월이 되면 어느새 경질설이 나돌기도 하고 심지어 팬들이 들불처럼 일어나서 감독 퇴진 운동을 펼친다.

팬들의 존재 이유와 목적은 너무나 분명하다. 잘못되었을 경우에는 한치의 아량과 배려도 없다. 오직 성적이 나야 되고. 성적이 안 나더라도 이유가 분명해야 한다. 팬과 성적은 불가분의 관계로 오차 없이 일치한다. 코치들도 자기 분야에서의 경쟁력이 약하다는 이유로, 가끔은 이유 같지 않은 이유들로 시즌 중 코칭스태프 교체의 희생양이 되기도 하고, 프런트는 프런트대로 그에 상응한 조치가 무겁게 이어지며 그라운드와 프런트 사무실에 삭풍이 분다.

대표이사가 중도해임은 되지 않더라도 그해 그룹사 인사에서 연임되지 못하는 조치가 일어난다. 단장도 마찬가지로 성적 부진에 따른 해임이 그냥 지나갈 수 없다. 성적 부진에 따른 쓰나미는 처참하게 프런트와 선수단을 휩쓸고 지나간다.

선수들은 물론 계속해서 선수생활을 이어 가야 하지만 부득이하게 연봉 삭감의 칼날을 피하지 못하며, 나홀로 선전하여 팀은 비록 꼴찌이지만 자신의 개인 성적은 월등히 좋았던 선수들도 팀 성적에 따른 불이익을 감내해야 한다.

그만큼 프로야구의 팀 성적은 중요하다. 묻어간다는 표현이 맞을지는 모르지만 팀 성적이 우승으로 귀결되었을 경우에는 선수단과 프런트 모두에게 웃음짓는 결과물이 주어진다. 그런 맛이라도 있는 게 프로야구 종사자들의 또 다른 혜택이자 선물 보따리이다.

그래서 이런 달콤함이 가득한 우승을 해마다 하면 얼마나 좋으련만 우승은 한 번 하기도 어려울뿐더러 연이어 우승을 지키는 수성은 더 어렵다.

과거엔 우승을 연달아 몇 년씩 하며 왕좌를 지켜내었던 왕조 시절이 있었지만 시대가 변하고 세월이 흐른 만큼 그리고 각 구단마다 저마다의 노하우들로 전력들을 지속적으로 보강하기 때문에 영원한 강자가 있을 수 없는 게 요즘 야구이다.

한편으로 지속적인 강팀이 되기 어려운 게 기존의 전력들을 그대로 지켜 유지하는 것이 쉽지 않기 때문이다. 가장 큰 이유가 바로 FA 유출이다. 핵심 멤버의 이적 공백은 신예들의 발전으로 채워질 수도 있지만, 입술이 없으면 이가 시린 법이다. 남아 있는 기존의 전력 자체도 나이를 먹으면서 에이징 커브가 오기 때문에 예전 한창때의 예리하고 빼어난 기량은 다소 녹이 슨다고 봐야 된다.

예전의 왕조 구축을 현 시대에 재현하는 것은 여러모로 난관이 많다. 온전한 최상의 전력을 몇 년째 계속 유지한다는 것은 매우 어렵고 힘든 세상이 되었다. 연속 우승을 계속 기록했던 과거와 달리 2000년대 이후 왕조 우승이 점차적으로 어려워지고 있다는 것을 연도별 성적 기록으로도 나오고 있다.

내가 선수 생활을 했던 빙그레 이글스는 1980년대 후반에서 1990년대 초반까지 막강 전력을 앞세워 리그를 주름잡던 해태 타이거즈와 견줄 수 있었던 유일한 대항마였다. 선두권 반열에 들어가 우승을 노려볼 자격이 충분했다. 당시 1988년부터 1992년까지 다섯 번의 시즌 동안 무려 4회나 한국시리즈에 올라갔던 결과가 당시 전력을 잘 대변해준다. 우승까지 이르지는 못한 아쉬움이 많았지만 페넌트레이스만큼은 대적할 팀이 없을 정도로 막강했던 시기도 있었다.

당대 아니 사상 최고의 투수인 선동렬 선수가 버티고 있던 당시의 해태 타이거즈를 어느 팀이 대적해낼 수 있었겠나 싶기도 하지만, 그래도 신생팀이 오랜 시간이 걸리지 않고 최정상급 대열에 올라선 것은 대단한 일로서 칭찬받아 마땅했다.

프로야구가 도입된 초창기 1980년대와 1990년대 해태 타이거즈 왕조시대를 부인할 사람은 아무도 없다. 이후 2000년대 들어 신흥 왕조는 현대 유니콘스였고 꾸준하게 강팀 반열에 있었던 팀들은 삼성과 두산 그리고 전 SK(현 SSG)정도였다. 나머지 팀들은 호각세를 보이며 각 시즌별로 판이하게 다른 성적이 나오곤 했다.

예전이나 지금이나 변함없이 구단마다 제일 첫 번째로 고민하고 구상하는 것이 전력 보강이이다. 1년 열두 달 하루라도 그냥 지나치지 못하는 단어가 전력 보강, 전력 강화인 것이다. 그 밑에서 핵심 단어를 추리라고 한다면 단연 외국인선수 선발과 토종 투수들의 하모니이고 영입 잘한 FA이다.

한 시즌 팀 성적의 성공 여부를 수치로 말해주는 가장 명확한 기준이 외국인 선발투수 듀오의 합작 30승이다. 꿈의 숫자이기도 한 이 수치에 근접하는 팀은 분명히 우승권 도전이 이루어질 확률이 가장 높은 팀이 된다. 토종 선발이 굳건한 팀이라고 하더라도 외인 선발의 무게와 비중은 절대적이다. 그런 외국인 선발투수를 잘 꾸려서 팀에 배치시키는 역할은 당연히 프런트와 스카우트의 능력이고 책무이다.

프런트의 역할은 우선 팬들이 행복감을 느낄 수 있는 그라운드를 큰 그림으로 디자인해야 한다. 그라운드를 멋지고 아름답게 수놓을 전력을, 전열을 미리 미리 잘 준비해두고 있어야 한다. 경기장을 찾는 관중과 팀을 응원하는 팬들이 그라운드에서 열광하고 환호하며 행복감을 만끽할 수 있도록 그들의 하루를 축제로 만들어줄 수 있도록 해야 한다. 그렇게 하기 위해서는 매일매일의 루틴적인 업무에서 완성도를 높이고 성과를 올려야 한다. 큰 그림이든, 작은 디테일이든, 그라운드를 행복한 공간으로 만들기 위해 디자인해야 하는 것이다.

Chapter 2.
프런트의 일원으로 공유하는 구단 매니지먼트

프로야구단은
어떤 일들을 할까?

프로야구단의 구조는 크게 4가지 부문으로 분류할 수 있다. 제일 중요하다고 할 수 있는 것이 선수단 운영·관리 부문이고 그 안에 구단의 리스크 매니지먼트를 담당하는 홍보부서가 존재한다. 수익을 창출하기 위한 마케팅·영업 부문과 야구장 시설 전반적인 것을 관리하는 시설관리 부문이 있고, 프로야구단의 재정적인 업무를 담당하는 재무 부문이 있다.

과거 그룹사에서 지원해주던 선수단 운영비용을 이젠 구단이 자체적으로 내부에서 직접 벌어서 충당하는 것이 과거와 크게 달라진 부분 중 하나라고 볼 수 있다. 독립채산제가 아닌 프로야구의 특수한 경영환경 속에서 수익을 창출한다는 게 여간 어려운 일이 아니지만 각 구단은 계속 노하우를 축적하고 트렌드를 개발하면서 독자적인 경영에 힘쓰고 있다.

그 안에서 고군분투하며 영업에 나서는 마케팅 부서가 있다. 경기장 펜스 광고부터 유니폼 광고, 포수 후면의 롤링 광고 등이 대표적인 광고 영업으로서 마케팅부서 담당 직원들이 발품을 팔아 영업활동을 한다. 야구장 내에 각종 매점들이 존재하는데 여기서도 임대 수익이 발생한다.

무엇보다도 야구단의 관중 입장수익이 중요한데, 비용 일부는 상대 구단과의 분배 비율이 있고 또 지자체에 내는 비율도 있어서 입장료 전체가 고스란히 구단에 들어오는 구조는 전혀 아니다. 많은 팬들이 알고 있는 중계권료의 비중이 그나마 운영의 숨통을 틔워주는 부분이라고 할 수 있다. 과거 구단의 적자를 메꾸어 주던 모기업 그룹사의 지원도 예전 같지 않으며 협찬 형식의 그룹사 광고 역시 경제 상황에 따라 축소되기도 한다.

시설관리 부서는 글자 그대로 야구장의 모든 시설들을 안전하게 운영되도록 관리하는 부서이다. 쾌적하고 안전하게 그리고 내방해주신 팬들이 불편함이 없도록 머무는 곳 어디라도 청결을 유지하고 경기 후 집으로 돌아가는 길도 신속하게 지체없이 나가도록 주차장 출차 관리까지도 지원하는 부서이다.

멋진 역전승의 환호를 간직한 채 드라이브하듯 상쾌하게 경기장을 빠져나가고 싶은데 주차장에서 옴짝달싹 이러지도 저러지도 못하는 상황이 되면 분명 경기에서 얻은 감동과 기분은 반감될 것이다. 시설관리팀은 사활을 걸고 전 부서원이 총 출동하여 출차 시간 단축으로 야구장을 찾은 팬들의 편의를 돕고자 총력을 기울인다. 인천 문학 야구장 SSG랜더스필드는 주차장 규모를 감안할 때 현저히 빠른 출차 시간이 돋보인다. 보이지 않는 디테일한 노력 없이 실현되기 어려운 일이다.

재무 부서는 예산을 집행하고 관리 운영하는 부서이다. 은행 차입과 자금 관리 등을 총괄하고 각 부서마다 집행되는 예산을 준비하고 관리하는 부서로서 투명하고 정확하게 예산을 집행하는 곳으로 감사 기능도 함께 맡는다. 회사에선 단돈 100원이라도 비용이 집행되면 합당한 사유가 적시되는 지출결의가 정확하게 명기되어야 한다. 특히 법인카드는 더욱 정확하고 투명하게 사용되어야 하고 사용 후엔 결재를 득해야 한다. 모든 비용에 대한 관리가 재무부서의 몫이다. 인사 쪽 HR파트가 함께 운영되어 직원 관리·감독도 함께 하는 곳이다.

여기서 다시 소분류를 하게 되면 운영부문에서 직접적으로 선수단을 총 관리하는 운영팀이 있고, 경기 수행과 승리를 위하여 코칭스태프와 선수단에게 상대별 맞춤 정보 제공과 개별 선수 기량 관리를 하는 전력분석팀과 미래자원을 스카우트하여 포지션별 인력 뎁스를 강화시키는 스카우트팀과 중장기적인 1군 자원들을 육성 개발하고 부상선수 관리도 함께 담당하는 육성팀이 있다.

이 같은 구조는 한국프로야구 10개 구단이 거의 대동소이하다고 해도 무방하며 특히 운영팀은 항상 페넌트레이스를 진행하면서도 가깝게는 6개월 정도를 선행하여 미리 앞서 준비하고 멀게는 2~3년을 내다보고 전력을 관리한다.

과거에는 수많은 선수단 관련 모든 업무를 운영팀에서 관리하였으나 세월이 흐르면서 전문성을 더욱 높이고 효율성을 기하기 위해 체계적으로 세분화되었다. 결국 운영팀에서 독립적으로 떨어져 나온 팀들이 육성팀과 전력분석팀 그리고 스카우트팀으로 나누어졌다. 이러한 변화는 조직을 보다 더 탄탄하고 효용적으로 운영하게 되었고 각각의 팀장들이 신설된 팀의 고유업무를 직시하고 디테일한 업무성과를 내기 위하여 업무에 매진하게 되었다.

홍보부서는 각종 선수단 관련 콘텐츠를 개발하여 팬들과 소통하고 대내외 구단 안팎의 이슈를 관리하며 구단의 유불리한 언론 기사나 커뮤니티 게시물 등에 대비한다. 직접적인 대 언론 접점으로서 기자들을 응대하면서 취재를 돕기도 하고 기획 기사를 유도하여 선수단의 진풍경을 알리기도 한다.

무엇보다도 구단의 언론 리스크 매니지먼트 역할의 선봉 부대로서 구단의 위기 시 제일 앞 최전선에서 맨발로 뛰어다니는 부서이다. 신문, 방송, 유튜브 등 미디어의 성향과 각 언론사별 특성들을 미리 파악하고 출입 기자들과 원만한 인간관계도 맺어야 한다.

논란의 중심에 있을 때는 팩트 전달이 최우선이지만 때로는 감정 호소를 마다하지 않아야 하고 비판과 힐난을 온몸으로 막아야 할 때도 있는 중요한 부서다. 사건 사고가 터졌을 때 신속하게 대응하고 구단 차원의 사과문 발표 등 앞으로의 계획을 소상하게 공표하면서 위기에서 벗어나 제자리로 찾아가도록 길을 만든다. 평상시에도 언론과의 유대관계 강화를 위하여 수고를 아끼지 않는다.

이것 저것 다 하는 운영팀의 역할

야구단은 선수단을 중심으로 돌아가는 회사다. 선수와 관련된 모든 일들을 사전에 준비하고 실행하는 부서가 운영팀이다. 운영팀의 업무를 크게 나열하면 다음과 같다.

우선 선수단의 안정적인 시즌을 대비하기 위한 최적의 해외 전훈지를 물색하고 선정하여 계약을 추진해야 하고, 그 안에는 사전답사를 통하여 선수단이 원활하게 훈련에 매진할 수 있는 여건의 야구장 시설이 되는지 살펴야 한다.

숙소 시설은 적합하고 쾌적한지, 식사는 어떤 레벨인지, 호텔 주변의 위해 시설은 없는지 등 주변 여건도 살펴야 하고, 무엇보다도 적절한 연습경기 상대가 있는 지역인지 등등을 살펴서 연습경기 스케줄도 사전 1년 전에 미리 약속을 잡아야 한다.

코칭스태프와 프런트 직원들과 선수단 등의 대규모 인원이 한 달 이상을 보낼 전지훈련지로 해외로 출국한다고 했을 때 전체 인원이 무탈히 안전하게 목적지까지 이동하고 계획된 훈련을 모두 소화하고 귀국하는 것을 상상해보자.

얼마나 많은 일들을 준비해야 하겠는가? 인원수가 많은 만큼 온갖 돌발 변수들이 갑자기 생기게 되고 그런 것들을 즉시 해결해 나가면서 선수단은 마치 시간차의 타임머신처럼 어느 날 머나먼 이국 땅에 모두가 모여서 훈련을 시작하게 된다.

예를 들어 설명하자면 SSG 야구단은 전신 SK 때부터 미국의 플로리다 남부에 위치한 베로비치에 캠프를 차렸다. 그곳까지 가려면 선수들이 각자 개별적으로 집에서부터 출발하는 시간까지 계산하면 장장 22시간 이상의 이동시간을 거쳐야 목적지에 도착한다.

기본적으로 애틀랜타까지 14시간 이상 소요되며 현지에서 국내선으로 갈아타기 위해 중간에 3시간 정도 대기해야 하고 이후 플로리다 올랜도까지 다시 항공편으로 1시간 넘게 이동하고 올랜도에 도착해서도 버스로 갈아타 다시 1~2시간 이동해야 도착한다.

선수들의 개별 운동장비 등과 단체 훈련장비들을 무사히 훈련지 장소에 도착하게 하려면 운영팀 직원들의 준비성과 긴장이 동반되어야 하며 지장 없이 도착시키기 위한 많은 일들을 하나하나 해결해야 한다.

공항에선 구단의 단체 짐들과 선수단 개별 가방 등을 모두 챙겨야 하고 무게도 관리해야 하며 항공사와의 화물 관련 금액도 협상 절충해야 한다. 아무리 요금 기준을 초과하게 된 무게라고 해도 항공사가 원하는 대로 무한정 거금을 지출할 수는 없어서 얼굴을 붉히고 체면을 구기는 일도 운영팀이 해야 한다.

한 달 이상 사용할 훈련용 볼과 예비 시합용 공들은 양도 많고 부피도 큰 탓에 몇 달 전에 미리 배편으로 배송을 완료해놓는다. 태평양을 건너서 캠프지까지 가는 데 두 달 이상은 족히 걸리기 때문에 그래서 미리 내년 봄 캠프를 대비하기 위해서 사용할 무게 있는 훈련용품들을 보내 놓아야 한다.

국외에서는 안전이 제일 우선이고 목적한 캠프 목표를 충족해야 한다. 선수들은 부상 없이 무탈하게 입국을 하여 시즌에 대비해야 한다. 만약 국외 현지에서 불상사가 발생하면 우선 해결에 앞장서는 이들이 운영팀 일이다.

현지에서 발생하는 부상이나 여권 분실을 비롯한 크고 작은 사고는 항상 운영팀을 긴장시키며 시즌 대비하는 캠프 진행에 문제가 있어도 조속히 해결하고 전원을 무사히 귀국시킬 책임이 있다. 숙박과 음식, 훈련에 만전을 기하여 선수단의 시즌 준비에 지장이 없도록 하는 것이 운영팀의 업무 중에서도 매우 중요한 부분이다.

무엇보다도 중요한 업무는 선수단의 원활한 인원 수급 관리이다. 감독을 포함한 코칭 스텝을 구성하고 영입을 위한 계약을 체결하는 일이 우선적으로 행해진다. 그러한 업무를 진행하기 위해선 타 구단의 코칭 스태프 현황 분석을 통하여 평판과 지도력이 검증된 코칭스태프를 리스트업 해두고 수시로 동향파악을 한다.

유능한 코칭스태프 영입은 국내 프로에만 국한되어 있지 않고 아마추어 무대의 유능한 지도자도 유심히 들여다보고 기회가 되면 영입을 추진하기도 한다. 때로는 국외의 외국인 코치들도 네트워크를 동원하여 찾기도 한다. 한참 미국의 가을 교육리그에 참가할 때가 있었는데 그 당시 고용된 인스트럭터들이 대거 국내에 진출하는 계기가 된 적도 있었다.

미국뿐만 아니라 가까운 일본에서도 KBO는 매력 있는 취업의 리그였다. 일본 내에서 기회가 없어진 일본프로야구 출신 지도자들이 공백 기간을 이용하여 국내에 진출하는 계기가 되었으며 이는 지금까지도 이어지고 있다.

언제나 주어진 환경에서 유능한 지도자를 찾는 일은 쉼 없이 이어져야 한다. 적합한 적임자라고 판단되면 영입을 추진하기 위하여 빠르게 움직여야 하고 여러 조건들을 함께 들여다봐야 한다.

당장 움직일 수 있는 상황의 인재면 바로 재가를 득하여 연봉과 기간, 보직 등을 준비하여 계약을 시킨다. 일반적으로 국내 코치들보다는 상향된 보수를 받고 기타 숙소 제공 등의 편의를 주는 경우가 많다.

코칭스태프는 구단이 중장기로 보는 코치들과 새로 부임하는 감독과의 협의에 의해 영입되는 코치들로 나누어진다. 대부분 감독 지정 코치들은 주로 1군에서 감독과 함께 활약하고 구단 지정 코치들은 2군에서 미래자원 육성에 집중하는 코치들로 분류 아닌 분류가 된다.

프로야구단의 성적은 탄탄한 선수층과 외국인선수, 유효적절한 FA 영입 등과 감독의 역량과 분야별 최적의 코칭스태프, 구단의 든든한 지원 등이 맞물려 동시효과가 날 경우 상승곡선을 타고 성적을 내기 시작한다. 우승까지 성난 노도처럼 달려갈 수도 있다.

어떤 바람을 타는가에 따라 기존 전력 이상의 광풍이 불어 우승을 쟁취하는 것을 봐왔다. 운영팀은 시즌이 끝나면 업무가 더 바빠진다. 내년 준비를 위해 선수단 정비를 새롭게 해야 하며 다음 시즌을 위한 가을 마무리 해외 캠프를 실시한다.

계획된 모든 훈련이 마무리되면 선수단 메디컬 검사를 진행하여 선수별로 부위별 이상 유무를 일찍 살펴 훈련계획에 참조한다. 혹시나 수술이 필요한 선수들은 조기에 수술을 시행하여 복귀일정을 맞춰야 하고 잉여전력으로 분류시킨다.

어깨 수술만 아니면 다른 모든 부위의 수술은 심각하게 받아들이지 않으며 향후 가용할 전력으로 저축성 인력이 된다. 메디컬 체크에 대한 결과는 전 코칭스태프가 공유하여 선수별 맞춤 훈련에 적용한다.

마무리 가을 캠프가 끝나면 코칭스태프와 현장 프런트 모두 워크숍을 통하여 현 선수단의 장단점을 진단하고 나아가야 할 방향을 도출한다. 내년도 선수단 전력을 업그레이드할 방안을 모색하고 실천 방안을 결의하는데 이때 집중육성 대상 선수군을 취합하여 훈련 방안을 논의하며 담당 코치를 두는 문제도 열렬히 토론한다. 한 시즌을 보내고 선수단과 관련된 모든 인력들이 한 자리에 모여서 현 수준을 파악하고 문제 해결을 위해 노력하며 내년에 대한 기대를 한층 더 밝히는 기초로 삼는다.

사실 전체 코칭스태프가 모두 한 자리에 모여서 선수단의 발전을 모색하는 시간을 갖는 것은 1년에 한두 번도 쉽지 않은 일이다. 그렇기에 더더욱 이 시간을 유익하고 효율적으로 잘 활용하여 파트별 코칭에 대한 주안점을 서로 공유하며 지도자 역할을 공고히 하며 코치들 간의 화합과 친목에도 유의미한 자리가 된다.

승리와 우승의 원천은 선수단 구성

 구단은 매년 팀 전력 극대화를 위해 헐거운 포지션을 보강해야 되고, 포지션별 선수단 수급계획을 구성해야 한다. 매년 실시하는 KBO 신인 드래프트에서 신인선수들의 포지션 안배도 중요한 포인트가 되고 시즌 후 방출선수와 포지션도 사전에 준비해야 한다.
 군입대가 도래한 선수들을 기존 전력이 여유가 있을 때 미리 보내는 전략을 짜는 일도 모두 운영팀의 업무 중 일부이다. 군에 미리 보낼 선수들도 향후 기대치에 따라 기량 유지와 관리가 용이한 국군체육부대 상무 야구팀에 보낼 것인지, 몸상태에 따라 국가로부터 할당 받은 군종에 따라 공익근무요원이나 일반병으로 보내서 선수를 관리할 것인가의 문제도 정립을 해야 한다.
 구단 운영팀의 많은 업무 중 장기적인 계획을 위하여 우선적으로 추진해야 될 선수 군 문제는 자원 관리 및 보호 차원에서 중차대한 업무이기도 하다. 미래의 핵심 유망주들의 군문제를 조기에 해결하는 정책은 몇 년 후의 팀 전력을 효과적으로 집중화하기 위한 발판이 된다.

군대 문제를 해결함과 동시에 야구 기량을 더 발전시킬 수 있는 유일한 방법은 프로야구 2군 리그인 퓨처스리그에 참가하는 국군체육부대인 상무팀에 입대시키는 것이다. 이곳은 군 복무를 하면서 체계적인 운동훈련을 하는 곳으로서 군대조직의 특성인 정신력과 체력을 모두 업그레이드 시키며 야구선수 본연의 직업에 대한 가치와 필요성과 목마름을 몸소 느끼는 곳이기에 구단과 선수들이 최우선적으로 선호하며 또한 선수 생활을 이어가야 할 미필 선수들에겐 반드시 가야 될 곳이다.

특히 이곳 상무팀의 웨이트 트레이닝은 선수들의 빌드업과 파워 향상에 탁월한 프로그램이 체계적으로 잘 운영된다. 상무팀을 거친 많은 유명한 프로선수들이 이구동성으로 입을 모아 칭찬하는 곳으로 정평이 나 있다.

더구나 상무 야구팀의 감독은 선수들의 정신력과 기술까지도 다 잡는 교관으로서의 역할을 충실하게 하는 군무원이다. 오랜 군 팀 감독 경험에서 나오는 노하우가 대단한 감독으로서 이곳을 제대하고 나오는 선수들 대부분이 제대와 동시에 1군에 바로 투입될 정도로 기량과 정신 상태를 잘 관리해서 보내준다. 구단과 KBO 차원에선 더할 나위 없이 고마운 존재이다. 야구인의 한 사람으로, 상무 감독과 국방부에 감사하는 마음이다.

과거 경찰청 산하에도 경찰청 야구단이 존재하여 선수들의 병역 문제 해결에 큰 도움이 되었으나 안타깝게도 존속이 어려워 폐지되고 말았다. 이는 두고두고 프로야구계에 안타까움과 탄식을 주고 있는 게 사실이다.

향후에 어떠한 모습으로든 경찰청 후속으로 선수들의 군 문제를 해결할 수 있는 방편이 조속히 마련되었으면 한다. 유일하게 존속하고 있는 상무팀은 경찰청의 폐지로 인하여 입대하기가 예전보다 훨씬 어려워졌고 입대 희망 인원의 증가로 경쟁률 또한 높아졌다.

10개 구단에서 쏟아져 나오는 입대 희망 선수들을 모두 소화할 수 없는 제도적인 한정된 인원 탓에 입대하기 위해서 반드시 갖추어 야 할 자격요건이 강화되었다.

1군 경기 출장 기록과 투구 이닝, 경기 타석, 타율, 홈런 등의 소화 기준이 점수별로 나누어져 있으며, 2군 퓨처스리그의 개별기준들도 1군 경기 기준과 수치는 다르더라도 대동소이하지만 상대적으로 점수가 낮게 배점된다.

그리고 마지막으로 아마추어 때의 성적도 기준에는 존재하지만 실제로는 1군 경기 기준으로 합격 여부가 판가름나게 되어있다. 이상으로 경기전적에 대한 기준을 살펴보았고 다음으로 체력 측정이란 항목이 있다.

기초체력을 측정하는 것인데 신체의 이상 여부와 체력을 보는 것으로서 현재 선수 생활을 하고 있는 선수들에게 큰 문제가 되는 항목들은 아니다. 측정되는 종목들을 살펴보면 아주 기초적인 달리기와 윗몸 일으키기, 악력과 배 근력 측정 등으로 구성되어 있어 공부만 하는 일반 학생들이 아닌 이상 패스 되는 것은 기정사실이다.

과거에는 팔 굽혀 펴기 항목이 있었는데 믿기 어렵겠지만 당 구단의 모 투수 선수가 푸시업 기준 개수를 충족시키지 못하여 탈락되는 이변 아닌 이변이 생긴 적이 있다. 그런 기초체력조차 준비가 안 되어 있는 선수는 프로선수 생활을 길게 지속하지 못하고 일찍 유니폼을 벗게 되는 일도 있다.

다음으로는 국가대표 경력이 있다. 대표팀 경력이 있으면 가산점이 있는데 대표 경력이 인정되는 국제대회로는 올림픽과 아시안게임, 프리미어12, WBC 등이 있다. 몇몇 대회에는 그 자체로 병역면제가 부여되기도 하는데 성적이 뒷받침되지 못해 특례를 얻지 못했던 대표 선수들에게 일부 혜택을 주는 것이다.

구단의 미래 자원 보호를 위해서 상무 팀 입대는 어느 구단을 막론하고 선결문제이다. 상무 팀 입대를 위한 전략적인 경기전적을 만들어서 효과적으로 1군경기를 출장시키는 것도 운영팀의 능력이다. 선수단의 1군 성적에 영향을 받지 않는 선에서 효과적으로 상무팀에 보낼 수 있는 경기전적을 만들어가는 능력은 결국 머지않은 날 팀 전력을 플러스시키는 프런트의 역량이 된다.

이때는 현장의 코칭스태프와의 평상시 소통과 신뢰가 중요하고 현장의 이해도와 인식도 크게 차지한다. 공감 능력이 뛰어난 감독 이하 코칭스태프는 이러한 부분들을 이해하는데 오랜 시간이 걸리지 않는다. 효과적으로 기용할 수 있는 타이밍과 시기가 있다. 단지 출장 TO 하나를 더 깔고 가는 문제인데 얼마든지 가능하다고 본다.

군대에 가 있는 미래 자원들의 몸상태나 의욕관리도 운영팀 몫이다. 항상 관심을 가지고 연락하며 격려를 아끼지 않아야 한다. 선수들에게 필요한 장비가 있으면 별도로 챙겨서 보내주기도 하고 어떤 때엔 선수의 휴가를 이용하여 인사 겸 홈 구장을 방문하여 필요한 물품들을 챙겨주며 소속감을 유지시켜준다. 이런 지원들은 상무 소속 선수들만이 아니라 일반병으로 간 선수들이나 공익근무요원 선수들에게 대동소이하게 이뤄지며 마찬가지로 구단의 관심과 격려는 늘 지속된다.

프로야구는 기나긴 페넌트레이스를 거친다. 대한민국의 남자라면 군대를 가야 하고, 병역을 마친 예비역이라면 그 누구라도 예비군에 배치된다. 예비군 훈련은 프로야구 선수라고 그냥 비켜 갈 수는 없다. 대한민국 국민으로서 국방의 의무는 지극히 당연한 이야기이니 차치하고 프로야구 선수들에게도 예비군 소집일은 당연히 존재한다. 구단에 속한 예비군 선수들의 시즌 기간 내 소집일을 미리 적절히 연기하고 준비해야 시즌 운영에 지장을 안 받는다.

소집일 때문에 주전급이나 에이스급 선발투수가 갑자기 전열에서 빠지는 일이 발생하면 안 되지 않겠는가? 선수들의 소속 예비군 동대를 파악하고 연기 원서를 제때 잘 제출할 수 있도록 사전에 준비하기 위해 예비군 동대와의 커뮤니케이션도 미리 적절하게 잘해야 한다.

이번에는 다른 부분을 한번 짚어보자. 미국의 룰 파이브 제도를 벤치마킹하여 KBO에서도 유사한 제도인 2차 드래프트를 도입하여 운영하고 있다. 각 구단에서 입단 이후 자리를 잡지 못한 잉여 전력에 대하여 또 다른 기회를 주고 구단별 전력 수급을 용이하게 하기 위하여 운영되는 취지이다.

제도 시행 초창기 때는 보호선수 40명으로 수 년간 진행해오다 최근 들어 35명으로 보호선수 인원이 축소되었다. 첫 시행 이후 점차 사문화되던 2차 드래프트의 활성화 차원에서 보호선수 인원수를 줄이는 대신 보상 금액을 상향조정했다.

보호선수 명단을 효율적으로 짜는 게 첫 번째 관건이 되는데 기본적인 원칙이 있다. 기존의 주전급 선수와 구단이 중장기적으로 육성할 선수는 우선적으로 보호된다. 35명을 보호한다는 것이 간단해 보이지만 복잡한 계산이 따르고 만에 하나 아까운 선수를 놓치지 않을까 전전긍긍하기 마련이다. 항상 명단을 짜다 보면 4~5명의 선수를 35번째 선수로 보호할지 말지 갈등이 된다.

이때 구단의 선택은 우선은 구단의 포지션상 약한 부분의 선수를 보호하고 그 다음은 투수 위주로 원칙을 정해서 명단을 짜게 된다. 그 다음 심사숙고 대상이 노장 베테랑급 선수로서 타 구단에서 굳이 픽업할 이유가 없을 선수들은 보호대상에서 제외한다. 한 명이라도 젊은 선수를 보호하여 미래지향적인 전력을 유지하기 위함이다.

야구팬들도 만약 자신이 구단의 단장이거나 운영팀의 일원이라면 여지없이 똑같은 정책으로 보호선수 명단을 작성할 것이다. 다만 그 노장 선수가 은퇴가 임박했거나 구단에 기여도가 높은 선수이면 사전에 상호 이해를 구하고 일종의 합의를 끝내 2차 드래프트 시장에 내보내야 한다. 은퇴에 대한 언론 보도가 사전에 이루어졌다면 타 구단에서 덥석 물어가지도 않을뿐더러 은퇴 선언을 한 선수를 데리고 갈 이유도 없을 것이다.

2차 드래프트로 영입을 추진하는 선수는 당장 주전급으로 활용할 선수라고 보기는 어렵다. 그런 선수가 35명에 묶이지 않아 시장에 나올 이유도 없으며 제도 도입 초창기 때는 몇몇 선수가 손꼽을 만한 활약을 펼친 적이 있으나 최근의 경우를 보면 더욱 희박해진 게 사실이다. 그러다 보니 보호선수 명단을 받아보고 전략을 짜는 것이 대부분 뎁스가 약한 특정 포지션의 백업 자원으로 선정을 하는 편이다.

이렇듯 구단은 여러모로 사전에 짚어야 할 부분도 많고 섬세하게 최선책과 차선책 때로는 차차선책까지 마련하여 KBO 전체 행사에 임해야 한다. 선수단 현장의 서포트 역할 외에도 운영팀은 선수단 전체 운영기획을 짜고 각종 선수단 운영을 위한 기안을 품의하며 각종 행정업무를 도맡아 한다. 야구 규약 변경이 필요한 경우 현장의 목소리를 담아서 안건을 내고 각종 대회요강이나 공문서를 운영 관리한다.

선수 등록이나 각종 공문서 작성과 발송 등을 진행하고 KBO 단장회의 안건과 이사회와 구단주 총회 안건에도 기본 의견을 제시한다. 운영팀의 업무 영역은 어디에서 어디까지라고 딱히 정하기보다는 선수단이 있어야 할 자리나 선수들이 필요한 것을 미리 준비하고 챙기는 부서라고 봐야 한다.

선수들이 더 기량이 늘 수 있는 방안을 연구하고 보다 더 편안하고 야구에만 집중할 수 있도록 지근거리에서 해결해주는 부서이며 궁극적으로 표현하자면 우승을 쟁취하고 이어가는 명문구단을 만들기 위한 부단한 노력을 현장에서 하는 부서라고 하면 표현이 맞을 것이다.

언제나 가슴 아픈 방출선수 선별

　방출선수 지정은 코칭스태프의 의견을 종합적으로 고려하되 최종적으로는 구단에서 좀 더 기회를 줄 것인지 아닌지를 결정한다. 방출선수 후보군에 오르는 선수들은 대개 부상으로 장기간 정상적인 활동을 못한 선수들이고 연차가 꽤 되어 어느 정도 기회를 받았음에도 커리어의 대부분을 2군에서 머문 선수들이 주 대상이 된다.
　흔하지는 않지만 선수단에 좋지 않은 영향을 미친다는 평을 받는 선수도 기량과 나이에 상관없이 포함되는 경우가 있다. 포괄적인 의미에서 '선수로서 가치가 다 됐다'라는 판단이 될 때 방출 후보에 넣지만 바로 결정하지는 않고 수 개월을 두고 면밀히 지켜본다. 자칫 억울한 선수가 나오지 않게끔 세세하게 살피고 확인, 검증 절차를 거듭하여 신중히 결정한다.
　1차 정리는 시즌 중 6월과 7월 중에 실시하게 되는데 대부분 2군 선수 중에서 이루어지고, 최종적으로 전체 선수단을 대상으로 하는 결정은 시즌의 종료와 함께 단행된다. 가끔 대기만성형 유형의 선수들이 있어서 방출 이후 타 구단에서 빛을 보는 선수가 나오는데 이 같은 일들은 프런트의 맨파워에서 나오는 눈썰미로 사전 차단할 수 있다.

부상을 당해 능력을 발휘하지 못한 선수도 구단에서는 절대 그냥 방치하지 않는다. 구단은 성의를 갖고 수술과 재활을 시키며 최선을 다해 선수의 복귀를 돕는다. 부상 수술 부위에 따라서 재활기간이 각기 다른데 심각성과 함께 재기가 힘든 부상 선수는 따로 분류되어 그 선수에 대한 평가가 다시 새롭게 이뤄지기도 한다.

예를 들면 선수 생활 내내 모범적이고 성실했던 선수였고 구단에 적지 않은 기여도가 있었던 케이스라면 구단에서 바로 일할 수 있는 다른 기회들을 제공하기도 한다. 주로 코치나 전력분석원, 스카우트 등으로 야구 현장과 관련된 일을 제시하는데 그것도 선수가 동의를 해야 가능하고, 아직 현역으로서 미련이 있는 선수는 이를 고사하고 팀을 떠나기도 한다.

나머지 선수들은 기량 부족으로 퇴단 처리된다. 야구단의 인원수가 한정되어 있어 해마다 새로 영입되는 신인선수 숫자만큼이나 방출되는 선수들도 많다. 더 이상 팀에서 뛸 수 없는 선수들과의 인연을 정리하는 것은 프로스포츠 비즈니스에서 매년 되풀이되는 자연스러운 일이지만, 그 아픔은 쉬이 익숙해지지 않는다.

몇 년 전만 해도 KBO 구단들은 너나 할 것 없이 대규모 선수단을 운영하였다. 당시에는 구단마다 3군 제도를 운영하여 선수단 인원수만 100명 넘게 대규모로 관리하였다. 심지어 군대에 보낸 보류 선수들까지 합하면 그 숫자는 더욱 늘어났다. 군 보류로 보낸 선수들에게도 직전 연봉의 25%를 지급해야 하는 재정적 부담이 있지만, 최대한 많은 유망 인력들을 확보해두려 너도 나도 군 보류 제도를 많이 활용했던 때가 불과 얼마 전이다.

2군 경기에 투입되는 인원이 한정되어 있어서 각 구단들은 선수들의 경기감각 유지와 기량 향상을 도모하고자 2군 경기에 나서지 못하는 잔류군 선수들을 대상으로 3군 경기라는 형태의 매치업을 만들기도 했다. 이를 통해 선수들은 경기감각을 이어갈 수 있었고, 구단은 선수들의 가능성을 타진하며 일반 구성원 역할을 할 선수들과 유망주 그룹으로 분류하여 추가적인 관리에 임했다.

선수단의 가용 인력도 폭넓게 확보되어 있었고 전체 인력도 운영 규모에 여유가 있었기에 방출 인원도 적절히 조절해가면서 기회를 더 줄 선수들에게는 '1년 더', '한 시즌 더'를 반복하며 격려하고 성공 안착을 유도하곤 했다. 그러나 이제는 그럴 여유가 없어졌다.

모그룹의 긴축은 여지없이 야구단을 강타했고, 전체 예산의 축소는 먼저 선수단 인원수부터 직접적인 영향을 주었다. 선수단이 줄어든 만큼 코칭스태프의 인원수도 줄어들었다. 해외 전지훈련에 참가하는 인원들도 효율화를 기하기 위해 대거 축소되었고, 전훈 기간도, 전체적인 예산도 과거처럼 넉넉하게 잡기가 어려워졌다.

예전에는 한두 번 더 기회를 주던 선수들도 이젠 여유가 없어서 신속하게 방출이 결정된다. 야구단의 운영 예산은 폭증하는 선수단 연봉과 FA 비용을 커버하기에도 숨돌릴 틈이 없었고, 스타플레이어 선수들의 몸값 외에 다른 비용은 모두 과거에 비해 감소하거나 현상 유지 정도인 것으로 봐야 한다.

그렇기 때문에 구단 내부에서의 생존 경쟁 '서바이벌'은 날이 갈수록 심화되고 있다. 과거에는 2군에서만 10년 가까이 선수 생활을 했던 선수도 있었는데 이제는 그런 사실이 말 그대로 전설로 남게 되었다.

앞으로도 이 같은 현상은 지속될 것으로 보인다. 내수 경기의 침체에다가 세계 경제 상황에 민감한 대기업의 특성상 야구단의 긴축 운영은 당분간 계속될 것이기 때문이다. 1년 살림살이를 할 예산을 짜고 그를 집행하고 선수단을 운영하며 성적을 내야 하는 운영팀의 낮과 밤을 멈추게 할 시계는 없다. 이른 새벽에도 늦은 밤에도 업무의 시계는 돌아간다. 그런 야구단의 복잡다단한 일을 손수 통보하고 정리하고 해결하는 부서가 운영팀이다.

트레이드 카드는
항상 빗나간다

　시즌 중이든 시즌 후든 트레이드는 열려 있다. 운영팀은 전지훈련 기간과 시범경기 기간 중 팀에 나타나는 현상에 대하여 계산된 전력에 미치지 못하고 부실하거나 향후 이탈할 우려가 있는 포지션에 대하여 사전작업을 준비한다.

　바로 동일 포지션에 대한 타 구단 현황을 검토하는 것이다. 1군급 선수인데 최근 주춤하여 열외 전력으로 후선에 밀린 선수나 새롭게 떠오르는 유망주이거나 아니면 현재 1군 선수이지만 얼마든지 트레이드 가능한 선수 등을 검토 후보에 넣어놓고 타 구단과 타진한다. 다만 절대 트레이드 불가한 투수, 야수 몇 명은 무조건 제외된다.

　시즌 초에 갑작스러운 트레이드는 주로 이런 현상에서 구단들의 이해관계가 맞아 떨어져 이루어진다. 운영팀의 고유 업무 중 하나이다. 어떤 경우에는 팬들의 거센 반발을 부르는 트레이드가 나올 때도 있다.

팀의 간판급은 두말할 것도 없거니와 쏠쏠하게 팀을 위해 활약하는 주전급은 팬들도 상당수 있기 마련이기에 이러한 결정에 대한 팬들의 충격과 반발은 충분히 예견할 수 있는 일이다.

하지만 구단들이 팬들의 아우성이 우려되어 반드시 필요한 일, 꼭 해야 할 일을 하지 않기는 어렵다. 대중이 생각지 못한 전혀 뜻밖의 트레이드가 벌어지는 상황에는 분명히 급하게 보내야만 하는 무슨 일들이 생긴 것이라고 봐야 한다.

전력에 필요한 선수를 갑작스럽게 보낼 때는 눈에 보이지 않는 뭔가가 있다. 그 뭔가는 점차 시간이 지나면서 수면 위로 올라온다. 그때 뒤늦은 감이 있더라도 언론과 팬들은 배경을 알게 되고 트레이드의 득실을 논하면서 구단의 능력을 평가한다. 행정상 선수들을 맞트레이드 할 때에는 절차가 있다.

우선 해당 구단이 서로 양수 양도 서류에 서명을 하고 각 1부씩 나눈 뒤 KBO 사무국에 신고한다. 이때 서류상 하자가 없으면 총재의 승인이 바로 나게 되는데 트레이드 발표날 바로 양도 구단에서 경기를 뛰는 것을 본 적이 있을 것이다.

오전에 발표하고 오후에 바로 경기를 뛸 수 있는 유니폼이 만들어질까 하는 궁금증이 생길 수 있다. 전날 상호간에 구체적이고 긍정적인 합의를 이끌고 구단의 고위층까지 허락이 떨어지면 운영팀은 새로 맞이할 선수의 유니폼과 장비들을 미리 챙겨야 한다. 유니폼이 준비되지 않으면 승인이 떨어지는 당일 열리는 경기에는 출전할 수 없고, 그러면 운영팀이 일을 제대로 하지 못한 것이 된다.

우선 급하게 정해야 하는 것이 배번인데, 기존에 비어 있는 것을 사용하거나 서로 트레이드 되는 선수 것을 그대로 받기도 하고 특정 번호를 원한다면 기존 다른 선수의 양해를 구하는 절차도 밟기도 한다. 유니폼 제작사에 연락하여 유니폼 사이즈, 이름, 배번을 알려주고 긴급한 사항임을 강조하며 특별히 보안을 요청한다. 야구판의 우스갯소리로 유니폼 제작 업체는 모든 것을 알고 있다.

 모든 절차가 완료되고 총재의 승인이 떨어지면 운영팀은 보내는 선수에게 트레이드 소식을 전함과 동시에 아쉬운 석별의 인사를 건네며 일련의 과정을 마무리한다. 그런 후 즉시 바로 타 구단에서 오게 될 선수의 연락처로 간단한 환영 인사와 함께 몇 시까지 구단 사무실로 와서 경기 준비를 해 달라는 연락을 취하게 된다.

 트레이드 된 선수들은 하루아침에 짐을 싸고 타 구단의 유니폼을 입고서 낯선 선수들과 한 팀이 되어 반대편의 덕아웃에서 경기를 하게 되는 것이다. 그 상황이 쉽사리 실감이 나지 않으며 이상한 기분이 들기도 하는데 빨리 정신을 차리고 적응해야 한다. 약간의 시간이 지나 이성을 찾고 곰곰이 상황을 돌아보는 시간이 오면 자신을 내보낸 구단에 서운한 마음이 들고 배신당한 느낌이 스며온다.

 트레이드가 활발하게 진행되지 않는 이유 중 가장 대표적인 것은 서로의 카드가 맞지 않는 경우이다. 양 구단이 바라보는 선수 가치가 현격하게 차이가 있어서 언제나 상대 구단이 카드로 낸 선수에 비해, 받고자 하는 선수의 갭이 너무 커서 자칫 황당한 요구로 받아들여지게 되며 그러한 경우 빠르게 결렬이 된다.

 어떤 때엔 어처구니없는 카드를 꺼내어 트레이드를 하자고 덤비는 구단이 있어서 아연실색하며 아예 없었던 일로 묻어 버리기도 한다. 명

색이 구단과 구단 사이의 공식적인 접촉인 만큼 서로 예의에 어긋나지 않는 제안과 그에 맞는 카드를 제시함이 도의를 지키는 것이고 젠틀하고 깔끔한 매너를 가진 구단인 것이다.

곧 방출 대상에 오를 선수를 트레이드 카드로 내미는 것은 상도의에 어긋나기도 하고 구단의 격이 떨어지는 행동이기도 하다. 트레이드가 성사될 경우에는 언제나 스토리가 있다. 상호 윈윈하는 스토리는 한쪽 구단은 당장의 전력 강화이고 다른 반대쪽은 중장기적 전력 보강이라는 납득 가능한 이유와 함께 발표되면서 깔끔하게 성사된다.

그런 일이 자주 발생하지는 않았지만 과거에는 양 구단이 양수 양도 서류에 도장까지 주고받아놓고 결렬되는 황당한 사건이 있기도 했다. 그런 때엔 운영팀에서 상대구단에 백 번이고 사죄해야 했다. 트레이드 되는 선수들에게 구단이 별도의 이사비를 지급한다는 것을 마니아 야구팬이 아니라면 잘 모를 것이다. 선수는 이사까지 했는데 트레이드가 결렬되면 모두에게 스트레스고 상처만 남는다.

트레이드 추진은 한국시리즈가 종료된 후 바로 다음날부터 익년도 다음 시즌 7월 31일까지로 한정되어 있다. 어떤 해든 7월 31일 밤 자정까지 각 구단들은 주판알을 튕겨가며 손익계산을 열심히 하는데 상대구단과의 모든 이해가 딱 맞아떨어져서 트레이드가 성사되는 것은 지극히 어려운 일이다.

구단마다 이해득실의 개념이 달라서 조금 손해를 보더라도 포스트시즌 같은 단기전에 쏟아부을 수 있는 전력이고 팀 우승에 확실히 보탬이 된다고 판단하는 자원이라면, 보내줘야 할 선수가 너무나도 아까운 장기적인 유망주라고 해도 어쩔 수 없이 결단을 내리게 된다. 때로는 2

대 1 카드를 사용하기도 하고 신인 지명권까지 보태며 우승에 올인하려 한다. 만약 우승을 놓치게 되면 두고 두고 아까울 카드들을 과감하게 던지기도 한다.

트레이드는 겨울 스토브리그 기간 중에도 일어나기도 하는데 흔하지는 않고 최근 추세는 대부분 시즌 중에 일어나게 된다. 시즌 중에는 웨이버 공시란 제도가 있다. 구단의 선수가치 판단으로 효용성이 현저히 떨어진다고 판단되거나 문제가 불거져서 정리해야 되는 일들이 발생하면 선수와의 계약을 포기하는 제도이다.

이때 선수는 웨이버 공시 제도를 통하여 소위 말하는 자유롭게 시장에 상품으로 나오게 된다. 원 소속팀을 제외한 나머지 9개 구단이 당해 년도 성적의 역순으로 웨이버 된 선수를 필요로 하여 데려가겠다는 의사를 표시하고 300만 원의 웨이버 비용을 지급하고 영입할 수 있다.

이때 만약 7일간의 공시 기간 중 어떠한 팀도 신청이 없을 경우 선수는 자유계약선수로 신분이 바뀌게 되며 그 해당 시즌에는 KBO의 어떤 팀에도 갈 수가 없고 다음 시즌에 갈 팀이 생긴다면 선수 생명 연장은 가능하게 된다. 선수의 잔여 연봉은 기존 구단이 부담하는 것이 원칙이며 해당 연도 11월까지의 보수만 지급 의무가 있다.

웨이버된 선수가 웨이버로 재취업 되는 것이 결코 쉽지만은 않다. 일반적으로는 해당 구단의 판단이지만 부상의 장기화 내지는 기량 하락 등의 표면적으로 명확한 이유들이 대부분이기 때문이다. 각 구단들이 선수에 대한 정보와 성적들을 종합적으로 판단하여 웨이버 영입을 결정하기 때문에 팀에 특별히 긴급한 사정이 생기지 않는 한 무리해서 선택하지 않는 추세이다.

선수단 연봉 계약을 위한 고과 산정

선수단은 FA 계약을 맺은 선수와 다년 계약을 맺은 선수를 제외하고 모든 선수가 매년 계약을 갱신하여 연봉 계약을 맺는다. 80여 명이나 되는 선수들에 대한 연봉 계약은 철저하고 투명하게 이루어져야 하고 모든 선수들이 납득할 수 있는 항목들로 채워져야 한다. 즉, 기준이 명확해야 한다는 이야기이고 선수단과 합의 없이 구단 임의대로 변경하면 안 되는 사항으로 선수들에게는 글자 그대로 중차대한 일이다.

얼토당토않은 내용들로 채워진 선수들에게 불리한 내용들은 아예 산정 항목에서 제외해야 함이 마땅하다. 세부 내용들은 언제든지 선수들이 열람이 가능하도록 해야 하고 당일 당일 경기후 선수들이 매긴 자신의 고과점수와 구단의 담당자가 매긴 점수 간에 편차가 없어야 한다.

가끔 너무 엄격하게 매긴 구단의 점수가 지나치게 박하다 싶은 경우에는 선수의 이의가 받아들여진다. 하지만 통상적으로 선수들은 구단

투수/야수 고과 항목

구분	투수	경기
고과 항목	선발승, 완봉승, 완투패, 선발패, 투구 횟수, 탈삼진 수	선두타자 안타, 선투타자 출루, 각종 출루, 상대투수 괴롭힘
	무실점 횟수, 연속타자, 선두타자 아웃, 병살유도	타점, 유주자 안타, 결승 타점, 경기 3안타, 3타점, 3득점
	호수비, 핀치 초래, 구원 성공, 호투 불구 패전	삼진 개수, 유주자시 삼진, 희생플라이, 희생번트, 절호기회 진루불능
	견제 아웃, 절대위기 극복, 톱타자 출루허용, 폭투, 보크	번트 실패, 투혼플레이, 팀사인미스, 무성의한 플레이, 본헤드, 백업

의 고과 산정에 대하여 믿음을 갖고 맡기는 편이고 자신이 경기 후 스스로 점수를 매기는 수고까지 하지는 않는다.

고과 항목은 투수, 야수 모두 개별적으로 80개의 세부 항목이 존재하고 해당 항목에 따라 플러스 점수와 마이너스 점수가 부여된다. 승리에 결정적인 기여를 했거나 팀 패배를 유발한 상황에는 큰 점수가 플러스 혹은 마이너스 부여되며 팀을 위해 헌신하는 희생 부분은 점수가 높게 책정되어 있어서 선수들에게 팀워크의 중요성을 수치로 부각하기도 한다. 이는 선수단의 경기 집중도와 결속력을 높이고자 하는 구단의 방책에서 나온 요소다.

만약 팀이 포스트시즌에 진출하여 경기를 치르게 되면 포스트시즌 고과 점수도 페넌트레이스의 고과 점수와 함께 동일한 잣대로 매겨져 향후 포스트시즌 결과에 따라 차등 보너스를 지급하는 기준으로 삼는다. 포스트시즌 진출에 실패한 경우 선수들은 일반적인 페넌트레이스 성적에 의한 고과 점수만 연봉계약에 적용된다.

포스트시즌의 최종 무대인 한국시리즈에서 우승하게 되면 선수들에게 주어지는 보너스는 어떻게 책정, 배분되는지 궁금한 팬들이 있을 수 있다. 철저하게 고과 점수로 분류하여 공평하게 지급함을 강조하여 설명한다.

예를 들면 우승하기까지 두 분류로 나누어서 책정하는데 포스트시즌도 페넌트레이스의 수고가 없었으면 불가능한 일이기에 페넌트레이스 성적을 기준으로 특A급과 A급, B급, C급으로 분류하고 포스트시즌 중에 특히 한국시리즈 고과 점수를 플러스 알파로 하여 매긴다.

그리하여 한국시리즈를 포함한 포스트시즌 전체 특A급과 A급, B급, C급이 나누어진다. 여기서 포스트시즌을 60%로 잡고 페넌트레이스를 40% 적용한다거나, 둘 모두 동일하게 50 대 50의 비중으로 정하는 기준은 고위층과 감독의 합의로 이루어진다. 나머지는 감독을 포함한 코칭 스태프 몫이다.

코칭스태프는 페넌트레이스와 포스트시즌 참가로 나누지 않고 1군 코치들과 2군 코치들로 나눈다. 코칭스태프는 전체 총액에서 선수단과의 배분을 70 대 30으로 나눌 때도 있고 80 대 20으로 나눌 때도 있긴 하지만 되도록이면 선수단에게 많이 가도록 하자는 의견이 있어 그렇게 책정할 때도 있었다.

코칭스태프 중에서도 감독은 일반 코치 보너스의 두 배를 지급하고 수석코치는 일반 코치의 금액에서 20%를 더 책정하여 지급한다. 2군 코치들은 1군 일반 코치들의 10~20%로 감독의 성향에 따라서 2군 음지에서 고생한 코치들을 특별히 더 챙기기도 한다.

감독의 경우는 처음 감독 계약서를 작성할 때부터 계약 조건 중에 우승 시에는 특별 보너스를 얼마 지급한다는 별도 조항이 있는 경우가 있어서 코칭스태프와의 보너스 배당 배분에 크게 관여하지 않는 경우가 많다.

포스트시즌 후 KBO 배당금과 그룹사 보너스를 합쳐 전체적인 총액이 나왔을 때 일반적으로 구단은 합숙 훈련 등의 지출을 비롯한 포스트시즌 필요 경비를 제하고 선수단에게 배분하나 당 구단의 정책은 수고한 선수단에게는 모든 보상을 그대로 온전히 다 보전해주자는 정책을 펴서 경비나 지출과 관계없이 전액을 선수단에게 돌려주었다.

일부 구단들은 이런 일로 인하여 우승에도 불구하고 선수단과 얼굴을 붉히는 일들이 종종 있는 게 사실이다. 한 구단이 페넌트레이스와 한국시리즈 우승까지 모두 거머쥐게 되어 페넌트레이스 배당금까지 독식하면 금액은 한국시리즈 우승 때보다 총액 파이가 훨씬 더 커진다. 다른 말로 이야기하면 선수단에게 돌아가는 금액이 더 늘어난다는 이야기이다.

우리는 이와 같이 합리적으로 배분한 까닭에 분배금과 관련하여 아무런 노이즈가 발생하지 않았다. 대한민국 어디를 가나 돈과 관련된 일이면 말도 많고 탈도 많은 세상인데 투명하고 깔끔하게 고과를 기반으로 정리했다.

그것도 정규시즌과 포스트시즌을 합하였기에 정규시즌만 뛰고 부상으로 포스트시즌까지 기여를 못한 선수들에게도 고르게 혜택이 가도록 만들었다. 우승하기까지 정규시즌의 공로가 없었으면 당연히 진출하지 못했을 포스트시즌이고 한국시리즈이기 때문이다. 합리적인 운영은 선수단도 고개를 끄덕일 수 있어야 하고 한치의 의문도 있어선 안 된다.

구단 프런트는 선수단에 돌아가는 배당금에 일체 숟가락을 올리지 않는다. 철저하게 모든 배당금을 수고한 선수단에 배분한다. 프런트 임직원은 연간 핵심성과지표(KPI)를 기준으로 그룹사에서 평가하여 합당한 보상을 해준다. 야구단도 직장의 개념에서 크게 벗어나지 않으며 그룹사 전체 자회사와 함께 연간 실적으로 평가받기에 성과에 따른 보너스 개념이라고 보면 된다.

일반적인 개념에서 포스트시즌으로 벌어들인 수입 배당금은 구단도 적절히 받아야 하는 것 아닌가 생각할 수 있으나 그렇지 않다. 포스트시즌을 치르며 발생한 필요 경비조차도 구단 비용으로 모두 집행하여 선수단이 더 많은 혜택을 보도록 배려한다. 구단과 프런트가 선수단을 위해서 잘하는 일들이 정말 많은데 팬들은 언제나 욕바가지를 건네기 일쑤다. 자세한 원인, 배경 같은 부분을 잘 모르기 때문에 그럴 수 있는 일이라고 생각한다.

다시 연봉계약 고과 얘기로 돌아와서, 극히 일부 좀 심하게 예민한 선수들이 있는데 그런 선수들은 날마다 자신의 고과를 스스로 정리하곤 한다. 말이 쉽지 그 작업이 성가시기도 하고 귀찮은 일인데 그것도 경기 후 늦은 시간에 몸도 피곤할 텐데 그것을 하루이틀도 아니고 시즌 전 경기를 모두 매긴다는 것은 실로 대단한 일이다.

보통 대부분의 선수들은 신경도 잘 쓰지 않는다. 경기에 진 것도 분할뿐더러 한 경기 한 경기 잘한 날과 못한 날의 결과가 분명하게 나오는 것이 야구의 특성이라서 4타수 무안타 같은 부진한 성적을 낸 날에

도저히 고과 점수라고 매길 것이 하나도 없는 상황을 일부러 끄집어내 속상함에 불을 붙일 필요가 없기 때문이다.

못한 것은 깨끗이 잊고 푹 쉬면서 내일 경기를 준비하는 것이 현명하지, 나올 것도 없는 고과 점수를 매기고 앉아 있다고 내일 더 좋은 성적이 나오는 것도 아니다. 요즘 세상은 선수들을 대신하여 협상해주고 자료를 준비해줄 에이전트들을 고용하고 있어서 친절한 에이전트들이 모든 것을 철저히 계산하여 연봉 협상 테이블에 대신 들어오기 시작하였다. 선수들은 예전보다 복잡한 부분에는 신경 쓰지 않고 운동에만 전념할 수 있는 좋은 세상이 됐다고 할 수 있다.

단지 에이전트 고용에 들어가는 비용만 발생할 뿐이다. 에이전트 비용은 주로 선수가 받는 보수의 5% 정도로 예상하면 된다. 대개 1억 원 미만의 저연봉 선수들은 에이전트가 장기적으로 투자 차원에서 무료로 일을 봐주기도 하나 그 외 고액연봉 선수들에게서는 전체 금액의 5% 정도를 받는다. 물론 선수들과의 개별적인 계약에 따라 약간의 퍼센티지 차등이 있을 수 있다. 만약 100억 원을 넘는 고액 FA 계약을 성사시킨다면 금액이 워낙 커 3~4% 선으로 낮춰 정하기도 한다.

본인의 클라이언트들이 특A급 선수들로 구성되어 있다면 계약이 성사될 때마다 에이전트비 명목으로 꽤 큰 금액을 보수로 받게 되는 직업이다. 공인 자격증이 있어서 아무나 하지는 못하고 프로야구선수협회의 자격 심사를 거친 뒤 시험에 응시하여 합격하면 자격증이 주어지고 공식 에이전트로 활동하게 된다.

가끔씩 구단과 선수단의 합의 하에 운영되던 구단의 선수 연봉 시스템에 대해 딴지를 걸며 동의할 수 없다며 억지를 부리는 에이전트가 있기도 하다. 당연한 얘기지만, 선수 한 명 때문에 구단의 연봉 산정 시스템을 바꿀 수는 없다.

기나긴 협상 끝에 1월 31일까지 계약이 완료되지 않으면 구단은 선수에게 정상 연봉이 아닌 직전 시즌 연봉의 300분의 1의 25%만 지급하게 된다. 계약이 계속 늦어질수록 구단이나 선수나 모두에게 득이 될 것은 없고 서로 감정만 상하게 된다.

구단이 운영 중인 선수 연봉 산정 시스템은 모든 선수들에게 동일하고 공정하게 적용되어 경기가 끝난 후 경기 내용에 따라 플러스 적립되기도 하고 마이너스 차감되기도 한다. 시즌 성적이 무참하게 무너진 선수는 플러스 고과 점수보다 마이너스 고과 점수가 산적하여 연봉협상 때 기존 연봉에서 삭감된 금액을 제시받게 된다.

과거에는 선수들이 직접 연봉협상에 당사자로 나서 구단과 협상을 진행했는데 당시에는 읍소형, 무대포형, 침묵형, 논리형, 불만형 등 여러 유형의 선수들로 나뉘어져 있었다. 일반적으로 성적이 안 좋은 선수들은 협상이 길어지지 않고 바로 계약을 체결하고 홀가분하게 내년을 준비하는 편이다. 반면 그해에 제법 큰소리 칠 정도의 우수한 개인 성적이 난 선수는 협상 미팅도 많아지고 시간도 매우 길어진다.

구단은 주로 성적에 대한 고과 점수 기준으로 설명을 하고 선수는 표면 성적과 기여도, 공헌도 등을 강조하여 상호 제시하는 금액의 차이가 제법 크게 나기도 한다. 이름을 밝히기는 그렇지만 지나치게 억지를 쓰는 선수들도 가끔 있는데 해마다 연봉협상 때면 어김없이 구단 당사자들을 곤혹스럽게 만들었다. 구단이 제시하는 고과 점수를 전면 부정하고 자신이 따로 만든 고과 성적을 들이밀며 자기 방식대로 이야기를 되풀이하며 시간을 허비하곤 했다.

한 선수는 정말 진이 빠질 정도로 수차례 만나고 그동안 협상한 횟수와 시간을 확인해보니 미팅만 10차례 이상 하고 만나서 대화를 나눈 시간만 10시간이 훌쩍 넘는 경우도 있었다. 매번 한 시간 안팎을 옥신각신했으니 지칠 법도 했는데 쉬이 끝나지 않았다. 그렇다고 얼굴을 안 보고 지낼 수도 없는 위치라서 지나가다 마주칠 때마다 웃으며 인사를 건네야 했다.

그런 선수와는 두 번 다시는 협상하고 싶은 마음이 안 들 정도로 힘든 기억이 있다. 결국 이런 선수들도 1월 31일까지라는 정해진 기한이 있고 또 전지훈련을 떠나는 시기와 겹쳐 시즌 준비에도 어려움이 있을 수 있으므로 선수 본인이 내심 만족하는 절충 금액이 나오면 못 이기는 척하면서 계약서에 사인을 하기도 했다.

하지만 최근의 연봉협상 테이블 분위기는 예전과 사뭇 다르다. 잘 준비된 에이전트들은 계약 진행이 어렵지 않은 편이고, 준비도 생각도 없이 나온 에이전트들과의 협상은 시간과 수고와 스트레스가 동반되기도 한다.

신진급 선수가 발군의 기량을 보이며 당장 내년 시즌의 기대주로 떠오를 경우 구단은 실제 고과 점수에 의한 평가액보다 내년 기대치에 대한 금액을 좀 더 얹어 더 많이 인상된 연봉액을 제안하게 된다. 3천만 원의 최소 연봉을 받던 신진급 선수의 수직상승 연봉은 1억 원을 훌쩍 넘기도 한다. 2년 차, 3년 차, 4년 차 선수의 최고 상승율을 기록했다는 언론의 보도가 나오면 의기양양 자신감 넘치는 모습을 보인다.

선수들이 보게 되는 자신의 고과 점수는 매 경기 세세하게 매겨진다. 선수 측이 보기 원하면 언제든지 보여주며 상세한 설명까지 곁들여서 협상에 임하는 게 구단의 기본이다. 구단은 우승을 가장 큰 핵심 미션으로 삼기 때문에 우승을 거머쥐게 되면 고과가 안 좋은 선수에게도 어느 정도 삭감 폭을 줄여주고 고과가 우수한 선수들에게는 고과 책정 금액보다 상향하여 플러스 알파 혜택을 준다. 팀 우승이라는 결실은 그만큼 선수단과 코칭스태프에게 되돌아가는 보상이 큰 최고의 성과인 것이다.

다시 고과 산정이야기로 돌아가서 투수와 야수에 대한 기본적인 고과산정은 기본 고과전체 점수와 팀공헌도 점수와 별도로 팀워크 점수가 보태어져 자신의 총점이 마련된다.

여기서 언급한 팀워크 점수는 말 그대로 팀을 위해 헌신하고 원팀정신으로 매사 준비를 잘하는 선수를 지칭하는데 경기에 출장하지 않더라도 덕아웃에서 팀 분위기를 리드하며 파이팅을 잘 돋우는 선수와 대타나 대주자 등 미리 경기 준비를 잘하거나 또는 트레이닝 파트에서 몸상태를 최적으로 만들기 위해 노력하는 선수들에게는 점수를 좀 더 부여한다.

전력분석 파트에서도 점수를 부여해주는데 전력분석 시간에 적극적으로 상대 분석에 앞장서는 선수와 평상시 전력분석에 대하여 높은 관심으로 선수단 분위기를 이끄는 선수에게 팀워크 점수를 부여하게 되는데 이 점수들은 자신의 고과점수 못지않게 자신의 연봉을 든든히 보호하는 보호벽 역할을 한다. 눈치 빠른 벤치 대기선수들은 이러한 팀워크를 위해 항상 앞장서서 솔선수범한다. 선수연봉을 산정하는 가장 기본적인 베이스로 깔고 가는 것은 선수 자신의 기존 연봉이다.

선수 본인의 기존연봉을 50% 인정 감안해주고 시즌 동안 자신이 벌어들인 고과 총점이 마이너스가 아닌 플러스 점수로 총점이 높을 경우 대폭의 연봉 상승이 이루어지고 반대의 경우에는 삭감의 아픔을 맛보게 된다.

예를 들어서 1억 원 연봉인 선수가 연간 획득한 종합 고과점수가 5천 점이라고 가정하여 계산해보면 1억 원의 50%인 5천만 원에서 획득한 5천 점을 곱하기 4인 기준점으로 계산할 경우 2억 원의 상향 금액이 정해져서 기존의 연봉 5천만 원에서 2억을 합하여 총 2억 5천만 원으로 인상되게 된다.

반대의 경우로 총점이 겨우 1천 점밖에 안될 경우에는 금액으로 환산 시 4천만 원밖에 되지 못하여 기존의 연봉 5천에서 4천을 더하여 총 9천만 원이 되므로 실질적으로 전년도 연봉 1억 원에서 1천만 원이 삭감되는 셈이다.

어떤 선수는 계속 2군에만 있다 보니 고과점수가 나오지 않아서 대폭 삭감을 감수해야 할 때도 있다. 이렇게 대략적인 설명을 들으면 연봉 산정 시스템을 이해하는 데 어렵지 않을 것이다.

선수단도 마찬가지로 어렵지 않게 선수들의 이해도를 높일 수 있고 상호간의 신뢰를 만들 수 있기 때문이다. 여기서 등장하는 기준점은 기본이 3.0에서 우승 시에는 4.0이 되고 준우승 시에는 3.8이 되며 선수단의 성적 순위에 따라서 기준점이 높아져 선수단에 이익이 돌아가게 만든다.

단, FA 체결 선수들은 연봉이 모두 보장계약이기 때문에 이 연봉 산정 시스템과 무관하게 성적에 상관없이 자신이 첫 계약한 연봉을 계속

받게 된다. 다만 옵션 내용에 따라서 옵션을 충족 시 추가로 더 받을 금액이 생길 수도 있다.

구단은 선수 측과의 협상 테이블에서 해당 선수의 고과점수가 명기된 구단의 자료를 내어놓고 그 옆에 구단이 책정한 협상 연봉이 명시된 카드를 동시에 내어놓는다. 밀고 당기고 밀당을 하기 위해 작은 금액을 냈다가 차츰 상호 차액을 줄여 나가는 일반적인 계약 협상 방식을 버린 지는 오래되었고 바로 구단이 책정한 금액을 있는 그대로 가감 없이 제시하게 된다.

선수 측이 납득할 금액이 주어지면 바로 협상이 성사되어 종료되고 아닌 경우에는 다시 만날 시간을 조율하게 된다.

과거에 비하여 대리인 제도가 생겨나고 구단과 선수들은 감정적 소모를 덜 할 수 있어서 서로에게 윈윈이 되었다고 본다. 서로 얼굴 붉히면서 언성을 높이면서 계약을 마무리하던 일들이 이제는 더 이상 생겨나선 안 된다.

합리적이고 합당한 계약조건을 주고받는 투명하고 깔끔한 계약 협상이 자리잡아서 어느 누구에게도 손해가 가지 않는 공정한 선수 생활이 되었음 한다.

에이전트들도 계약 협상 때만 잠깐 나타나서 선수를 돕는 척 하면 안되고, 무조건 연봉 협상만 잘해준다고 좋은 에이전트가 되는 게 아니다. 인생의 길잡이나 어둠을 밝히는 등불처럼 선수에게 무형의 자산을 심어주려 노력해야 한다는 게 나의 생각이다.

성심성의껏 평상시에도 자주 소통하면서 선수에게 진정으로 도움될 것 들이 무엇인지 고민해야 한다. 자신들의 고객인 선수들이 현재

야구 외적으로 어떤 부분에서 부족하고 채워져야 하는지 등에 대한 도움을 주고 더 의젓하고 멋진 야구선수가 되기 위한 마음가짐에 대한 소양도 함께 공부시켜줘야 한다.

그런 일들을 해야 진정한 에이전트로서 대리인이 되는 것이다. 선수들도 자신의 에이전트를 잘 선택해야 할 것이다. 진정성 있는 그런 에이전트를 선택하는 길이 자신의 선수 생활의 안정성과 은퇴 후의 생활에도 도움을 받을 것이다. 오직 연봉 협상만을 생각하면 안 된다.

PART 2.
스카우트로서
야구를 말하다

Chapter 3.
스카우트로서 생각하는
감독 선임과
FA 선수 영입

프로야구 감독의 굴레

　정확하게 정의하고 기술하면, 스카우트는 감독이나 FA 선수의 영입을 추진하고 주관하지는 않는다. 감독, FA 선수의 계약을 관할하는 것은 운영팀의 일이며, 스카우트는 외국인선수와 신인선수 선발을 주관한다. 하지만 광의로 스카우트라는 행위의 개념을 넓게 해석한다면 외국인선수, 신인선수, FA 선수, 감독을 영입하고 계약하는 일 또한 그 범주에 포함될 수 있을 것이다. 그러한 연유로 운영팀장으로서 경험했던 감독, FA 선수 영입 과정에서의 업무 노하우와 에피소드도 함께 다뤄 소개한다.

　가을의 끝자락에 다다르면 팬들과 언론들은 가을야구에서 탈락한 팀들에 대한 문제점을 적나라하게 명시하여 특집 시리즈 기사를 내보며 구단들을 폭격한다. 팬들도 마찬가지로 나름의 분석으로 실패 원인을 찾아 맹렬히 야구 커뮤니티 등을 통해 구단을 공격한다. 다만 그 대상이 누가 될지는 그때 그때 상황에 따라 달라진다.

대표적으로 공격 대상이 되는 것이 감독의 선수 기용과 교체 타이밍 등이다. 모든 게 좋지 않은 결과가 나온 뒤에 표면화되고 불거지니 어떻게 되든 욕바가지는 피할 수 없게 되어 있다.

이쪽 세계는 냉정하다. 온정에 기댈 수 없다. 무조건 결과로 말한다. 아무리 엉뚱한 작전이고, 말도 안 되는 선수 선발 기용이고, 예상 밖의 대타 작전이라도 모든 용병술이 경기의 승패에 따른다. 결과에 따라 잡음이 있고 없고, 그 차이가 극명하게 갈리는 이상한 곳이다.

바로바로 즉각적인 결과가 나오는 세계이니 그런 반응도 만연하다. 인력과 자본을 투입하고 연구 개발을 해서 제품을 만들어 시장의 반응을 살피고 성공과 실패 결과를 얻기까지 몇 달에서 몇 년이 걸리는 다른 비즈니스와는 다르게 프로야구는 정말이지 투입되는 족족 바로 결과가 나온다. 후회할 틈도 미련을 가질 새도 없이 말이다.

그래서 감독이란 자리가 어렵고 힘든 것이다. 깊게 생각할 시간적인 여유도 없다. 그 짧은 찰나에 다음을 생각해야 하고 결정을 내린 뒤에는 온갖 책임을 혼자 안아야 한다. 어렵게 겨우 거의 다 잡은 경기가 감독의 투수교체 한 번에 역전 홈런으로 이어져 경기를 내주기도 한다. 하필이면 투수교체 후 첫 타석에서의 결과가 볼넷이나 단타도 아니고 역전 홈런을 허용하게 될 줄은 아무도 모른다. 그걸 알면 왜 교체를 하겠는가?

데이터적으로 확률이 높은 선수를 기용하고 현 시점에서 가장 구위가 좋은 선수를 투입하는 게 현장에서 감독의 촉이기도 하고 경륜이기도 하다. 오랜 경험이 아니더라도 데이터에서 보여주지 못하는 그날의 분위기와 흐름, 선수 컨디션이 있는데 이를 종합적으로 판단하여 짧은 찰나에 기용 결정을 내려야 하고 그 결과를 운명에 맡겨야 하는 야구 감독은 그야말로 달인의 경지에 올라야 한다.

천운을 타고난 감독들은 작두 탄 선무당처럼 이러한 위기를 아슬아슬하게 극복해 나가면서 자리를 잡아간다. 그렇지 못한 감독들은 일찌감치 역량 부족이란 오명을 쓰면서 쓸쓸히 무대에서 내려오는 것이 이 세계이다.

나의 의문은 계속 이어지고 혼자서 주고받는 질문과 답변도 이어진다. 초보 감독이 팀을 우승으로 이끄는 것은 전적으로 감독 능력이 뛰어나서 얻어진 결과라고 할 수 있을까? 흔히들 감독의 타입으로 용장, 맹장, 덕장, 지장이 있는데 그보다 위에 있는 가장 무서운 것은 복장(운장)이라고 한다.

그 '운빨'을 당해낼 재간이 없는 것이다. 우승의 기운을 타고난 복장은 가는 길목 길목들의 위기들을 앞서가는 귀신들이 모두 미리 걷어 치워주는 느낌을 지울 수 없다. 그런 해가 있는 팀이 있고 그런 팀이 일사불란하게 아무 일 없이 조용히 맹렬하게 나아가는 것들을 많이 봐왔다.

감독의 작전이라는 것도 참 오묘하다. 데이터를 접목하여 상대별, 유형별, 카운트별, 코스별 데이터가 이미 나와 있더라도 그 데이터는 이미 지나간 과거 케이스의 누적치 기록이다. 데이터팀에서 제공하는 각종 결과와 수치, 기록은 물론 좋은 참고자료가 되는 훌륭한 데이터임에 틀림없다.

하지만 단기전인 포스트시즌은 데이터 이외의 다른 변수가 분명히 존재한다. 데이터상 시즌 내내 특정 투수에게 유난히 약했던 타자가 있다고 가정해본다. 그 데이터대로 위기상황에서 그 타자의 타석에 과감하게 데이터상 우세에 있었던 투수를 교체했다 하더라도 온전히 막을 수 있는 확률과 타자가 그 투수의 공을 안타로 연결해낼 확률은 어느 누구도 감히 예단할 수 없는 영역인 것이다. 오직 잠시 후에 나오는 결과로 알 수 있을 뿐이다.

이때 좋은 결과로 이어지지 않을 경우에 날아올 비난은 오롯이 감독을 향한다. 그렇다고 데이터팀에서 제공한 자료에 충실한 결정이었다고 답하는 것도 변명처럼 보일 수 있어 감독의 품격에 맞지 않는 어불성설이 된다. 구단은 이럴 때 감독에 대해 이중성을 보이기도 한다.

어떤 때엔 왜 데이터를 무시했냐고 성토하기도 하고 또 어떤 때엔 아무리 데이터가 그러하더라도 상황을 보고 종합적으로 판단해야지 무작정 데이터만 신봉한다고 불만을 터뜨리기도 한다. 감독 자리는 말이지 곤혹스러운 선택의 연속이다. 마치 정답도 없는 시험 문제를 계속 풀면서 답안지를 내야 하는 모순의 교실 속 수험생 같다. 매일 매 순간 답이 다르게 나오는 세상이 프로야구 세계 아닐까 싶다.

프로야구 감독의 명암

 흔히 프로야구 감독이라는 직업을 '독이 든 성배를 마시는 자리'라고 표현한다. 좋은 결과를 낸다면 얼마든지 부와 명예를 얻을 수 있는 영광스러운 자리임은 분명하나 그 영광을 끝까지 지키며 마지막까지 박수를 받으며 좋은 모습으로 떠난 감독이 없는 까닭에 야구계 입장과 후배들이 보는 관점에서 아쉬운 부분이 많은 게 사실이다.
 늘 항상 처음에는 역사와 전통이 있는 팀에 감독으로 부임하게 되어 영광스럽다는 일성을 밝히게 된다. 어깨가 무겁지만 구단의 명예와 전통을 이어가고 팬들의 사랑과 열정에 보답하고자 최선을 다하는 선수단을 만들겠다고 맹세하는 인터뷰들을 한다.
 하지만 꿈꿨던 영광은 그리 오래가지 못하고 시즌 시작과 동시에 도마 위에 올라 팬들과 언론으로부터 난도질을 당하고 구단 프런트에서도 쓴소리가 나온다. 영광 혹은 치욕을 논하기 전에 누구나 다 마지막 순간은 쓸쓸하게 마무리되는 것이 감독의 삶이다.

　아무리 우승을 시킨 감독이라도 해가 바뀌면 다시 시작이다. 시간이 지나면 결국은 성적 부진으로 감독 자리에서 물러나는 게 다반사였다. 우승을 시키고 영예롭게 감독 자리에서 물러나는 감독은 찾아보기 힘들다. 우승 감독이라는 영광된 자리에서 해당 시즌 종료 후 갑자기 은퇴를 선언하는 감독은 아직까지 한국프로야구사에서는 볼 수 없었다. 무엇보다 감독들의 나이가 과거에 비해 젊어져 아직 한창 더 활동해야 할 커리어 여생이 많은 것도 큰 이유다.

　그렇다 보니 더더욱 스스로 물러나는 것보다는 다소 강제적으로 불명예스럽게 퇴장당하는 쪽이 훨씬 많은 것이 감독 자리이다. 왜냐하면 해마다 팀에 우승 트로피를 가져온다는 것이 사실상 거의 불가능하고, 지금 당장 1~2년 안에 우승을 이뤄내는 윈 나우(Win Now) 감독이 아니면 장기적으로 팀을 이끄는 것이 어렵기 때문이다.

　구단과 소통이 잘 된다고 해서 계약이 연장된다든가 기회가 더 주어지지도 않는다. 선수단을 잘 이끌고 선수들로부터 좋은 평가를 받는다고 해서 계약이 연장되는 것도 더더욱 아니다. 오직 성적뿐이다. 어떤 해 어떤 감독은 팀을 오랜만에 한국시리즈까지 진출시키고 준우승을 거뒀지만, 결국 우승하지 못했다는 이유로 경질되기도 했다.

　아마도 한국시리즈 진출과 준우승은 구단과 그룹의 니즈에는 모자란 결과였을 것이다. 수십년 동안 우승은커녕 한국시리즈에도 진출하지 못했던 팀을 포스트시즌과 한국시리즈로 이끌고도 경질의 칼날을 피해가지 못하는 감독들을 어떻게 설명해야 할까?

　비록 포스트시즌에 진출하지 못한 해가 있더라도 감독과의 계약을 존중하여 계약기간은 모두 채울 수도 있을 것이다. 부임 기간 내내 관계적으로 신망을 높이 살 만한 미덕을 베푼 모범적인 감독이었다든지 선수단과의 소통 등에서 모든 구성원들이 똘똘 뭉쳐 신뢰와 존중을 보냈다든지 하는 긍정적인 평가도 일체 무의미해진다. 오직 성적과 결과만이 유일한 평가의 잣대가 되고, 모든 것을 감독의 책임으로 돌려세우는 한국프로야구 환경이 만든 차가운 현실이다.

부임 첫해에 우승을 차지한 감독은 분명히 새롭게 평가받고 롱런을 하기 위한 첫 스텝을 잘 밟은 셈이다. 하지만 부임 첫 시즌에 달성하는 우승은 그 안으로 들어가보면 프런트가 전력을 꾸준히 잘 끌어 모으고 유지하여 준비한 것이 바탕이 된 결과이기도 하다.

물론 감독과 코칭스태프, 선수단의 결속된 힘으로 위기를 극복하고 쟁취해낸 산물인 것은 맞지만, 구단 프런트가 오래전부터 좋은 재료들을 하나둘 사 모아 다듬어 준비했을 때 요리사인 감독이 자신만의 멋진 레시피로 만들어 최종 결과를 낸 것이라고 볼 수 있다.

선수단 구성부터 전력 강화에 대한 구상과 영입을 마치고 새로 부임한 감독과 코칭스태프에게 관리를 이양하는 것이므로, 이미 만들어 놓은 기존 전력의 유지와 발전은 프런트의 노력과 사전 대비가 많은 부분을 차지한다고 해도 지나치지 않다.

이런 면도 함께 고려하여 감독은 겸손하게 주변에 늘 감사하는 마음을 가져야 한다. 실제로는 본인의 공이 크다고 하더라도 더욱 더 주변 코치들과 프런트, 선수들 덕분이라며 공을 돌려야 더욱 깊이 있고 멋진 감독이 된다. 자신의 공이라고 스스로 추켜세우며 거만한 모습을 보이게 되면 따가운 시선과 뒷담화를 받게 마련이다. 그런 유형의 인물들은 과거와는 다른 사람으로 돌변하여 경우와 도리를 망각하고 주변 사람들마저 떠나가게 만들기도 한다.

이 같은 일들이 벌어지면 자신에게 던지는 가슴 어린 충고로 받아들여서 자신을 뒤돌아보는 계기가 되어야 함에도 반대로 자신을 배신하고 떠났다고 칙각하기도 한다. 그래서 김독생활이 끝난 이후에는 주변에 사람이 없어지는 수모를 겪기도 한다. 인생사 새옹지마이고 화무 십일홍인데 그것을 뒤늦게 깨닫는 모습이 안타까울 뿐이다.

어떤 초보 감독은 첫해에 한국시리즈 직행이라는 선물을 받기도 하고 때론 우승을 거머쥐고 포효하기도 하며 본인의 진가가 널리 알려져 새로운 우승 감독 시대를 열기도 한다. 과거 먼 옛날에는 우승 감독이 되면 몇 년 정도는 무탈하게 지나가기도 하였는데, 요즘 세상은 우승 다음해에도 감독 자리를 보장받지 못하는 세상이다.

과거 선배 감독들에 비하면 감독 재임 기간이 무척이나 짧아졌다. 이 팀 저 팀 옮겨가면서 통산 감독 재임기간이 10여 년을 훌쩍 넘기는 게 다반사였던 과거에 비해 현 시대는 감독의 수난시대가 되어 장기간 롱런하는 감독도 찾아보기 힘들어졌다. 진정한 감독이 귀해졌고 고만고만한 감독은 흔해진 요즘 세상이라서 감독이 주변에 널려 있으나 구단마다 감독 선임은 거의 매해 바쁘게 반드시 해야 하는 연례행사처럼 이어지고 있다.

프런트의 도움으로 한 시즌이 정신없이 지나가면 특히나 우승 이후 바로 다음 시즌부터의 성적은 무조건 감독의 역량이 들어간다. 감독의 역량이 빛을 발하는 모든 것들은 기존 우승 전력을 계속 긴장시키면서 경쟁을 유발시키고 집중하게 만드는 것이다.

이런 파워와 능력은 프런트가 할 수 없는 영역이다. 감독의 권한과 역량, 보이지 않는 힘과 카리스마로 인하여 선수단이 능동적이고 적극적으로 움직이게 된다. 그런 부분들이 모여서 훈련에 집중하게 되고 긴장을 하면서 부상 위험도 줄이게 된다.

성적을 지속적으로 유지 발전시키고 선수단을 일사불란하게 이끌어가는 리더십은 곧 감독의 존재 이유이자 무게이다. 과거의 카리스마 감독으로 회귀하든 젊은 소통형 감독이든 선수단을 노이즈 없이 깔끔하게 끌고 가는 능력은 감히 누가 도울 수도 없고 뭐라고 할 수도 없는 감독만의 고유한 스타일이고 역량이다.

그런 감독은 선수단의 전력을 잘 활용하여 업그레이드시키면서 기존 전력이 소진될 때까지 최선을 다해서 시즌을 보낸다. 앞서가는 구단들은 그런 감독에게 외부 FA 선물을 안겨주면서 헐거워진 전력을 보강하여 최대치의 전력을 유지하려고 예산을 투입한다. 그렇게 앞서가는 구단들은 소위 말하는 '뻘짓'들을 잘 하지 않고 야무진 플랜을 짜서 실패율이 낮은 선택을 하며 현장 감독에게 힘을 보탠다.

이런 구단과 지혜로운 감독의 조화는 결국 선수단의 왕조 시대를 열어 한동안 맹위를 떨치며 타 구단이 부러워하는 전력과 성적을 매년 거두며 선도적 구단으로 달려나간다. 그러다 그 영화로운 시절도 영구불멸할 수는 없기에 전력이 하강곡선을 그리기 시작하고 감독의 지혜와 카리스마도 무뎌지며 어느덧 내리막을 걷게 된다.

구단의 부침은 어쩔 수 없기에 명문 구단이 되는 구단은 침체기를 오래 겪지 않고 빠르게 반등할 수 있도록 만드는 능력들이 있다. 곧 그것은 구단의 맨파워가 만들어내고 시스템이 만들어낸다.

구단은 항상 이런 감독들을 감독으로 우선적으로 모시고 싶어한다. 무엇보다 상위권의 성적이 보장될 수 있고 덤으로 선수단의 크고 작은 일탈행위들도 방지할 수 있으면 더 좋다. 그러나 아쉽게도 이런 감독이 되어줄 것이라는 구단들의 기대는 항상 엇나가며 해마다 하위권 성적이 되풀이되는 팀들은 언제나 감독 선임의 실패를 곱씹으며 경질과 중도 교체를 반복하게 된다.

리더십 교체가 필요하다는 공감대

감독 교체를 준비하는 구단들은 모기업 그룹사와의 교감을 위해 리더십 교체가 필요하다는 합당한 사유를 그룹 최고위층에 보고를 올린 후 허락을 득하고 실행을 준비한다. 어떤 곳은 그룹사에서 먼저 감독 교체를 준비해보라는 지시가 하달되는 구단들도 있다.

대부분의 구단은 구단 내에서 자체적으로 필요성과 당위성을 설명하는 문서를 작성하여 현황을 리포트한 뒤 향후 계획에 대하여 재가를 받는 경우가 많다. 그 합당한 사유를 들여다보면 이러하다.

첫 번째는 현 감독에 대한 냉정한 평가를 통해 현재 어떤 문제가 있는지 상세히 나열하고 미래 비전 부분에서 문제가 발생할 여지를 세세히 적시한다. 대부분은 경기 운영과 성적 부진에 대한 원인 분석이 주를 이루고 이로 인한 소통 문제와 감독의 개인적인 성향으로 인한 해결 능력 부재 등을 이유로 리더십 교체가 필요하다는 당위성을 설명한다.

가. 경기 운영 능력 부족

경기를 읽고 풀어가는 능력이 부족해 팀 패배와 사기 저하에 연결

→ 상대팀과 선수에 대한 맞춤형 경기 운영 대신 획일적인 운영과 작전 시행

나. 문제 해결 능력 부족

위기의 선수단을 극복하게 하는 역량 부족

→ 팀의 슬럼프 도래 시 문제 해결 대책 부재

다. 선수단 신뢰 상실

독단적 판단에 대한 선수단 상실감 확산 및 신뢰 추락

→ 성적 하락 시 남 탓만 일삼는 언행으로 신뢰 추락 및 팀 사기 저하

팀 성적이 곤두박질치게 되면 서로가 서로를 탓하게 되어 있고 상기에 열거한 내용들이 대부분을 차지하며 팀 내부 문제가 불거져 나온다. 이러한 문제들이 쌓여서 성적으로 대변된 것일수도 있다. 결국은 성적 부진에 의한 많은 문제들을 양산하며 급기야 리더십 교체 필요성이 대두된다고 봐야 한다.

그래서 차기 감독 선임의 주안점을 성적과 비례하여 흐트러진 선수단의 재정비에 초점을 맞추고 리더십과 전략적인 면을 두루 갖춘 인물을 선임하고자 한다는 내용을 보고하게 된다.

가. 교체 사유

- 명문구단 회복 위한 성적 도약
- 선수단 재정비 필요: 바닥인 선수단 사기와 자신감 회복 위한 마인드 변화를 이끌 인물
- 소통 부재 해결: 구단과 현장과의 원활한 소통 제고

나. 선임 요소

- 일반 요소
  - 전략적 사고: 데이터를 중시하고 시스템에 기반한 사고
  - 리더십: 일사불란하게 선수단을 이끌 수 있는 리더십
  - 경기 운영 능력: 상대팀에 따른 유효적절한 선수 기용과 작전 수행
  - 커뮤니케이션 능력: 구단, 선수단과 원활한 소통으로 목표 공유
  - 문제 해결 능력: 선수단이 위기에 처했을 때 해결하는 능력
- 특별 요소
  - 공부하는 자세: 배움과 겸손함으로 선수단에 긍정적 영향을 미칠 수 있는 자세
  - 공감 능력 및 성향: 유연하고 합리적인 사고를 바탕으로 한 공감 능력

다. 대상자 분류

- 감독: 유경험자 / 현직 감독(계약종료 예정)
- 국내 코칭스태프: 팀 내부 인물 / 외부 인물
- 외국인 코칭스태프: KBO 유경험자 / KBO 무경험자
- 장외 야인: 해설가

그룹으로 올려 보낸 리더십 교체 사유가 타당성이 있고, 성적 부진이 계속 이어진다면 그룹 내에서도 그룹사의 사기 진작과 기업의 위상을 제고하고자 결재가 떨어진다. 프로야구단 운영이 더 이상은 정치적이거나 사회환원 차원이 아닌 야구 산업으로 탈바꿈한 것도 있고, 최대 수만 명에 이르는 그룹사 임직원들에게도 프라이드를 살려줘야 하는 기업 전체의 사기 문제도 있기 때문에 사유가 합당하다 판단되면 추진하라는 재가가 떨어진다.

구단은 늘 항상 새로운 감독을 선임할 때 필요조건으로 부르짖는 조건들이 있다. 소통과 전략적 사고를 지니고 선수단을 합리적으로 운영할 수 있는 재목감을 감독 후보 첫 번째 자질로 본다. 이구동성으로 구단마다 강조하는 기본은 소통에 능하고 리더십을 갖춘 재목을 원하며 그런 감독을 찾고자 감독 후보들의 면면을 검토하고 면접 인터뷰에서도 그런 부분을 중시하여 시행한다.

하지만 아이러니하게도 그렇게 부르짖던 소통과 리더십은 감독 경질이나 교체 사유에는 하나도 들어가지 않는다. 감독 경질의 첫 번째 이유는 성적 부진이다. 단지 발표만 혁신과 쇄신 차원에서 새로운 리더십을 찾고자 한다고 발표한다. 그리고 또다시 새로운 감독을 선임하고 발표할 때엔 소통에 능하고 다양한 현장 경험과 지도력을 인정받은 사람으로서 선수단을 추스르고 재도약시킬 적임자라고 발표한다. 성적 부진 때문에 경질한다고 발표하는 구단은 없다.

시기적으로 새로운 리더십이 필요했고 팀을 쇄신하고자 한다고 전한다. 차라리 솔직하게 처음부터 성적을 최우선으로 삼으며 우승 시킬 감독을 찾는다고 하고 그런 관점에서 초점을 맞추어 감독을 선발한다고 하는 게 더 낫지 않을까 싶지만 너무 노골적이고 거친 표현으로 구단의 입장을 발표할 수는 없는 것이다.

구단의 감독 발표를 보노라면 한 가지 변함없는 일들이 있다. 구단마다 새롭게 감독 인선을 준비할 때 즈음이면 각 언론사마다 유력이라면서 하마평에 오르내리는 사람들이 있다. 야구계의 정설 아닌 정설로 제법 신뢰가 가는 속설은 바로 하마평에 오르고 유력하다는 기사가 나오는 사람들은 대부분 감독 선임에서 탈락한다는 것이다.

먼저 언론에 나오는 감독 후보들은 왜 최종 재가 부분에서 번번이 안 되는지 그 이유는 무엇일까? 마지막 결정을 앞둔 시점에 터져 나오는 언론보도가 윗분의 심기를 건드리는 것인지 아니면 처음부터 언론이 잘못된 정보를 가지고 발표를 내는 것인지는 알 수 없다. 인사문제는 비행기가 떠나봐야 안다는 말처럼 발표가 있기 전까진 언제 어디서 파투가 날지 모를 일이다. 그럼 감독감을 멀리 내다보고 자체 육성이 가능할까 하고 질문을 던진다면 단연코 'NO!'라는 대답을 한다. 감독은 선수처럼 구단 내에서 자체적으로 육성할 수가 없다.

단지 스스로 커 나갈 뿐이다. 본인 스스로의 타고난 그릇과 인성과 태도 등이 어우러져 잘 성장해야 되고 주변 인물과의 교감과 공감들을 무난하게 하고 본인의 철학과 컬러를 잘 만들어 나가야 된다. 구단이 시켜서 만들어질 수도 없고 무조건 자연스럽게 스스로가 본인의 사고와 행동에 의해서 메이드(Made) 되어 가는 것이다.

그런데 이 같은 미래지향적인 일을 구단이 감독을 미리 육성하기 위해 자리를 까는 것은 이론적으로 가능할지 몰라도 현실적으로 변수가 너무 많아서 만들어진 감독을 데려올 수는 있어도 자체적으로 감독을 육성해서 만들어 활용한다는 것은 실로 현실과 괴리가 있는 이야기다. 현재 선수단을 이끌고 있는 감독이 있는데, 코칭스태프 등 내부 인력 중에서 미래의 감독을 미리 육성하면서 준비한다는 것이 말이 되지 않는다.

감독 선임 과정에 대해

    감독 후보군은 어떻게 꾸려질까? 어떤 사람들을 후보로 세워 검증에 들어갈까 하는 궁금함이 생길 것이다. 우선 크게 분류하자면 감독 후보는 프로 감독 경험이 있는 사람과 없는 사람으로 1차 분류되고 그 중에서 현직 감독인데 계약이 만료되거나 야인으로 있는 사람으로 나누어진다.
    특히 야인으로 있는 사람들 중 가치가 살아 있는 사람들도 후보군에 포함시킨다. 해외 타 리그에서 활동 중인 외국인 지도자들도 여기에 해당되고 국내에서 활동하고 있는 외국인 코치들도 전문 분야와 국내 활동 기간에 따라서 후보군에 들어가기도 한다.
    그리고 국내 코칭스태프로 재직 중이며 전문 분야에서 인정받는 인물들을 나열하고 각종 사건 사고에 연루되지 않고 평판이 우수한 후보들을 압축한다. 그리고 요즘 대세로 인정받는 방송 해설위원들 중에서도 면면을 따져 후보군에 넣기도 한다. 팬들은 방송 해설을 하고 있던 야구인을 감독으로 영입한다는 것이 잘 이해가 되지 않을 수도 있다.

하지만 매일같이 현장과 함께 하며 야구에 대한 식견을 더 넓게 볼 수 있고 충분히 공부할 수 있는 시간적 여유와 방송 경험으로 쌓은 야구장 밖에서의 폭넓은 사회 경험까지 두루두루 다양하게 어필된다. 또한 감독의 인지도 역시 매우 중요한 부분이다. 과거 선수 생활 때 좋은 실적을 남긴 우수한 스타플레이어 출신들이 방송 해설의 기회를 잡게 되니, 꾸준한 노력, 성실한 태도까지 엿볼 수 있는 것이다.

무엇보다도 장외에서 10개 구단 모든 팀들의 경기를 관찰하면서 심도 있는 야구 포인트와 개별 구단들의 선수층에 대한 충분한 이해와 장단점을 꿰뚫고 있다는 것이 큰 장점이 될 수 있다. 현 시점 KBO 리그의 선수들이 폭넓게 파악하고 있다는 것, 그를 바탕으로 야구에 대한 깊은 성찰을 할 수 있다는 것이 어필되기도 한다.

팀마다 감독 교체를 결정하기까지는 다양한 현안 문제들이 나타나 쌓이게 되는데 이를 극복시켜 자신감을 회복하고 선수단을 원팀(One Team)으로 만들 리더십을 갖춘 감독 후보를 찾는다. 팀내에서 승격하여 감독을 선임하게 되면 팀의 문제와 선수단 문제와 보강 필요 포지션 등을 샅샅이 알고 있는 적임자가 될 수 있으나 그런 재목감이 과연 팀내에 있느냐가 먼저 문제가 된다.

물론 그런 인재가 내부에 있어서, 굳이 멀리서 많은 시간을 들여 찾지 않고 가까이 있는 후보 중에서 선임할 수 있다면 최선일 것이다. 별다른 적응 없이 가장 빨리 팀을 안정적으로 복귀시킬 수 있고 더불어 내년 당장 4강권에 진출시킬 수 있는 역량까지 갖추고 있다면, 모두의 수고와 걱정을 덜어주는 최고의 감독을 선임하는 것이나 진배없다.

그러나 그렇게 후보를 압축하기 위한 각 기준 요소에, 기존 코칭스태프가 약하다고 판단될 경우에는 시선을 외부로 돌린다. 외부로 돌린 후보들 중에서 개별적인 항목을 두루 잘 살피고, 구단 내외 모든 정보망을 모두 가동하여 추가적인 정보를 입수한다. 기존의 정보와 새로 얻은 정보를 취합해 선별 과정을 거치고 분야별로 압축하여 후보 리스트를 정리한다.

구단 자체적으로 여과 장치로 활용하는 대표적인 항목들을 추려보면 다음과 같은 항목들이 열거된다.

- 지도자로서 다양한 경험과 지도력이 있는가?
- 선수단과의 소통 능력을 갖추었는가?
- 합리적인 선수단 운영이 가능한 변별력을 갖추었는가?
- 공과 사를 구분하고 냉철하고 이성적인 판단을 할 수 있는가?
- 도덕적인 문제 유무 등 선수단의 신뢰를 얻을 수 있는가?
- 전략적 역량과 문제 해결 능력은 있는가?
- 공감 능력과 선수단과의 교감 능력이 있는가?
- 야구에 대한 철학과 열정은 어떠하며 공부하는 자세를 갖추었는가?
- 총체적인 문제가 도출된 선수단의 각 요소들을 재정비할 수 있는 능력을 갖춘 후보인가?
- 코칭스태프의 전문성을 적극 활용하고 극대화하며 시너지를 만들 수 있는 후보인가?
- 선수단 자신감 회복을 위한 전략적 계획을 구축하고 실행할 수 있는

인물인가?

• 구단 커뮤니케이션을 일방적이지 않고 다각적인 관점에서 살피며 경청이 가능한 인물인가?

• 선수단의 분야별 문제와 해결방안을 체계적으로 준비하여 개선하기 위한 명확한 실행력을 갖춘 인물인가?

상기 열거한 항목들을 기준으로 후보별로 점수가 주어져 1차 선별이 이뤄진다. 이후 상위권 후보들로 또 한 번 여과하는 과정을 거쳐 최종 후보군 인물이 추려지면 직접 대면 인터뷰에 돌입한다. 대면 인터뷰에는 야구에 대한 철학과 깊이를 가늠하는 여러 질문들을 준비하여 질의응답하는 시간을 가진다.

가. 후보 자기소개

- 인생 철학 및 가치관과 호불호
- 지도자로서 자기 평가
- 자신의 야구관 및 지향하는 스타일
- 과거 성공 경험과 실패 시 요인

나. 당 구단 평가 및 로케이션 파악

- 당 구단의 전력 장·단점 개인소견
- 선수별 장점 및 단점과 팀 분위기 강점
- 당 구단 문제 도출 및 해결 방안

다. 임명 시 감독으로서 선수단 운영계획과 경기운영 컬러

- 라인업 및 투수 운영계획
- 비시즌 및 시즌 훈련 계획과 지향하는 훈련 스타일
- 코칭스태프 구성 계획: 수석과 투·타 코치에 대한 선호하는 인물 유형과 대상 후보군
- 트레이드 및 FA 포지션 견해
- 외국인선수 기본 운영계획 및 선호 포지션
- 2군과의 소통과 육성에 대한 견해
- 1군 콜업 기준과 고참선수 운영계획
- 성적을 내기 위해 필요한 부분

라. 구단과의 관계지향점

- 구단과의 소통 중요성
- 선호하는 소통 방법
- 구단의 역할에 대한 소신
- 구단에 바라는 부분

후보에 대한 인터뷰는 물론 비밀리에 진행된다. 현재 야인으로 있는 후보이면 만남의 시간이나 장소에 제약은 없지만 만약의 경우 현재 타 구단에서 활동 중인 후보라면 보안상 조심해서 장소와 시간 등을 정할 필요가 있다.

후보 중에 외국인이 있다면 예의상 직접 해당 후보가 거주하고 있는 외국으로 날아가서 성의를 보이며 인터뷰를 진행한다. 기본 머리가 있

고 과거 감독 경험이 있는 지도자들은 이미 벌써 구단이 원하는 니즈를 파악하여 준비를 마친 후 한국에서 넘어오는 관계자들을 맞이한다.

팀에 대하여 속속들이 꿰뚫고 장단점을 파악하며 특히 가장 약한 위크 포인트(Weak Point)를 나열한다. 그리고 마지막 히든 카드로 자신은 그런 부분들을 어떻게 헤쳐 나가겠다는 솔루션까지 준비해 놓기도 한다. 매너가 훌륭하고 준비성도 좋으면서 전략적인 마인드까지 갖춘 사람이라면 한국인, 동양인, 서양인 가릴 필요도 없는 것 아닌가?

그렇게 준비된 감독 후보가 있는 반면에 별 생각과 준비도 없이 일행을 맞는 사람도 있다. 마냥 자신이 과거 어떤 팀에서 어떤 성적만 거두었다고 자랑만 일삼으며 우리도 다 알고 있는 사실을 반복하여 얘기하고, 막상 깊이 있는 질문을 던지면 앞으로 팀을 어떻게 운영하겠다는 계획이나 포부, 구체적인 미래 청사진 같은 것은 제시하지 못한다.

준비된 사람과 그렇지 않은 사람의 차이점은 시간이 지날수록 확연하게 드러난다. 전시효과처럼 쭉 늘어놓는 이야기 속에 맥도 없고 구체적인 디테일도 없는 이야기만 하는 사람들은 국적을 불문하고 존재하며, 한국에도 미국에도 많다. 꼭 말을 번듯하게 유려하게 잘할 필요는 없다. 단, 전달하고자 하는 분명한 메시지와 확고부동한 자신만의 계획과 비전이 있어야 한다.

게다가 그런 사람이 우리 구단을 훤히 내려다보고 있다면 인터뷰하는 사람들도 속으로 놀라면서도 흡족하지 않겠는가? 그만큼 준비는 철저하게 해야 하고 평소 언변 능력을 어느 정도 가꿀 줄도 알아야 한다. 마치 모든 면에서 감독 준비가 된 사람처럼 말이다.

당 구단은 몇 년 전 당대 최고의 투수 출신이고 어느 정도 감독 경험도 있는 인사를 접촉하여 인터뷰를 진행했던 적이 있었다. 당시에는 후보 몇 명을 정해놓고 인터뷰를 진행하던 차였는데 구단 내부적으로는 그 인사를 거의 확정한 상황이었다. 구단뿐만 아니라 그룹사에도 그를 감독으로 부임시키는 것으로 공유된 상황인 까닭에 인터뷰 면담에서 큰 이변이 없으면 감독으로 낙점이 되는 것이었다.

마찰이 생긴 문제는 다름 아닌 계약기간이었다. 발생하기 어려운 이견이라고 생각했는데 당사자에게는 그 문제가 무엇보다 중요했던 것이다. 그 인사는 감독직에서 물러나 현장을 떠난 지 몇 년이 지난 상황이어서 계약기간에 상관없이 우선 재취임하며 현장에 복귀하는 것이 중요할 것이라고 구단은 판단했으나 정작 본인에게는 계약 자체보다는 충분한 기간을 보장받는 것이 더 중요했다. 결론적으로 결렬이 되면서 인터뷰 내용이 좋았던 다른 후보가 감독으로 부임하게 된 사례가 얼마 전의 일이었다.

앞서 얘기했듯이 현장에서 활동하고 있는 국내 후보들을 인터뷰하게 되는 경우 더 세심히 소통해야 한다. 더욱이 해당 인물이 현재 포스트시즌 경기를 치르고 있는 팀에 소속되어 있다면 보다 더 조심스럽게 접근해야 한다. 포스트시즌에 진출해서 경기를 진행 중인 팀들은 하루하루 피를 말리며 가을야구에 임하기 때문에 잔칫집에 재를 뿌리지 않기 위해서라도 조용히 소리 소문 없이 인터뷰가 진행되어야 한다.

그리하여 최종적으로 낙점이 된 경우에는 상대 구단의 대표에게 이 사실을 알리고 최종적으로 포스트시즌이 종료되는 시점에 발표와 함께 조기에 이적하는 것에 대한 양해를 먼저 구하게 된다.

팀이 한국시리즈 우승을 위해 매진해도 모자랄 판에 팀의 핵심 코치가 타 팀의 감독으로 이적한다는 소식이 알려지면 선수단에 좋지 않은 영향을 미칠 수도 있다. 우리 구단의 코치가 타 구단의 감독으로 영전하여 자리를 옮기는 것은 개인적으로는 분명 반갑게 축하할 수 있는 일이지만 조심스러울 수밖에 없다. 이런 상황이 일찍 언론이나 대중에 노출된다면 경기를 치르는 선수들이 영향을 받지 않을까 집중력이 분산되지 않을까 노심초사하기도 한다.

감독으로 낙점된 후보가 지금 포스트시즌을 치르고 있다고 가정해 보자. 자신의 현재 보직에 맞게 충실히 준비를 한다고는 하지만 그게 어디 예전만 하겠는가? 100% 집중하기는 어려울 것이고, 자신도 모르게 복잡한 심경이 얼굴 표정으로 드러날 것이다.

이적할 구단의 대표가 현재 구단 대표에게 양해를 먼저 구했다고 해도 감독 후보가 된 이도 야구계의 '국룰'처럼 해당 팀 감독에게 이 사실을 조심스럽게 미리 알려야 한다. 그렇지 않고 감독이 우연치 않게 돌고 도는 소문을 접하거나 혹은 아는 언론 기자로부터 넌지시 이야기를 듣게 될 경우 그 서운함은 이루 말할 수 없이 크고 또한 아무 일 없다는 듯이 모른 척 행동하는 모습에서 고까운 감정이 들 수도 있다.

차라리 속 시원하게 감독에게 미안함과 함께 고마운 인사도 전하고 남은 경기에 최선을 다해서 아무 지장 없도록 하겠다고 먼저 인사를 건네는 게 도리이자 감독-코치의 인간관계이다. 이 좁은 야구판에 완벽한 비밀은 없다. 너만 알고 있으라고 주변인에게 전하는 얘기는 소문으로 퍼져 결국 언론에 흘러 들어간다.

어떤 언론사는 특종을 잡았다며 가을 잔치는 아랑곳하지 않고 일찍 단독 보도를 내보내기도 한다. 그런 때엔 해당 구단은 아직 검토 중인

사항이라고 해명하며 가급적 야구계 모두의 가을 잔치에 폐를 끼치지 않으려 노력한다. 너무 과하게 펄쩍 뛰면 나중에 겸연쩍을 수도 있고 해당 언론사와의 관계도 틀어질 수 있어서 조심스럽고 완곡한 약한 부정으로 살짝 이슈에서 피해가려 한다.

이때 수많은 언론사들이 특종을 놓치지 않으려는 취재 경쟁이 벌어진다. 감독으로 낙점된 인물에게 은근 슬쩍 유도 질문을 날리고 때로는 꼬투리를 잡듯 공격적으로 대화를 이끈다. 곧 감독이 될 지도자라면 이때 기자들로부터 걸려오는 전화를 일부러 받지 않거나 아예 모르는 번호인 전화를 원천 차단하며 슬기롭게 대처해가야 한다.

감독의 진짜 고민은 이때부터 시작되는데 어떤 코치를 어떤 자리에 배치시킬지 그동안 막연하게 생각했던 코칭스태프 조각에 대해 진지하게 고민하며 쉬이 잠 못 드는 밤이 이어진다. 이리저리 궁리를 해봐도 마땅한 조각이 만들어지지 않는 게 현실이다. 막상 처음으로 감독이 되어 좋은 코칭스태프를 구성하려 하면 바로 합류할 수 있는 적합한 인재들이 난처한 상황에 직면한다.

친하고 가까운 사람을 곁에 두자니 해당 분야의 경험이 부족해서 경쟁력이 약한 것 같고 분야의 고수를 찾으려니 인간적인 교류나 관계가 전혀 없어서 서먹서먹할 듯하고 선후배 학연이나 과거 몸담았던 팀에서 찾으려고 해도 코치 인력 풀이 원활하지 않은 것을 실감하게 된다. 이리저리 걸리는 부분들이 너무 많아서 머리만 아프고 진전은 없다. 초보 감독이 되면 겪는 첫 번째로 맞닥뜨리는 고초다.

일반적으로 구단들은 감독의 원활한 선수단 운영을 위해서 감독을 보좌할 필수 보직의 코치들을 감독에게 일임하는 것이 관례이다. 감독의 인맥이 벽에 부딪쳐 어려움이 있을 경우에는 구단에서 키우고 있는 코치들을 전면에 배치하기도 한다. 주로 수석코치, 투수코치, 타격코치 만큼은 감독이 원하는 사람들로 포진시키고, 나머지 보직들은 여의치 않을 경우 구단에 맡기는 편이다.

　예전처럼 사단이 존재했을 때는 전체 코칭스태프의 동반 이동이 빈번했지만 요즘 시대에는 뚜렷하게 사단 개념이 존재하지 않는다. 감독과 함께 부임했더라도 구단의 개별적인 평가가 있기 때문에 감독의 중도하차 시에도 그냥 남게 되는 경우가 보편적이다. 과거에는 중도 교체되는 감독을 따라 미련 없이 직을 던지고 함께 사표를 던지는 코치들이 많았다.

　그 당시에는 그것이 일종의 의리였고 미덕이었고 문화였다. 당연히 그렇게 해야 다음에 또 다른 기회가 이어질 수 있다고 생각했기 때문이다. 그들에게도 자신은 물론 가족들의 생계가 걸린 문제일 텐데 그렇게 과감하게 일자리를 던지는 것이 어디 쉬웠겠는가? 하지만 밥그릇을 내던지더라도 함께 그만두는 의리가 더 가치 있고 소중한 시절이었기 때문에 의리 없는 사람이라는 낙인이 찍힐까 두려워서 가족들이 힘들어지더라도 함께 나가는 것이었다.

　세월이 많이 변해 이제는 그런 의식도 없어졌고 'OOO 사단'이란 표현 자체도 역사 속으로 사라져 과거만큼 흔히 쓰이지 않는다. 감독이 데리고 온 수석코치나 투타 코치가 차기 감독으로 선임되기도 하는 세상이니 감독 따라서 그만둔다는 게 성립되기 어려운 것이 오늘날의 그라운드다.

　하여튼 감독에게는 주로 1군 선수단 운영을 맡기고 미래 자원들인 2

군은 구단의 중장기 계획 하에 시스템적으로 운영한다. 각종 장비들을 관리하고 선수 평가 및 집중 육성 플랜을 펼치며 1군 전력 보강을 위한 예하 보급부대 역할을 충실히 하기 위한 2군 선수단 운영은 철저히 구단의 몫이라고 볼 수 있다.

중장기를 바라보고 선수를 관리하기 때문에 지속성과 연속성이 필요하고 중요하다. 그런 연유로 1군 코치들과 다르게 2군 코치들은 좀 더 육성과 지도에 포커스를 두고 그에 맞는 성향의 코치들이 장기적으로 길게 보면서 선수들을 코칭한다. 1군 코칭스태프와 2군 코칭스태프의 가장 큰 차이라고 할 수 있다.

구단들은 대부분 2군 코치들에게는 장기 계약이라는 베네핏을 주면서 긴 시간을 보장해준다. 반면 1군 코치들에겐 성적에 대한 스트레스가 큰 만큼 높은 연봉과 성적에 따른 성과급이 주어진다. 둘 다 장단점이 뚜렷하고 지향하는 목표 자체도 다르다.

감독의 고뇌

프로야구 감독들은 어떤 고민으로 번뇌의 밤들을 보낼까? 무엇이 그토록 힘든 상황으로 몰아가 뜬눈으로 밤을 지새우게 하고 숨조차 제대로 못 쉬게 만드는 것일까? 감독의 지근거리에서 일하며 그들이 고민을 토로하는 것을 들어본 경험이 많다. 주된 이야기는 경기에 대한 복기로 선수들과 코치들의 움직임에 대한 불만과 생각 없는 플레이에 대한 스트레스 같은 것들이다.

무엇보다도 가장 큰 스트레스는 승패에 대한 것들이고 그에 큰 영향을 미친 원인들에 대한 후회와 미련이 대부분을 차지한다. 패배에 대한 원인, 그 요소들이 충분히 미연에 방지 가능한 상황이었다면 더욱 울화통이 터진다. 감독은 그날 경기의 모든 상황들을 전부 기억한다. 볼 배합 하나까지도 모두 기억할 만큼 극도로 신경을 곤두세우고 경기를 지휘하는 것이다. 그러니 결과에 대한 부담감과 무게감은 선수나 다른 코칭스태프, 프런트와 같을 수 없는 것이다.

초집중 상태로 주고받는 볼 하나하나에 온 신경이 가는 것, 게임이 끝날 때 즈음이면 양껏 부풀어올랐던 신경세포가 서서히 숨죽이며 경기 전의 원상태로 돌아갈 만도 하지만 감독의 분통은 쉽사리 나아지지 않는다.

이길 경기를 마땅히 이기면 당연히 좋은 결과를 얻은 것이고 아주 깨끗이 완벽하게 패배할 경기를 시원하게 지면 오히려 그나마 다행이라고 할 수도 있지만, 정반대의 경우로 우리는 팀의 에이스가 나가고 상대 팀의 4선발이나 땜빵으로 나온 투수에게 당해 무기력한 패배나 역전패로 이어질 경우 감독의 인내심은 바닥에 달하게 된다.

이런 경기가 시즌 내내 반복되어 나오며 순위 경쟁에서 밀릴 경우 감독은 점차 초조해지며 이성적으로 마음을 갖기가 힘들어진다. 감독의 고민은 그 영역이 무한하고 끝이 없어서 선수단에 아쉬운 부분도 많고 개선해야 할 부분과 개별 선수들이 수정해야 할 사안들도 많아 내심 담당 코치들이 적극적으로 나서서 해결하기를 바라지만 늘 코치들의 염려와 고민은 감독의 기대치에 미치지 못하기 마련이다.

그리하여 늘 감독과 코치진 사이에는 눈에 보이지 않는 전선이 흐른다. 자칫 감정이 격해지는 날에는 호되게 심한 질책을 하는 경우도 있어서 뒤돌아서면 후회되는 일들도 그만큼 빈번히 생긴다. 코치들의 고민은 한계가 있으며 감독의 깊은 고뇌와는 차이가 있을 수밖에 없는 것이 현실이다. 연패가 길어지는 시기에 감독의 방은 밤늦도록 불이 꺼지지 않는데 코치들은 경기 종료와 동시에 흔적도 없이 사라지는 경우를 자주 봐왔다.

감독은 자신의 스트레스와 긴장으로 뭉쳐 있는 응어리들을 풀어줄 출구가 있어야 함에도 혼자 끙끙 앓다가 탈이 나기도 한다. 식욕이 떨어지고 잠을 이루지 못하는 불면의 시간들은 사람의 심신을 모두 비틀어 말린다. 감독생활을 하면서 점점 더 야위거나 반대로 심하게 살이 쪄 비만으로 이어지는 경우 둘 다 모두 극심한 스트레스로 인해 건강이 악화되는 모습이다.

차라리 술이라도 마실 줄 알면 한잔 하면서 긴장과 스트레스를 풀 수 있을 텐데 이도 저도 아닌 사람들은 그냥 혼자 앓으면서 긴긴 밤을 새운다. 타고난 성격이 외향적이고 사교적인 사람이면 코치들이나 프런트 직원들을 불러서 허심탄회하게 상황에 맞는 야구 이야기를 하면서 스트레스를 잘 달래고 추스르는 감독들도 있다.

중요한 것은 그런 시간을 가지면서 혼자만의 편협한 생각에서 벗어나 제3자의 객관적인 입장에서 비롯된 이야기도 잘 들어보는 것이다. 타인이 들려주는 야구 이야기와 동일한 상황에서의 다른 견해들도 경청하면서 야구에 대한 공부를 이어가는 것이 중요하다.

코치들과 허심탄회하게 발전적인 이야기를 나누는 것도 팀의 길고 긴 한 시즌을 생각하면 반드시 필요한 일이다. 이런 경우 코치들도 야구에 대한 끊임없는 열정이 있고 공부를 병행하는 지도자여야 감독과의 대화가 더 깊이 있고 진지하게 이뤄질 수 있다. 평소 감독이 시키는 것만 하고 발전에 대한 생각이 없는 코치들은 감독과 대화할 때도 마냥 듣기만 하고 자신만의 의견은 아예 내지 않기도 한다.

이는 감독의 불행이고 나아가서는 팀의 불행인 것이다. 감독은 전지전능한 신이 아니다. 투타 모든 분야에서 자신의 야구관이나 이론, 판단과 결정이 다 맞을 수는 없고 여러 분야를 안다고 하더라도 실상 아주 작은 디테일한 부분까지는 미치지 못할 수도 있다.

그 이유는 과거 선수생활을 하면서 자신의 주 포지션에만 매진해도 시간, 체력, 열정이 부족한 상황이었을 것이고 감독의 입장이 되어 야구에 대한 전반적인 것들을 미리 공부하고 준비하며 병행한다는 것은 현실적으로 매우 어렵기 때문이다. 선수들은 은퇴할 때까지 성적을 내기 위해 치열한 경쟁을 하기에, 베테랑이 되어 약간의 여유가 생기기 시작할 무렵에 지도자로서의 비전을 그려보며 제대로 된 야구 공부를 시작하는 경우가 대부분이다.

주로 현역 은퇴 이후에 주어지는 시간 속에서 본격적인 지도자 공부가 시작된다고 봐야 한다. 그로 말미암아 자신이 선수 시절 경험하지 못했던 타 포지션에 대한 공부로 관심분야와 연구분야가 확장된다. 이후 견문이 늘고 식견이 넓어지면서 자신만의 뚜렷한 야구관이 생긴다.

자신의 야구관이 정답이라고 우기는 독불장군이 되어서는 안 되며, 다양한 의견과 기술을 익히고 자기 것으로 소화시키기 위한 노력이 겸비된 사람은 유연한 사고를 통해 내공을 쌓을 수 있다. 나날이 여러 선수, 코치, 프런트와 지식과 경험을 공유하며 야구에 대한 다각도의 관점을 가질 수 있게 된다.

타자 출신 감독은 투수 쪽에 대한 감각이나 운영 노하우들이 부족할 수 있기에 믿을 수 있는 투수 출신 수석코치를 기용하여 함께 경기를 이끌어 간다. 투수 출신 감독들은 동일한 컨셉으로 타자 출신 수석코치를 옆에 두어 타격코치들과 함께 한 시즌을 운영하게 된다. 여기서 중요한 포인트는 감독이 자신만의 확고한 전문 분야를 갖고 있다고 해도 여러 사람들과의 협업과 소통이 반드시 필요하다는 것이다.

절대적인 권한을 가진 감독이지만 모든 부분에서 자신의 판단과 생각이 다 맞을 수는 없는 것이다. 감독은 주변 참모들이 건네는 충실한 건의나 의견을 귀담아듣는 자세가 되어야 하고, 참모 코치진이 자유롭게 목소리를 내는 분위기를 강압적, 고압적인 태도로 막게 되면 결국 팀은 서서히 침몰하게 된다.

열리고 깨어 있는 감독으로서 참모들과 소통하고 협업하는 모습은 선수단에도 시너지 효과로 나타난다. 코칭스태프부터 일사불란하게 단합되어야 선수들도 이를 피부로 느끼고 비로소 원팀이 된다. 감독의 지나친 역정과 찌푸린 인상은 팀 전체를 불안하게 하고 주변의 입을 닫게 만든다. 건강하지 않은 야구단의 분위기는 언제든 불평불만으로 뒤덮일 수 있으며 하나둘 감독 뒤에서 수근거리는 일이 늘어난다. 이런 경우 선수단에 무슨 일이 생겨도 제일 마지막에 뒤늦게 알게 되는 사람이 감독일 수 있다.

실패하는 감독과 성공하는 감독과의 가장 큰 차이점을 애써 단순화하여 하나 예로 들어본다면 자신과 친분이 있는 사람을 요직에 배치시키는 사람과 분야 경쟁력이 높은 사람을 배치시키는 것, 그 차이일 것이다. 언제나 일이 우선이고 팀이 우선인 것인데, 자기 편하자고 가까운 사람을 쓰다 보면 결국 모든 결정은 감독의 독단으로 얼룩지고 팀은 옳은 방향으로 나아가지 못한다.

왜냐하면 시즌은 길고 온갖 일들이 발생하는데 감독 혼자서 모든 것을 다 해결하고 감당하기에는 벅찰 수밖에 없기 때문이다. 감독은 할 일이 너무나도 많은 위치라서 비중이 작은 일들은 각 분야의 코치들이

나 수석코치가 먼저 해결하여 선 조치 후 보고 하면 된다. 경중이 큰 일들에 대해 올바른 결정을 내리기 위해서는 감독이 주변의 바른 건의나 의견을 잘 경청해야 한다.

사람의 생각과 마음은 한번 매몰되면 헤어나기 힘들기 때문에 냉정하고 이성적인 의견을 주변에서 전해줘야 하고 감독 자신의 균형과 공정을 유지하며 꾸준히 일관성 있게 팀을 운영해야 한다. 감독에게서 일관성을 찾아보기 어려운 이중적인 모습이 빈번하게 보이면 선수단에 소리 없는 균열이 발생함은 주지의 사실이다.

여러 가지 상황들을 봤을 때 올바른 사고와 역량을 가진 코칭스태프의 조각은 성공적인 감독이 되어가는 첫걸음인 셈이다. 감독으로서 갖추어야 할 자질과 태도 그리고 무엇보다 열린 마음이 왜 중요하고 필요한지 얘기했다. 스스로 겸양해지고 늘 공부하는 자세를 가진다면 불필요한 불협화음은 분명히 줄일 수 있을 것이다.

이번에는 다른 측면에서의 감독의 고뇌를 얘기해보려 한다. 가장 큰 문제로 손꼽히는 것은 것은 구단과의 관계이다. 모든 관계들이 그러하듯이 처음 시작은 모두가 서로 배려하고 소통하며 상대를 잘 경청하고자 마음먹는다. 항상 서로 존중하며 하나의 목표 방향으로 각자 위치에서 최선을 다한다고 맹세하고 마음을 다잡으며 시작한다. 더구나 감독 인터뷰를 거쳐 최적임자로 판단되어 선발된 감독이기에 소통만큼은 문제가 없을 것으로 확신한다.

그러나 언제부터인가 생각이 바뀌고 서로가 서로를 오해하고 서운하다고 생각하는 일들이 발생한다. 이럴 때 누군가가 먼저 오해를 풀려 다가서는 노력을 해야 한다. 서로 한 방향으로 함께 발맞춰 나아가는 동반자이기 때문이다. 그렇게 생각한다면 다시 훌훌 털어버리고 분위기를 바꿀 수 있을 것인데 실상은 그러하질 못하고 얽힌 실타래처럼 더욱더 꼬여만 간다.

이럴 때 느끼는 스트레스는 감독이나 구단이나 동일하다. 크게 분류하면 감독의 요청이 구단의 예산 문제가 되어 부닥칠 때 또는 선수단을 위해서 원 계획에 없던 일들을 요청하여 구단이 난감할 때다. 반대로, 구단의 요청이 선수단의 감독 이하 코칭스태프의 권한을 월권할 때, 스타팅 오더에 간섭 받거나 경기 관련하여 무리한 요구를 받을 때, 구단 주도로 시즌 중 코칭스태프 교체와 변화를 추구할 때 감독의 고뇌는 깊어진다.

구단은 위기감을 감지하고 한 시즌을 통째로 날리기 전에 예방주사를 맞으려고 특단의 조치라고 생각하여 감독의 양해를 구하지만 감독의 생각과 구단의 생각은 다를 수 있기에 갈등이 생긴다. 감독과 프런트의 싸움에서 감독이 밀릴 경우 극심한 스트레스에 시달린다. 프런트는 미리 움직이는 것이 분위기 반전을 꾀해 팀을 조기에 수습할 수 있다고 판단하지만 감독은 그래도 끝까지 코치들과 함께 하길 원한다.

파트 코치들을 교체한다고 해서 선수단의 분위기가 반전이 된다고 생각하지 않는다. 얼마든지 곧 선수단이 반등할 수 있을 거라는 믿음이 있어서 조금만 버티면 올라가리라 믿는다. 반면 프런트는 지금 분위기를 바꾸지 않으면 소 잃고 외양간 고치는 격으로 선수단이 바닥에서 벗어나기 어렵다고 판단해서 빠르게 밀어붙인다. 감독도 이를 이해하여 동의한 경우 큰 파열음이 없지만 감독의 동의 없이 이뤄지는 코치 교체는 앙금이 깊다.

구단에 대한 신뢰는 무너지고 소통의 문이 닫힌다. 그냥 영혼 없는 형식적인 대화만 오고 갈 뿐이다. 이 고뇌는 구단에 휘둘리는 감독의 부끄러운 자화상으로 비쳐질 선수단에 몰려 있고, 스스로 코치들을 지켜주지 못했다는 자책감으로 번진다. 감독도 이해하고 동의하며 현실을 직시하여 함께 머리를 맞대고 그 과정에서 감독을 존중하는 모습이 뒤따르면 구단도 살고 감독도 살 것이다.

하지만 구단도 피치 못할 말할 수 없는 사정으로 억지로 밀어붙일 수밖에 없는 경우도 있다. 이런 상황은 감독에게 소상하게 말하지 못할 수도 있지만 최소한의 방법으로라도 감독에게 알리고 맡겨서 구단의 의지를 관철시키는 소통의 묘가 필요하지 않을까 싶다. 어느 구단이라도 감독과의 크고 작은 문제들은 상존한다. 얼마나 슬기롭게 서로에게 상처가 되지 않는 선에서 배려하고 존중하며 이야기 나눌 수 있느냐가 중요한 것이다.

구단의 처사로 인해 고뇌하는 감독이 존재한다면 감독의 독단으로 인해 고뇌하는 구단도 있을 수 있다. 한 발짝 물러나서 보게 된다면, 아니면 세월이 흘러 돌아보면 과연 그 갈등의 정체는 무엇이었을까? 굳이 그럴 필요가 있었을까? 하는 생각이 들 때가 있을 것이다. 어쩌면 실로 쓸데없는 자존심 싸움에서 비롯된 충돌은 아니었을까 헛웃음이 나올 것이다.

나 역시 야구선수 출신으로 현장과 함께한 적도 있었고 프런트에 몸담아 야구단과 함께 희노애락을 평생 같이 한 사람이다. 최대한 객관적으로 생각해보면 감독과 프런트의 갈등 자체가 이제는 그러한 존재가 시절에 맞지 않는다고 본다.

상상도 하기 싫은 상황이지만 세계 경제 불황으로 한국도 그 소용돌이에서 벗어날 수 없어 몇 년간 국가 경제가 극심하게 침체되고 야구단 관련 기업들이 줄 도산하게 되는 파탄이 벌어진다면 팀도 더 이상 운영을 지속할 수 없게 된다. 매각을 하려고 해도 인수할 기업이 나오지 않으면 결국 야구단은 해체하고 문을 닫을 수밖에 없다.

그렇게 되면 KBO 리그도 10개 구단 중에서 정말 버틸 수 있는 재력이 되는 모그룹을 가진 팀들만 살아남고 나머지는 도태되어 최소 구단으로 리그가 축소 운영될 수도 있다. 8개 구단 체제로 돌아갈 수도 있고, 6개 구단으로 축소될 수도 있는 것이다. 가정이고 상상이지만 현실이 될 수도 있는 이야기이다.

야구단의 존재 자체는 야구인들을 비롯하여 야구로 인하여 생업을 이어가는 모든 관련 업계 종사자와 가족들에게 빛과 소금이라고 볼 수 있다. 그리고 진심으로 야구를 사랑하며 비용과 시간을 들여 소비하는 야구팬들의 존재 역시 소중하다. 우리가 후대를 생각하여 환경을 아끼는 전 인류적 노력을 하는 것처럼 프로야구의 존재도 후대의 야구인들, 야구팬들을 생각하며 아끼고 소중히 다뤄야 마땅하다.

훗날 그들이 꿈과 희망을 갖고 더 건강하고 성숙해진 야구계에서 활동할 수 있도록, 팬들이 더 나은 환경에서 더 수준 높은 야구를 마음껏 즐길 수 있도록 현재의 야구 종사자들이 주변 사람들과 더 열심히 노력해야 한다. 현장의 자존심은 프런트와 함께 고민하고 협력하며 신뢰를 키워 나갈 때 더 강한 빛을 발할 수 있다. 괜한 자존심 싸움으로 의욕과 시간과 감정을 소모하는 것은 먼 훗날 돌아보면 어리석은 행동이 될 수 있다.

순간적인 감정의 폭발을 이기지 못하고 충분히 소통하고 조율하지 않고 퇴진을 결정한 감독들에게 과거 구단과의 자존심 싸움에 대해 지금은 어떻게 생각하는지 묻는다면 어떤 답을 들려줄지 궁금해진다. 있을 때는 모르다가 없어지면 비로소 소중했다는 것을 알게 되는 것은 너무 어리석고 늦다. 미리 아끼고 사랑해야 된다.

다만 여기서 빠질 수 없는 것은 서로를 존중하고 배려하는 마음으로 소통한다면 문제는 훨씬 더 줄어들 것이고, 해결도 수월할 것이라고 본다. 구단이 감독을 존중하는 것처럼, 감독도 구단을 존중할 필요가 있는 것이다. 이 대목에서 사고의 전환이 매우 중요하다.

구단의 간섭이 아니고 서포트를 받는 것이다. 간섭과 서포트 사이의 간극을 줄이는 것은 결국 매너와 태도다. 모두 사람들이 하는 일이기에 진심 어린 소통, 정중한 표현이면 된다. 어떻게 생각하면 결국은 잠깐 머물다가 갈 사람들끼리 뭘 그리 아웅다웅 치고 받는가 하는 얘기다. 서로 존중하는 마음이 정답이다.

시즌 중 코칭스태프 중도 교체 같은 문제도 그렇다. 왜 항상 구단이 변화를 가져오자고 먼저 이야기해야 하나 싶다. 현장에서 먼저 침체된 팀 분위기 반전을 위해서 파트 코치들이 자진해서 내려가겠다고 의견을 모으고 스스로 변화를 가져오려는 노력을 할 수도 있는 것이다. 이전까지와는 반대로 감독이 먼저 구단에게 변화를 요청하는 분위기가 되어야 하고, 그런 사고의 전환이 필요하다. 구단의 도움도 요청하고 자발적으로 변화를 꾀하는 그런 현장이라면 구단과의 소통도 주도적으로 이끌어갈 수 있고 갈등도 오해도 줄어들 것이다.

감독으로 부임하게 되면 맞닥뜨리게 되는 또 하나의 문제가 기존 고참 선수들에 관한 것이다. 감독들 역시 과거 자신의 현역 시절 은퇴 시점에 동일한 문제로 갈등 아닌 갈등을 겪어봤을 경험이 있다. 세월이 흘러 본인이 이런 일을 반대편에서 겪게 될 줄은 몰랐을 것이다. 고참들의 문제는 구단의 리빌딩(Rebuilding) 모드와 상충된다. 구단은 늘 항상 리빌딩을 외친다.

하지만 고참들을 등한시하면 당장의 성적도 미래를 위한 리빌딩도 모두 놓칠 수 있다. 둘은 떼려야 뗄 수 없는 불가분의 관계이고 감독 이하 코칭스태프의 선수단 관리에 있어서 가장 중요하게 고려되는 부분이기도 하다. 가장 적절한 방향은 신구 조화를 자연스럽게 녹여내 서서히 연착륙시키는 것인데 고참들 없이 좋은 성적을 담보할 수는 없다.

고참들을 완전히 배제하고 신진급들로 팀을 꾸려가다 보면 젊은 선수들의 한계가 예상보다 빨리 찾아와 팀의 전력이 급전직하 내리막길을 탈 수 있고 시즌 초반부터 벽에 부딪혀 꼼짝 못할 수 있다. 가용 가능한 고참들을 최대한 활용하고 상비 전력을 계속 후방부대에 대기시켜 선수단 전력에 펑크가 날 경우를 대비해야 한다.

이런 부분을 적절하게 잘 하는 감독과 코칭스태프의 역할이 중요하다. 구단은 젊은 선수들을 기용하여 미래를 대비하려 하지만 당장의 성적도 무시하지 못하기 때문에 무조건적으로 신진급 선수들의 기용을 밀어붙일 수는 없다. 다만 노쇠화가 분명히 보이는 노장들을 계속 1군 전력에 안고 가는 것 또한 부담스러운 일이다. 베테랑 선수들에 대한 구단의 인내는 쉬이 바닥을 드러낼 수 있다.

구단은 팀이 노쇠화되기 전에 유효적절하게 팀 전체의 평균 연령을 낮추려고 노력한다. 하지만 노장들이라도 쓰임새가 있는 자원이라면

1군에 안고 가려 하는 감독 이하 현장 스태프와 이해관계가 상충한다. 기량이 불분명한 신진급보다는 당장 활용 가능한 노장들이 코칭스태프 눈에는 안정적이기 때문이다. 그리고 당장은 눈에 차지 않는 신진급들을 계속 쓰면서 성적이 불안하게 가는 것을 원치 않기 때문이다.

그리고 초보 감독들의 연령대가 점차 낮아져 젊은 지도자들이 득세하는 추세이다 보니 고참 선수들과 과거 한 팀에서 함께 땀 흘리며 동고동락했던 인간적인 관계도 있기에 감독으로 부임하자마자 후배들을 내치는 게 쉽지만은 않다. 그것도 부임 직전 시즌에 1군에서 녹록지 않은 기량을 선보인 선수이거나 부상으로 잠시 주춤했지만 과거의 실적이 분명한 선수들도 있기 마련이다.

감독의 성향이 젊은 선수들을 선호하는 스타일이면 신진급 자원들을 주도적으로 기용할 것이고 고참들을 선호하는 감독일 경우 구단과의 의견 차이는 피해갈 수 없다. 만약 구단의 입김이 강하게 들어오고 고참 선수들의 중용을 자제하고 신진급 위주로 기용하며 육성해달라는 주문을 받은 경우는 감독의 고뇌는 깊어진다.

가끔씩 현장과의 마찰로 인해 타 구단으로 트레이드를 요구하는 고참 선수들이 있다. 현장 입장에선 지금 당장은 후배들이 잘하고 있어서 1군에 콜업(Call Up)할 수는 없지만 언제 어떤 변수가 발생할지 모를 상황에 대비하여 상비 전력으로 대기시켜야 하는데 마음이 돌아선 고참은 2군에서 제대로 운동을 하지 않고 있을 때가 더러 있다.

기존 전력이 갑작스럽게 부상을 입거나 극심한 부진에 빠져 교체가 필요할 때 이들 고참이 필요한데 정작 실전에 나갈 준비가 안 되어 있어 부를 수 없게 된다는 이야기이다. 이런 경우를 대비하여 노장들에 대한 대우와 관리는 철저히 진정성 있게 이뤄져야 한다. 1군에서 2군으로 내려 보낼 때도 상황을 상세히 설명하고 잘 보내어 언제라도 다시 올라와서 투입될 수 있다는 믿음을 주어야 하는 것이다.

그리고 실제로 그런 상황이 발생했을 때 2군에 내려간 선수가 계속해서 잘 관리하고 좋은 모습을 보이고 있다면 약속을 지켜야 한다. 오매불망 다시 올라갈 날을 기다리며 인고의 시간을 보내 훈련에 매진하고 2군 경기에서도 좋은 결과가 나오고 있는데 다른 어린 선수들이 콜업되면 억장이 무너지는 비애를 느끼기 마련이다. 이런 고참들이 하나 둘 나오기 시작하면 선수단 분위기는 어두울 수밖에 없다.

감독에게는 노장 고참들을 잘 관리하여 팀 전력에 누수 없이 모든 선수들을 고르게 기나긴 페넌트레이스에서 적재적소에 활용할 수 있는 관리 능력이 요구된다. 노장들을 모두 다 기용하는 것도 부담이고 너무 많이 활용하여 팀의 유망주들이 기회를 받지 못해 육성에서 정체되는 것도 팀의 건강을 생각하면 바람직하지 않다. 팀 전력 전체를 효율적으로 균형 있게 관리하고 운용하는 것도 매니저(Manager)로서 감독의 역량인 것이다.

구단이 가장 걱정하고 우려하는 대목도 바로 이런 부분이다. 하지만 감독은 구단의 먼 미래, 장래까지 다 생각하고 구상하면서 시즌을 치르기 어려운 것이 한국프로야구의 현실적인 구조다. 당장의 성적이 나야 하기에 좋은 결과를 위해서는 경험이 풍부하고 기량이 검증된 선수들로 팀 전력을 꾸려야 하는 숙명이다. 고참이고 노장이라도 감독에게는 성적을 내기 위한 전력으로 필요한 것이다.

구단은 중장기적으로 현 전력을 비교 분석하고, 3~4년 뒤의 전력과 그 이후의 전력도 대비해야 하는데 이는 감독의 입장, 생각과 상충될 수밖에 없다. 어느 시점이 되면 전력이 급상승하여 잘 뽑은 외국인선수와 더불어 우승 도전을 준비하는 해를 단단히 벼르기도 한다. 그래서 조심스럽지만 감독 선임 과정에서도 육성이라는 주안점을 새 감독에게 미션으로 부여하고 상호간의 합의를 한다.

이런 경우는 감독도 본의 아니게 고참들을 등한시할 수밖에 없는 흐름으로 갈 수밖에 없고 그러한 합의나 약속 때문이 아니더라도 본인의 선호도에 따라 고참들을 배제할 수도 있다. 감독의 고뇌는 야구뿐만이 아니라 인간관계에서도 비롯될 수 있는 것이다. 여러모로 호불호가 생길 수밖에 없는 위치이다.

감독의 권한은 선수의 생명을 좌우하기도 한다. 감독의 마음에 따라서 선수를 죽일 수도 있고 살릴 수도 있다. 아무리 주전급이라도 어떤 날은 스타팅 오더에서 빼서 경기 후반에 대타로 내기도 하고 어떤 날은 아예 경기에 내보내지도 않기도 하고, 처음부터 선발 라인업에 넣어 경기를 시작하더라도 한두 타석 만에 바로 교체해버린다거나 하면 선수는 대부분 제풀에 나가 떨어진다.

감독이나 코칭스태프의 눈 밖에 나게 되면 아무리 잘 하는 선수라도 소리 소문 없이 전력 외로 분류될 수 있다. 야구는 감각의 스포츠이기 때문에, 10년 넘게 선수 생활을 한 베테랑이라고 해도 1년이라는 공백이 주어지면 매우 커다란 데미지가 된다. 이런 보이지 않는 힘이 선수단을 이끌어가는 강력한 무언의 파워라고 할 수도 있다. 감독이 주는 출장 기회는 감독 고유의 절대적인 권한이다.

흔한 일은 아니지만 선수가 코칭스태프에게 항명하는 사건이 벌어지기도 한다. 갑자기 잘 뛰던 선수의 출장이 뜸해지거나 생각지도 못한 트레이드가 이뤄질 때는 무언가 말 못할 사연들이 있는 것이다. 감독 입장에선 선수 한 명이라도 아쉬울 판이니 이런 일들이 아예 발생하지 않도록 막는 게 우선이지만, 혹시라도 그런 일이 발생한다면 전적으로 코칭스태프의 편을 들어 선수를 내칠 수밖에 없다.

비정하게 느껴질 수도 있지만, 팀이라는 조직을 이끌어가는 수장으로서 코칭스태프에게 항명하는 선수를 안고 갈 수는 없는 것이다. 감독으로서도, 구단으로서도 읍참마속과도 같은 뼈아픈 일이지만 팀 전체를 살리기 위해서는 문제 선수를 희생시킨다.

이와 같이 감독의 고뇌는 여러 방면에서 동시다발적으로 몰려온다. 크고 작은 고뇌에 함몰되어 있거나 허물을 벗지 못하면 스스로 죽는다. 슬기롭게 헤쳐 나가되 정도를 걸으면서 여러 사람과 뜻을 모아 함께 가야 한다.

프로야구 선수 출신의 야구인은 거의 모두 감독이라는 자리를 꿈꾸고 우승을 차지하며 롱런하기를 희망한다. 하지만 세상은 그 모든 일들을 그냥 쉽게 내어주지 않는다. 수백, 수천, 수만의 야구인들 중에서 단 10명만이 프로야구 감독이 될 수 있다. 감독이 되는 것도 어렵지만, 되어서도 고뇌와 번뇌는 끊이지 않는다. 어떻게 보면 감독에게 고뇌가 없다는 것이 더 이상한 일인지도 모르겠다.

소속 선수 FA 잔류 프로젝트

FA는 소속 구단 FA 선수와 타 구단 FA 선수로 구분된다. 구단들의 1차 목표는 단연코 소속팀의 우수 FA 선수를 잔류시키는 것이다. FA 자격을 갖춘다는 것은 그만큼 팀을 위하여 자신을 불태웠다는 증거이고 FA가 되는 날까지 각고의 노력으로 고통을 참으면서 여기까지 왔기에 그에 상응하는 자신의 가치를 인정받고 싶은 것은 지극히 당연한 사실이다.

선수는 그동안의 팀 기여도와 헌신을 보상받고 싶어하고 구단은 대체로 냉정하게 향후 가치를 바라본다. 그동안 우승 등 팀의 호성적에 기여한 부분이 지대하다 하더라도 그런 이유 하나만으로 덜컥 FA 계약이라는 선물 보따리를 안겨주진 않는다. 전적으로 앞으로 활용하게 될 전력으로서 얼마만큼의 미래 기여도가 있을 것인가를 예상하여 몸값을 매긴다.

대부분의 구단은 소속 선수에 대한 평가에서 타 구단이 바라보는 시각보다 다소 박한 경우가 많다. 사실적으로 얘기한다면 소속 구단이 책정하는 금액이 선수의 종합적이고 현실적인 가치를 반영한 금액이고, 어느 정도는 무리를 하면서까지 꼭 데리고 가려는 타 구단이 정하는 금액은 프리미엄이 꽤 많이 얹어진 몸값이라고 보면 된다.

금액 차는 대략 10억~20억 선에서 이루어지는데 팀을 옮기고 부대적으로 여러 요인들이 복합적으로 이루어져 1억에서 2억 원 정도의 차이면 원 소속팀 잔류를 결정하고 10억 원 이상의 차이가 나면 과감하게 이적하는 일이 발생한다.

시장 가격이 형성되는 기준이 딱히 정확하게 나와 있지 않은 이유도 있지만 전년도와 전전년도의 동일한 포지션에 있었던 선수들의 계약과 나이 등이 주요한 비교 기준이 된다. 정해진 공산품 가격처럼 일정하게 정해져 있는 것은 없지만, 구단뿐만 아니라 선수 역시 암묵적으로 과거 연도별 해당 선수 대비 자신을 비교하는 잣대가 있기 때문이다.

소속구단이 제시하는 금액은 그간의 팀을 위한 공로도 포함되어 있지만 더 많은 비중은 미래 활약도와 기여도를 계산하는 데 있다. 그 같은 내용들이 포함된 금액이기에 언제나 선수의 기대치에는 부합되지 않는다. 그러다가 타 구단이 상대적으로 더 높은 금액을 제시하면 주저할 것 없이 떠나게 된다.

프로야구 FA 시장은 언제 어느 해나 영입하는 구단들의 과다 지출 없이는 전력 보강이 힘든 구조적 문제를 안고 있다. 각 구단의 선수층이 두텁지 않은 이유가 크다고 볼 수 있다. 외부 FA를 사오면서 기존 보호 선수 중 아까운 선수 한 명을 보내면서까지 단행하는 이유가 선수층의 뎁스가 약하기에 큰 비용을 감수하며 울며 겨자 먹기로 선수 유출을 감당하면서 덤비는 것이다.

소속구단이 책정하는 금액과의 괴리가 항상 생길 수밖에 없는 시장이 국내 프로야구 FA 시장이다. 연쇄 이동이라는 단어가 어울리는 프로야구 FA 시장은 소속팀의 FA 집토끼를 합당한 선의 적정 금액을 제시하며 협상을 벌이다가 느닷없이 간밤에 타 구단에 뺏기는 일들이 발생하기에 철저히 사전 준비를 해놓지 않으면 당혹감에 빠질 수 있다.

언제든지 해당 선수가 타 구단으로 이적할 수 있음을 염두에 두고 플랜B를 준비해야 한다. 즉 해당 선수의 FA 이적 시 타 구단의 다른 FA 선수 영입 그림을 미리 그려 놓아야 한다. 완전히 동일한 포지션이 아니어도 전략적인 선택을 위한 사전 준비를 마치고 만약의 경우를 대비하게 된다.

실제로 원만하게 잔류할 것으로 전망됐던 소속팀의 FA 선수가 소리 소문 없이 갑작스러운 이적을 하게 된다면 결국은 금액 차 문제이고 타 구단과의 논의가 없다면 불가능한 일이다. FA 시장이 열리고 FA를 선언하였는데 그 어떤 구단에서도 제안이나 문의 전화가 없다고 해서 원 소속 구단에서 제시하는 금액을 단 한 번의 협상 만에 덥석 그대로 받고 계약할 수 있을까 반문하고 싶다.

원 소속구단은 선수들의 반응을 통해서 어렵지 않게 잔류 여부에 대한 의사를 예상하고 파악할 수 있다. 붙잡을 수 있을지 놓칠지 말이다. 구단의 준비된 예산은 이미 한정이 되어 있기에 이를 초과해가면서 무리하여 잡을 수가 없다.

이적한 선수들이나 잔류한 선수들의 언론 인터뷰에 변함없이 등장하는 클리셰에 가까운 표현이 있다. 바로 '자신의 가치를 인정해주고 열과 성을 다하여 자신을 영입하고자 노력한 진정성에 마음이 움직였다'라는 이야기다. 차마 원 소속팀보다 훨씬 더 많은 돈을 제시해줘서 가게 되었다고 말할 수는 없는 것이다.

'쩐의 전쟁'이기 이전에 선수 개개인의 가치관 문제가 아닐까 싶다. 미국 메이저리그의 FA 이야기는 가끔씩 진한 감동을 주는 스토리로 전해진다. 돈보다 더 중요한 무엇인가를 생각하게 하는 뭉클한 감동이 있다. 고향 프랜차이즈 팀을 떠나기 싫어서, 정든 동료들과 함께 우승에 도전해보고 싶어서, 동고동락한 멤버들을 떠나는 것을 상상할 수 없었다는 이야기부터 고향 마을에 소방차를 기증 후원하자는 조건을 구단이 들어줘서 남았다는 얘기 등이 대표적이라고 볼 수 있다.

아무리 배금주의 사상이 팽배한 프로 스포츠이지만 그래도 가슴 뭉클한 감동적인 이야기가 들려왔으면 한다. 계약금 얼마에 총액 얼마에 이적했다는 숫자 이야기말고 말이다. 홈 팬들의 열화와 같은 사랑과 응원을 등에 업은 선수라면, 더 이상은 돈 하나 때문에 이적하는 것 보다 그 이상의 가치 있는 무언가를 더 찾고 생각해봤으면 좋겠다.

반면에 어떤 경우는 구단과의 갈등의 골이 깊어서 스스로 떠나는 경우가 있다. 선수의 아픈 곳을 구단이 미처 챙기지 못했거나 지나온 세월 동안 선수가 서운한 게 많이 쌓인 경우가 더러 있는데, 이런 섭섭한 일들이 많았을 때는 구단이 내미는 잔류 조건이 기준이 되지 않는다. 조건의 좋고 나쁨을 떠나 마음의 상처를 입는 문제가 되어 소속구단이 아무리 좋은 조건을 내걸어도 선수는 떠나게 된다.

구단이 전략적으로 키워온 프랜차이즈 선수를 FA로 타 구단에 놓치는 경우도 생긴다. 선수들과 코칭스태프에게 신임을 받고 팬들에게서 아낌없던 사랑을 받던 구단의 간판 선수가 돌연 타구단으로 이적하는 경우는 십중팔구 아픈 상처를 건드리거나 자존심에 상처를 준 경우가 많다. 이런 선수를 낚아채는 구단은 든든한 서포트를 약속하며, 의욕적으로 팀을 옮긴 선수는 기존 선수단을 음과 양으로 리드하며 제 몫을 다하는 알토란 같은 활약을 펼친다.

흔하지는 않지만 이런 유형의 선수를 영입하는 것은 더 적극적으로 추진하며, 영입에 성공할 시 반드시 성공 케이스가 되어 구단과 선수단에 굵은 인상을 남기며 구단 역사의 한 획을 긋기도 한다. 과거 SK 외부 FA 영입 역사를 뒤돌아보면 그러한 인물을 쉽게 찾아낼 수 있을 것이다.

구단 입장에서는 더할 나위 없는 대박 성공 스토리가 된다. 당시 영입 조건은 그리 풍족하지 않았다. 그럼에도 불구하고 선수의 확고한 이적 결심과 전 구단에 대한 서운함은 모든 조건을 희석시키며 새로운 팀을 향하게 만든다. 이 대목에서 구단이 유념해야 할 사항은 관계자들이 항상 선수단에게 신뢰와 정성으로 소통을 이어가야 한다는 것이다.

또 다른 예를 하나 든다면 어떤 때에는 협상 실무자로서 혹은 선배 야구인으로서 선수를 위해 보다 더 좋은 조건을 제시한 타 구단으로 보낼 수밖에 없는 경우도 있다. 다름 아닌 계약기간 문제였는데 당시 당 구단에서는 FA 재계약선수는 무조건적으로 2년만 계약 조건으로 건다는 내부 방침이 정해져 있어 더 좋은 조건의 타 구단 오퍼가 오면 떠나는 것도 괜찮겠다고 조언해준 적도 있다. 대표적인 선수가 과거 SK에서 NC로 FA 이적한 이호준 선수다.

모순점이 있는 이야기처럼 들릴 수도 있다. 팀 전력에 도움되는 선수라면 무조건 잡으려고 해야지 왜 선수가 가도록 도와주는 걸까 의아할 수도 있다. 구단의 정책은 언제든지 예산에 따라 조금씩 변화를 가져가며 운영될 수 있는 것이다. 선수에 따라 상황에 따라 예산을 증액해서라도 반드시 잡아야 되는 케이스는 매해 바뀐다는 점만 알려주고 싶다.

당해 연도에 정해진 FA 정책은 철저하게 지키면서 가게 되어 있다. 마냥 기다릴 선수에게 귀띔이라도 해줘야 선수가 미련없이 마음을 정하고 합리적인 판단을 할 수 있지 않겠나! 그것이 차라리 선수를 시원하게 보내주는 것이고 선수를 진심으로 아끼고 도와주는 것이기 때문이다.

선수 입장은 자녀들의 학교 문제 같은 가족 일이 있기에 타 지역으로 이적하는 것을 꺼리는 경향이 있다. 그렇기 때문에 구단이 자신을 붙잡을 것이라는 막연한 기대를 하게 되어 있어서 빨리 구단의 복심을 일러주어 미련 없이 떠날 수 있게 도와주는 것이다. 자칫 결정에 오랜 시간이 걸리면 오퍼한 구단도 제안을 철회할 수 있기에 일사천리로 빠르게 해야 한다.

해마다 FA가 나오긴 나오는데 인원수와 레벨에서 약간의 차이가 있다. 특정 해에는 특급, A급 선수들이 몰려서 나올 때도 있고 평범한 수준의 FA 선수들이 나올 때도 있다. 이 같은 FA 선언 예상 선수들은 연도별로 이미 모두 체크가 되어 있어서 여기서 호시탐탐이란 용어가 적당하게 활용된다. 구단은 적극적인 구애를 위한 전략을 미리 세우고 예산을 준비해 간다.

어떤 선수들은 어부지리로 시장의 연쇄반응 속에 혜택을 보기도 하고 어떤 선수는 정반대로 피해를 보기도 한다. 시장에서 구단마다 특정한 선수 영입에 실패하게 되면 후속으로 생각했던 다른 계획들을 철회하기도 하기 때문이다. 그런 이유가 가끔씩 FA 미아가 생기는 배경이 되기도 한다.

이때 시장 상황도 굉장히 중요하고 선수의 운도 함께 작용하여 수요와 공급이 분명하고 극명하게 갈리기도 한다. FA로 잔류시킬 것인가에 대한 최종 결론은 당해 시즌의 활약도가 매우 중요하게 작용한다. 만약 지난 세월 동안 알토란 같은 활약을 한 선수일지라도 FA 자격을 얻게 되는 해당 시즌에 심각하게 부진하거나 큰 부상을 입으면 선수에게는 참담한 결과로 돌아온다.

그래서 어떤 선수는 FA 선언을 1년 유보하여 다시 새로운 기회를 노리기도 한다. 평생 한 번도 하기 힘든 FA를, 실력도 좋고 운까지 따르는 선수는 3번도 하는 세상이 요즘 세상이다. 고졸 후 바로 1군 경기에 투입될 수 있는 기량이나 그런 환경을 가진 구단에 입단한 선수는 포지션 여하에 따라서 두 번이나 세 번도 가능한 게 현실이 되었다.

FA 집토끼를 먼저 잡아야 한다는 것은 물론 전력적으로도 중요한 부분이지만, 두터운 팬덤이 형성되어 있는 선수를 응원하는 팬들의 관심과 사랑도 배제할 수 없기 때문에 더 중요하다. 그만큼 스타급 선수의 타 구단 유출은 구단도 속이 쓰리지만, 팬들로서도 가장 보기 힘든 슬프고 화나는 장면 아니겠는가? 구단으로서도 자금 사정 때문에 만에 하나 소속팀의 간판 FA 선수를 놓치게 되면 이래저래 낭패가 아닐 수 없다.

우선적으로 핵심 자원의 유출로 인한 전력 누수가 크고 팬들의 성화는 둘째 치고서라도 선수단 내의 사기 문제와 구단에 대한 신뢰 같은 감정적인 부분도 커서 소속 선수를 홀대하는 구단이란 불명예를 받게 된다. 하지만 추후 소속 FA를 잡기 위한 노력과 준비가 충분히 합당했다는 여론이 번지면 그나마 면피는 하게 되고 오히려 그 정도의 돈 때문에 팬과 구단을 떠난 선수가 원성의 타깃이 되는 경우도 있다.

구단과 팬들이 생각하는 합당한 수준의 오퍼를 뒤로 하고 타 팀으로 이적하는 선수를 팬들도 마냥 응원하고 이해하진 않는다. FA 시장에 대한 팬들의 높은 안목과 평정심은 충분히 이성적이고 정확하다. 떠난 선수나 잔류한 선수나 또 그렇게 선수들은 내일을 위해, 내년을 위해 열심히 뛰게 된다.

선수단을 무난하게 잘 운영하기 위해선 타 구단 FA 영입보다 소속 FA 잔류가 무조건 우선이다. 소속 선수를 홀대하고 기존 선수단 분위기를 흐린 채 과다 출혈로 데리고 오는 타 구단 FA를 어떤 선수단이 웃으며 반기겠는가? 집토끼는 박하게 대우하다가 놓치고 부랴부랴 헛돈 쓰면서 타 구단 FA를 데리고 온 프런트를 달갑게 보지는 않을 것이 자명하다.

그간의 구단 행보를 보면 답은 금방 나온다. 내가 몸담았던 전 SK와 현 SSG는 기존 소속선수의 FA 유출을 지극히 경계하였고 최대한 잔류시키는 데 총력의 힘을 기울였다. 다행히도 많은 FA 선수들이 타구단의 오퍼에도 불구하고 정든 소속팀을 떠나지 않고 잔류하며 팀의 한국시리즈 5회 우승에 힘을 보태었다. 우수 FA 선수들의 잔류 없이 그와 같은 성과를 내는 것은 상상도 할 수 없는 일이다.

기존 전력을 탄탄하게 만들어 놓고 추가로 자금 사정이 된다면, 아니면 이미 사전에 충분한 자금을 만들어 놓은 계획 하에 외부 FA를 영입추진 하는 것이 바람직하다. 소속 FA 선수를 놓쳐 심각한 전력 누수가 발생한 다음에 시도하게 되는 FA 영입은 정작 필요한 FA를 잡을 수 없게 만드는 상황을 초래하기도 한다.

왜냐면 이미 집토끼를 잔류시키기 위해 골든 타임을 흘려보냈기 때문에 시장에 남아 있는 알토란 같은 FA는 없어지고 크게 도움이 되지 않는 선수들만 미계약 상태로 남아 있을 확률이 높다. 팀 전력이 최대치에 이르러 우승이라는 최상의 결과를 내게 되면 곧이어 다수의 예비 FA 선수들이 생겨나기 마련이다. 이때 우선 먼저 잡아야 될 선수가 있고 FA 선언을 유보해주길 바라는 선수가 있다. 선수를 잡을 예산 마련이 필요하고 가용할 예산 범위에 한계가 있기 때문이다.

한꺼번에 쏟아져 나오는 기존 FA 선수들은 구단을 힘들게 한다. 그래도 우선은 잡아서 잔류시켜야 되고 비록 잡지 못하고 떠나보내게 되더라도 최선을 다하는 모습을 보여야 한다. 지금 SSG에서 활동하는 기존 FA 계약 선수만 해도 10명 가까이 된다. 구단의 노력과 선수들의 잔류 의사가 합쳐진 결과물이다.

반면에 당 구단도 뼈아픈 사례를 찾으려면 어렵지 않게 찾을 수 있다. 결국 금액의 차이로 원 소속팀을 떠난 대표적인 선수들이 정근우와 정우람이다. 하필 그 당시 류현진의 미국 진출로 벌어들인 포스팅 금액 약 2천 5백만 달러로 인해 공격적으로 FA 선수를 쓸어모으던 한화의 물량공세를 당해낼 수 없었다. 당시로서는 파격적인 금액을 제시한 우리 구단의 잔류 구애도 허공의 메아리가 되어 안타깝게 놓친 케이스가 되었다.

　윤길현과 정대현도 각각 타 구단으로 이적하였는데 많은 스토리를 남겼다. 어차피 프로는 몸값의 가치로 자신을 알리고 평가받지 않는가? 금액 차로 인해 타 팀으로 과감하게 떠났던 선수들에게 처음에는 왠지 모를 서운함이 가득했으나 이내 이해할 수밖에 없었다. 프로의 세계에서는 당연한 일이니까.

　한편으로 소속 FA 선수라고 하더라도 무조건 반드시 잔류시키지는 않아도 되는 선수들도 있다. 이런 유형의 선수들은 FA를 선언하기에는 다소 부족한 성적을 올렸던 선수들로서 정작 FA 시장에 나가게 되면 찬밥 신세가 되어 가끔 미아가 되기도 한다. 시장의 반응을 통해 자신의 현재 위치를 뼈저리게 느끼게 되는 경우다. 이는 누가 이야기해줘도 실감할 수 없는 일로 본인이 직접 겪어보지 않으면 알 수 없는 예민한 부분들이다.

　구단은 이런 유형의 선수들에게 FA 선언을 하지 않는 것이 좋겠다고 강권할 수도 없는 일이라서 내심 현명하게 판단하길 바라기도 하며 그냥 내년에도 팀에 있어 주길 바라는 마음도 있다. 그래도 오래 한솥밥 먹은 정이 있으니 매 시즌 엄청난 퍼포먼스를 보여주진 않았더라도 팀의 페넌트레이스 기간 동안 기여한 부분도 없지 않기에 FA 미아가 될 듯한 선수를 기존 구단이 안고 가는 경우가 많다. 큰 금액을 안겨주진 못하지만 갈 곳이 없어져 미아가 되는 것보다는 훨씬 낫다.

　때로는 구단의 장기적인 전력 플랜을 짜기 위해서 FA 미아가 된 소속 선수를 가끔씩 사인 엔드 트레이드(Sign & Trade) 방식으로 활용해 타 구단과 접촉하는 사례가 있다. 양쪽의 구미가 맞으면 성사가 되는데 연봉 문제나 포지션 중복 문제 등을 소화하고 젊은 선수들을 등용하기 위해 더러 고려하는 케이스다. 지금은 FA도 등급제가 있어서 C등급은 보상선수 없이 데리고 갈 수 있으니 사인 앤드 트레이드 방식도 점차 잊히는 옛 방식이 될 것이다.

선수단의 전력 보강 중에서 외국인선수 영입 외에 즉시적인 강화 방안은 다름 아닌 타 구단 FA 선수 영입인 것은 모두다 잘 아는 내용들이다. 아까운 구단의 보호선수를 유출하면서까지 영입을 추진할 때는 단계적인 우승 도전 플랜을 짜고서 한 해 한 해 전력을 채워 나가야 한다. 기존 전력의 업그레이드와 함께 연도별로 보강해온 FA 선수들이 자리를 채우게 되면 비로소 우승권 도전이란 목표가 구체화된다.

기존 전력이 탄탄히 준비되지 않았는데도 무턱대고 외부 FA 선수들을 영입하면서까지 자금을 낭비하진 않는 게 구단의 중장기적 전력 강화 방안이다. 기존의 유망주급 신진 세력들을 최대한 키울 때까지는 키워보려고 물심양면 모든 전력을 쏟는다. 신인선수 드래프트는 이런 이유들로 인하여 구단의 십년지대계라고 칭한다.

때가 되었다는 전략적 정책 아래 쓸 때 쓰려고 비축한 자금을 한 번에 쏟아낼 때는 몇 년 전부터 언제 나올 예정인 FA 후보들을 눈여겨보며 기존 전력이 무르익는 것을 비교하면서 조심스럽고 과감하게 투자하게 된다.

모든 게 전략적인 계획에 의해 몇 년 전부터 움직이는 것이지 갑자기 그해 시즌 종료 직후 FA를 잡니 마니 결정하는 것이 아니다. 그러면 이미 뒤늦은 것이 된다. FA의 몸값은 구단이 염두에 두는 금액과 선수 측이 생각하는 자신의 가치 사이에서 괴리가 상당히 크기 마련이다.

반드시 잡아야 되는 선수이고 차선책이 없다면 선수 측에 끌려가는 형국이 된다. 필요로 하는 구단이 많아서 과다 경쟁이 되면 출혈은 감수해야 되지만 선수 측 입장에선 그런 경쟁이 유리하고 반갑기만 하다. 몸값이 적정 금액보다 더 상향되는 것은 불 보듯 뻔하기 때문이다.

욕심이 다소 과한 선수라면 최대한 버틸 때까지 버티면서 구단의 속을 태울 수도 있다. 어쩔 수 없는 국내 FA 시장 여건상 선수가 절대적인 갑이 된 지도 오래다. 수급 가능한 선수들은 한정되어 있기에, 우수 선수를 확보하려는 구단들의 '쩐' 싸움은 언제나 선수에게 승리를 안긴다.

다만 그렇게 받은 어마어마한 돈만큼 값어치에 맞는 활약을 보여줘야 함에도 가끔씩 오버페이로 결론이 나면서 FA 기간 내내 구단의 속을 썩이기도 하는 게 KBO 시장이다. 오늘날 국내에서 활동 중인 선수들이 운이 좋다고 해야 할지 모르겠으나 세계로 눈을 돌리면 비슷한 기량을 가진 선수들을 어렵지 않게 찾을 수 있다. 미국의 마이너리그와 일본의 독립리그에서 눈물 젖은 빵을 먹으며 야구에 대한 희망의 끈을 이어가는 좋은 선수들도 있기 때문이다.

기량만 보면 KBO의 50억 FA 선수들에 크게 뒤지지 않을 선수들이 존재한다. 하지만 그들은 현재 실력으로 자국의 프로야구 최상위 레벨 리그에 진출하기 힘든 환경이다. 한국프로야구에서 활동하는 선수들이 받는 대우와 혜택이 결코 타 국가 해외 리그에 밀리지 않는다. 후배 선수들이 좋은 환경에서 좋은 처우를 받으며 선수 생활을 이어가는 것이 뿌듯하기도 하고 부럽기도 하다.

최정상급 쩐 FA 선수들의 몸값도 흐르는 세월만큼 급상승하였다.

2010년도 중반에는 특A급 선수들의 FA 계약에 4년 기준 80억 원대의 금액이 오갔으나 2020년 전후로 국내 알짜 FA들과 메이저리그 등 해외에서 리턴하는 선수들은 100억 원 이상을 받기도 했다. 최대 150억 원 이상의 총액 기록을 찍으며 새로운 역사도 쓰이기 시작했다.

앞으로 FA 선수들의 몸값이 얼마나 더 상승할지는 아무도 예측할 수 없다. 우승이라는 성적을 갈망하는 구단이 덥석 거액으로 모셔갈 수도 있고, 매년 나오는 5강 탈락 팀 중에서 전력 보강의 기치를 내걸며 모험하듯 시장에 뛰어들 수도 있다. 그런 현상들이 겹쳐 나오고 수요가 팽창하면 몸값이 기하급수적으로 크게 더 뛸 수도 있다.

시장을 예측한다는 것 자체가 감히 어려운 이유가 경제 불황이 닥쳐서 모그룹들이 재정 위기 상황으로 간다면 FA 시장에서 철수해야 하고 시장 경제에 의해서 수요가 없으면 자연스레 디플레이션 될 수 있기 마련이다.

선수 생활 속에서도 본인이 FA가 되는 시즌에 팀 성적과 개인 성적 모두 대박을 터뜨려 대운이 깃든 해가 되었는데 하필이면 세계 경제가 폭망하여 FA 시장 자체가 차갑게 식어버릴 수도 있다. 이런 것을 어찌 선수나 구단이 미리 예단할 수 있겠는가 말이다.

FA는 잘 뽑으면 효자 역할을 하지만 잘못된 결과가 나오면 먹튀 오명을 쓰게 된다. 선수에게도 구단에게도 양날의 검처럼 부담이 있다. 부상이란 암초도 늘 도사리고 있다. 계약기간 내내 부상 재활로 시간을 허비하여 그라운드에 모습을 보이지 못한다면 손익계산을 따져보는 것조차 너무나 가혹한 일이다.

부상으로 인한 낙마와 수술, 재활은 어떻게 설명이 안 된다. 예측할 수도, 준비할 수도 없는 부분이다. 결코 운에 맡길 수 없는 FA 계약이지만 누구도 예상할 수 없는 부상은 오직 야구의 신만이 알 것이다.

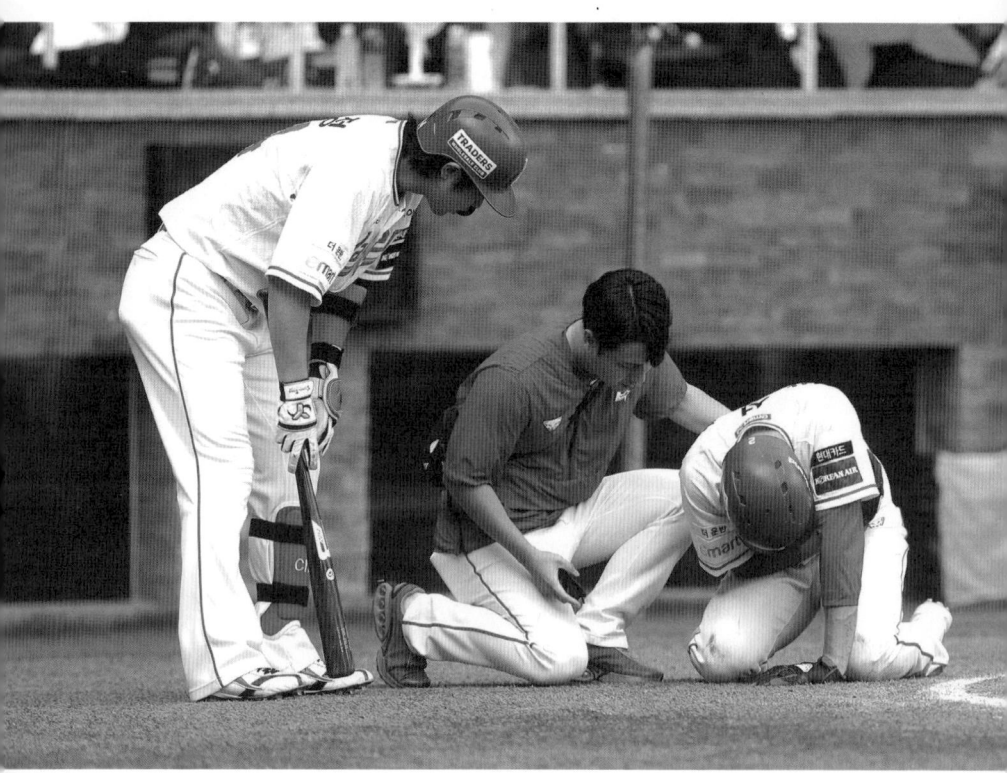

외부 FA 영입전에 뛰어들다

이승엽 선수

과거 운영팀장으로 동분서주하며 운영팀 업무 전면에서 뛰어다녔던 시기가 있었다. 당시 구단은 외부 FA 영입에 대해선 다소 보수적인 편이었고 가급적 소속 FA를 잔류시키는 데 역량을 집중시키는 정책을 펼치던 때였다.

하지만 언제나 외부의 변화에도 귀기울이며 외부 FA 관련 정보를 무조건적으로 등한시하지는 않았다. 그러다가 2011년 10월에 접어들면서 대형 FA 선수가 나오려고 한다는 정보를 접하게 되었다. 항상 발 빠르게 움직일 수 있었던 구단의 시스템상 긴급한 상황에 대한 회의와 동시에 빠른 실행력으로 도출된 합의에 따라 바로 움직였다.

내용은 다름아닌 '라이온킹' 이승엽 선수 관련 정보였다. 당시 이승엽 선수는 일본 NPB의 지바 롯데 마린스와 요미우리 자이언츠를 거쳐 오릭스 버팔로스에 이적하여 첫 시즌을 소화해가던 시기였다. 성적은 전성기만큼은 훌륭하지 않았지만, 특유의 장타력은 여전했다.

네트워크 전쟁이기도 한 야구단 업무는 많은 각 분야의 광범위한 업무 외에 글로벌적인 인적 자원들을 많이 보유하는 것도 구단과 운영팀의 자산이다. 멀리 일본에서 들려온 정보는 이승엽 선수가 일본 활동을 접고 한국으로 귀국할 것으로 보인다는 내용이었다.

모든 일이 그렇지만 아무것도 하지 않으면 아무 일도 일어나지 않는다. 이승엽 선수가 삼성으로의 복귀를 거부하고 타 구단으로 이적한다는 확률은 거의 가능성이 아예 없는 희박한 이야기라고 모든 이들이 판단했으나 그 희박한 가능성을 열어 보려고 접촉에 나섰다.

2011년 10월 21일 일본 고베의 한적한 바닷가 식당에서 이승엽 선수와의 만남이 이루어졌다. 당시 나는 단장을 대동하여 단둘이 조용히 선수와 면담을 가졌고 기회가 된다면 함께 야구를 하고 싶다고 전했다.

이승엽 선수는 그날 오릭스 구단과의 관계를 정리하고 영구히 한국으로 귀국하겠다는 기자회견을 마치고 막 나오는 길이었다. 오릭스 구단과는 2년 계약을 하고 입단하였는데 잔여연봉을 포기하는 것으로 합의하며 전격적으로 퇴단이 이루어진 셈이다.

긴 타국 생활이 힘들었고, 더구나 요미우리 자이언츠에서의 계약 기간 후반부 저조했던 성적이 FA 먹튀 논란을 자아내면서 심적으로 내내 힘들었을 것으로 예상했는데 본인도 그런 부분에서 어려움이 있었다고 진솔하게 토로하기도 하였다.

삼성 구단에 돌아가려 한다며 먼저 접촉하기도 했으나 삼성 측이 적극적인 답변 대신에 올 시즌이 아닌 내년 시즌 종료 후 돌아와주길 바란다는 뜻을 전했다고 했다. 과연 본인을 진정 원하는 것이 맞는지 의구심이 있었다며 삼성 측에 다른 구단과 대화를 해볼 수도 있을 것 같다고 전한 상태인데 마침 우리가 멀리서 직접 일본으로 찾아가 만나게 되는 기가 막힌 타이밍이었다.

이승엽 선수는 그동안 직접 겪어볼 기회가 없어서 선수의 평판에 대해선 풍문으로만 들어왔지만 한마디로 젠틀했고 차분한 성격이었으며 예의가 바른 성품이 좋은 선수라는 첫인상을 주었다. 대스타임에도 언행에 있어 겸손함과 솔직함이 잘 묻어났고 말 한마디마다 예의가 담겨 있었다.

함께 하는 시간 내내 편하고 부드러운 분위기였다. 우리가 만난 당일 이승엽 선수가 말하길 첫 번째로 삼성의 반응에 서운함이 들었지만 이해할 수 있으며 지금 현재로선 한국시리즈가 끝난 후에 다시 연락하자고 얘기한 상태라고 우리에게 전하면서 자신의 진심을 솔직하게 털어놓았다.

먼저 우선 이렇게 멀리 일본까지 자신을 찾아와준 것에 대해 진심으로 감사의 뜻을 전하며 개인적으로 삼성의 파란 유니폼을 벗고 대구 팬들을 떠난다는 게 쉽지 않고 도의적으로도 삼성 구단을 우선적으로 생각한다고 전했다. 만약 삼성과의 협상이 결렬된다면 그 후에는 우리에게 연락하겠다고 했다.

십 년이 훨씬 더 지난 지금까지도 그때의 기억과 주고받은 말들이 틀림이 없는 것은 모두 출장 업무 메모와 보고서가 존재하기 때문이다. 영원히 '우리 선수'인 선수는 없다. 타국에서 심리적으로 고생하는 선수들에게 평상시에 꾸준히 관심을 보여야 하고 말 한마디라도 따뜻하게 전해야 한다.

당연히 돌아올 것이라고 방심하고 자칫 소홀히 한다면 언제든지 선수의 마음은 본인의 가치관에 따라 바뀔 수 있다. 마음이 흔들리고 복잡할 때 친정팀이 평소에 연락도 잘 하지도 않고 서운하게 대했다면 바다 건너 모국에서 찾아오는 타 팀의 관계자가 더 반갑고 고마운 마음이 들지 않을까?

선수의 다짐은 엉뚱한 방향으로 돌아설 수 있다. 이승엽 선수가 철학과 가치관이 굳건하지 않은 선수였다면 일본에서 한국으로 복귀한 후 그의 유니폼 색깔은 바뀌었을 것이다. 지금은 두산 베어스 감독에서 물러나 커리어의 다음 스텝을 준비하고 있을 레전드 이승엽 감독의 앞날에 무한한 영광이 함께 하기를 응원하는 마음이다.

윤석민 선수

셀 수도 없는 많은 스카우트 관련 에피소드 속에서 또 하나의 이야기를 꺼내어 본다면 분명 FA 계약서에 사인까지 마친 선수였는데 영입이 불발된 선수도 있었다.

사연은 이러하다. 2013년 시즌을 마치고 FA 자격을 취득한 윤석민 선수는 미국 진출을 선언했다. 몇 년 전부터 미국행을 준비하면서 대형 에이전시인 보라스 코퍼레이션과 에이전트 계약을 맺으며 메이저리그 도전 의사가 확고해 보였던 시기였다.

당시 KIA 구단도 더 이상 윤석민을 붙잡아 둘 수 없는 명분이었고, 불과 몇 년 전에 처음 거론되었던 선수의 미국행 의사에 대하여 구단이 거듭 설득하여 포기하게 한 배경도 있었기에 이번만큼은 잡기 어려운 상황이었다.

윤석민은 일찌감치 미국행을 준비하기 위해 미국으로 건너가 보라스 측을 통해 몸을 만들면서 관심 구단과의 접촉을 시도했다. 그러나 정작 MLB 시장은 냉담했고 납득할 수 있는 수준의 괜찮은 오퍼는 오지 않았고 저액의 오퍼만 왔다 갔다 하면서 시간이 흘렀다.

몇몇 구단은 아예 오퍼 액수를 밝히지도 않고 어깨에 이상이 없는지 정도만 물어와서 기분이 많이 상했다고 전했다. 에이전트 쪽에서 시간이 다소 걸릴 것 같다고 하여 마침 한국으로 들어온 상황이었다. 그때도 우리는 앞서 설명한 바 있는 긴급 회의를 가동했고 전체 상황을 봤을 때 아직은 선수 가치가 충분히 살아 있다고 판단하여 즉시 실행에 옮겼다.

그때가 2014년 1월 하순이었다. 한국으로 잠깐 귀국한 윤석민 선수에게 관심을 보이는 구단들이 몇몇 있었다고 했지만 그래도 선수 본인은 자신이 평소 선호하는 팀 중에 우리 구단도 있다고 했다.

서울 워커힐 호텔 본관 비즈니스 미팅룸을 예약하고 조용히 만남을 가졌다. 그곳은 회의 장소로선 최적의 공간으로 첫 만남 때는 단장과 함께 윤석민 선수를 만나서 얘기를 나누었고 두 차례의 추가 만남 때는 나 혼자 단독으로 만나 협상을 마무리했다.

선수의 니즈를 모두 충족할 구체적인 조건을 제시하고 긍정적인 대화를 나누기에 이틀이면 충분했다. 상호가 만족하는 내용의 계약서를 수정 보완하여 마지막날 호텔 커피숍에서 최종 서명하였다. 가장 중요한 사항은 이 계약서의 효력 발생 조건이었다.

윤석민 선수의 미국행이 결렬됨과 동시에 이 계약서의 효력은 발생하는 것이었고 그에 반할 때에는 자동 폐기되는 조건이었다. 결국 윤석민 선수의 미국행이 결정되면서 약속대로 그 계약서는 자동적으로 폐기되었다.

왜 미국 진출 이후 국내 복귀 시에도 본 계약이 유효하다는 조건을 넣지 않았냐고 누군가가 물어온다면 이렇게 대답할 것이다. '구단은 몇 년 뒤의 불확실성까지 담보할 수는 없다'라고 말이다. 선수가 언제 돌아올지도 알 수 없는 것이고, 성공적으로 미국 활동을 마치고 들어올 수도 있지만 부진이나 부상으로 어려움 속에 귀국할 가능성도 무시할 수 없는 것이다.

완전한 FA 신분이었던 윤석민 선수의 미국행이 결정되지 못했으면 모두가 깜짝 놀랄 수 있었던 이벤트를 당시 우리 구단은 손에 쥐고 있었다. 아쉽게도 윤석민 선수는 볼티모어에서 갖은 고생으로 선수 가치와 이미지만 훼손하고 국내로 유턴하게 됐는데, 이후 당 구단이 다시 접촉할 새도 없이 원래 소속팀으로 복귀하였다. KIA의 니즈가 더 절실했고 함께 했던 선수에 대한 믿음이 더 강했던 탓도 있었을 것이다.

김태균 선수

또 다른 슈퍼스타로 일본 지바 롯데에서 활약하던 중 갑자기 귀국 준비를 하던 김태균 선수와 접촉한 적이 있었다. 2009년 시즌 후 지바 롯데에 계약금 1억 엔과 연봉 1억 5천만 엔, 옵션 각 5천만 엔에 전격 입단한 김태균에게 지바 롯데의 3년 계약 총액은 당시 환율로 약 90억 원에 이르는 거액이었다.

일본 진출 확정 직전 김태균의 잔류를 위해 결사적으로 구애를 하였던 친정팀 한화는 최종적으로 73억 원이라는 거금을 제안하며 설득하였으나 선수의 해외 리그 도전 의지가 워낙 강했다. 당시 한화보다 더 좋은 조건을 내걸고 뛰어든 LG 구단도 허탈하긴 마찬가지였다.

여하튼 김태균 선수는 일본 진출 첫해인 2010년 시즌에서 지바 롯데의 일본시리즈 진출에 기여하였고 팀의 중심타자로서 준수한 활약을 하며 연착륙했다.

그러나 이듬해 시즌 도중 귀국을 결심하게 된 배경이 있었으니 바로 2011년 3월 11일 도호쿠 지방에서 발생한 9.1도 대지진이었다. 지진의 여파로 도쿄까지 7.5도 이상의 강진과 여진을 계속해서 맞닥뜨려야 했고 한 달 넘게 4월까지도 여진이 이어져 당시 도쿄의 고층 아파트에 거주하고 있었던 김태균 선수와 임신 중이었던 아내는 대지진의 공포와 충격을 받았다. 특히 집에서 홀로 지진을 직접 경험한 부인의 극심한 공포는 말로 표현할 수 없을 정도였으며 한국 귀국에 대한 마음이 드는 건 어쩌면 너무나도 당연한 것이었다.

지진에 따른 트라우마가 귀국으로 연결된 결정적인 계기는 후쿠시마 원전 폭발로 인한 방사능 공포였다. 원전 폭발은 또 다른 방사능 문제를 심각하게 고민해야 하는 지경에 이르렀는데 일본 내에서는 철저한 언론 통제로 쉬쉬하는 분위기였지만 일반 시민들은 심각한 상황이었다. 다름 아닌 식재료 방사능 우려는 먹고사는 문제와 직결되는 것이었고 더구나 임산부인 아내와 태아에 대한 걱정은 이루 말할 수 없는 불안 그 자체였다.

게다가 허리 부상과 손목 부상으로 다소 주춤하던 김태균 선수에게 일본 동료들의 보이지 않는 질시가 있었고, 힘든 시간을 보내는 동안 구단의 무관심이 더 크게 느껴졌다. 야구장 안팎에서 의사소통 부재에 따른 외로움과 스트레스도 있었다.

김태균 선수의 귀국 배경에 있었던 이러한 일들은 구체적으로 잘 알려진 바 없어서 한화 팬들과 국내 팬들은 자세히 모르는 내용일 것이다. 지바 롯데에 3년 계약을 한 선수가 두 번째 시즌에 중도 귀국 결정을 하게 된 데에는 지극한 가족 사랑이 있었다. 그는 야구선수이기에 앞서 가장이었다.

김태균 선수는 돈보다는 명분을 중요하게 생각하는 성향이어서 친정 복귀와 최고 대우를 제시한 타 구단 사이의 고민에서 오랜 시간을 허비하지 않았고 마땅히 한화 구단으로의 복귀를 선택했다.

당시에 내가 예상했던 영입 경쟁 구단은 한화를 비롯해 SK, LG, 삼성, 이렇게 4개 팀이었다. 롯데는 이대호 선수의 잔류에 전력을 다할 것으로 봤고, KIA는 이범호, 최희섭, 김상현 등의 존재로 영입 추진에 미온적일 것으로 판단했다. 가장 적극적인 팀은 당연히 한화 구단으로서 이범호의 국내 복귀 때 그를 영입하지 못한 것에 대해 아쉬움이 있었고 구단 수뇌부 교체 등의 변화에 따라 적극적인 대시가 예상되었다.

한편 다음으로 적극적인 팀은 LG로서 2년 전 일본 진출 직전 과감한 베팅에도 불구하고 결렬된 사실이 있어 더욱 강력히 대시했으나 결국 다시 고배를 마셨다. 당시 KBO의 모 감독은 구단에는 김태균 선수의 영입을 요청하면서도 언론과의 인터뷰에서는 김태균의 중도 귀국 판단에 대해서는 나약한 모습이라고 비판하는 이중적인 반응을 보이기도 했다.

결론적으로 내가 몸담았던 SK는 김태균 선수의 확고부동한 고향 팀 복귀 의사를 확인하고 정중히 물러났다. 무려 14년 전인데도 거물급 FA 영입에 소요되는 비용은 보상금액(18억 9천만 원)까지 포함해 거의 100억 원이라는 거액에 이르렀다. 한화는 선수의 원 소속구단이어서 보상 금액은 자동 배제되어 여유롭게 선수에게 매진할 수 있었다. 선수의 자존심을 지켜주는 당시 최고의 대우로 명분까지 확실히 세울 수 있었다.

타 구단 관계자였던 나의 입장에서는 당시의 상세한 금액은 정확히 알 수도 없고, 안다고 해도 밝힐 수도 없다. 다만 당시의 영입 과열을 감안해서 어느 정도 수준이었을지 예측할 수 있을 뿐이다.

FA 시장에서 100억 원이라는 금액을 투자하기 위해서는 거쳐야 할 프로세스가 많고도 많다. 그룹의 재가를 받기 위해 타당성, 합리성, 현실성, 필요성 모두 논리와 근거를 갖추고 설득해야 진행이 이루어진다. 파격적이지 않으면 슈퍼스타를 쟁취할 수 없는 프로야구 세상이다. 10여 년 전에 이미 그리하였으니 현 시점에는 얼마나 큰 변화가 있을까? 어떻게 보면 언제나 합리와 효율을 논하지만, 정작 합리와 효율이 통하지 않는 곳이 프로야구라고 볼 수도 있을 것이다.

이렇듯 모든 구단은 선수단의 전력을 상승시켜 우승을 거머쥐고자 거물급 FA 선수들의 영입추진에 많은 노력을 기울였고, 지금도 그러하다. 과거의 일들을 밝히면서 전하고자 하는 것은 그냥 피동적으로 앉아있기만 해서는 아무런 일도 일어나지 않기에, 프런트와 스카우트는 언제나 유기적으로 빠르고 세심하게 움직여야 한다는 것이다.

책에서 소개한 내용 속의 선수들은 당연히 지금은 현역 선수들이 아니다. 이미 은퇴한 지 많은 시간이 지났으나 책을 통해 자신의 이야기가 전해지는 것에 혹시 조금이라도 마음이 편하지 않은 부분이 있다면 양해를 구한다. 진정으로 해당 선수들과 같은 슈퍼스타들을 영입하여 구단의 전력 향상을 꾀하고자 했던 한 야구인의 마음이 담긴 옛이야기라고 생각해주면 좋겠다. 어떠한 악의나 저의도 없고, 프런트, 스카우트로서의 야구 인생을 이야기하며 나의 경험을 하나의 스토리로 공유하고픈 마음 그 이상 이하도 아니다.

Chapter 4.
스카우트로서 공유하는
외국인선수 영입

외국인선수 제도 도입 배경

    1996년 시즌은 국내 야구팬들에게 한바탕 회오리 바람이 일었던 해이다. 한국프로야구를 호령하던 국보급 투수 선동열 선수의 일본 진출로 팬들조차도 뜨거운 찬반 여론과 함께 기대감, 아쉬움으로 들썩였다.

    이미 한국 무대에서 모든 것을 다 이룬 선수가 더 이상의 국내 활동은 자신의 포부와 야망에 부합되지 않아 더 큰 무대인 일본프로야구로 진출하여 능력을 입증해보겠다는 도전이었다. 또한 한국프로야구의 위상을 높인다는 측면에서 이뤄진 전격적인 이적으로 빅뉴스, 대형 사건이었다. '국보'로 불렸던 슈퍼스타가 해외로 진출한 첫 사례였기에 한국프로야구 새 역사의 물꼬를 트는 변화의 시작점이었다.

    워낙 팀 전력이 탄탄한 당시의 해태였기에 선동열의 이적 공백에도 불구하고 구조적인 선수층은 여전히 견고하여 전체적인 전력에 큰 영향을 받지 않았고 상위권의 성적을 그대로 유지할 수 있었다.

다만 관중들과 야구팬들은 더 이상 국보 투수의 피칭을 볼 수 없다는 허전함이 가득했고 바다 건너 해외에서 전해오는 선동열 선수의 활약에 미소와 박수를 보낼 뿐이었다. 일본 진출 첫해 다소 부진했던 선동열 선수는 2년 차부터 명실상부한 특급 마무리로서 일본 내에서도 최정상급의 투수로 자리매김하였다.

첫해의 부진에는 심각한 견제와 심판들의 편파판정 같은 보이지 않는 부분도 원인이 되었을 거라는 생각이 들었다. 여하튼 해태는 선동열 선수가 빠져나간 가운데서도 1996년과 1997년 연거푸 우승컵을 거머쥐었다. 선동열의 공백을 메우며 불세출의 활약으로 팀을 우승 시킨 주인공이 있었으니 그가 바로 이종범 선수였다.

선동열 선수의 일본야구 평정으로 다시금 부각된 한국 국가대표 선수들의 역량과 잠재력은 잘 적응하기만 한다면 일본야구에서도 충분히 통할 수 있다는 인식이 커졌고 급기야 이후 이종범과 이상훈의 일본 진출을 찬성하는 팬들이 과거에 비해 크게 늘어나기도 했다.

이종범, 이상훈, 두 선수는 그렇게 팬들의 지지 속에서 당당히 일본 프로야구에 진출했고, 이후로도 이름만 대면 알 만한 한국을 대표하는 선수들이 점차 일본 무대에 도전하기 시작했다. 이때 스타 유출 등으로 영향을 받을 수 있는 국내 프로야구를 활성화하기 위한 방편으로 외국인선수 제도의 도입이 본격 논의되기 시작하였다.

명분은 이러했다. 프로야구 팬들에게 보다 수준 높은 야구를 경험하게 하고 이들을 통한 선진야구가 한국야구 발전에도 기여될 수 있다는 것이었다. 또한 국내 대표급 선수들의 일본 진출로 시들해진 프로야구 붐을 다시 일으켜 세울 수 있는 흥미 요소를 더하고자 했다. 에이스급 선수들이 빠져나간 이후 낮아진 경기력과 스타플레이어 부재 현상을 동시에 해결하고자 했던 이유가 컸다.

이즈음 야구계가 더욱 심각하게 받아들인 것은 프로야구 근간을 위협할 사안들이 아마 야구에도 동시에 벌어지고 있다는 점이었다. 당시 수준급 기량을 가진 아마 야구의 젊은 피들이 속속 미국으로 진출했다. 당시나 지금이나 여전히 선수 유출은 자유 시장의 논리 앞에서 속수무책으로 당할 수밖에 없었다. 이대로는 한국 프로야구가 공멸할 것이란 위기감을 느끼는 계기는 계속 이어졌다.

1997년도에 무려 국가대표급 투수 3명이 동시에 미국야구에 도전했다. 봉중근, 서재응, 김선우라는 걸출한 재목이었다. 정확하게 표현하자면 국내 구단들이 이들을 스카우트하는 데 실패했다고 하는 것이 맞을 것이다. KBO 구단의 여력으로는 MLB 구단들의 금전 공세를 당해낼 재간이 없었고 선수의 열망과 포부도 이미 태평양을 넘어 가고 있었다.

당시만 하더라도 프로야구의 선수 수급은 오직 아마 야구 하나밖에 없던 시절이었다. 새로운 젊은 피들이 줄기차게 유입되어야 건강하고 지속가능한 프로야구를 유지, 발전시킬 수 있는데, 어렵게 자리잡아가는 프로야구의 인기가 차갑게 식을 수 있는 잠재 위기가 서서히 수면 위로 부상하던 시기였다.

유망한 체육 자원들이 타 종목으로 유출되어 굵직한 야구 자원들이 예전 같지 않은 조짐들이 나타났고, 얼마 되지 않은 우수 자원들은 앞다투어 미국 진출을 추진함에 따라 진퇴양난이 계속되었다. 무엇인가 특단의 조치들이 필요한 시기가 되었다. 그래서 선수 수급의 다양성을 확보하는 차원에서도 외국인선수 제도 도입은 반드시 필요했던 시대적 공감대와 명분이 존재했다.

모든 구단들에게 동일한 숙제를 해결할 방안으로 거론되었던 터라 어렵지 않게 공감대가 형성될 수 있었다. 무엇보다도 제도 도입을 흔쾌히 환영하게 된 이유에는 각 구단마다 좋은 선수를 영입하면 팀 전력을 급상승시킬 수 있을 것이라는 희망적 계산이 있었다. 특정 구단만을 위한 것이 아니라 공정하게 모든 팀이 전력 상승을 꾀하며 리그 공동의 이익을 추구할 수 있다는 점에서도 긍정적인 시선이 많았다.

그래서 비로소 아마 야구에만 국한되어 있던 선수 수급처가 미국과 일본, 멕시코와 중남미, 대만 등으로 늘어나 리그의 다양성을 확보하는 계기가 되었다. 상기에 열거한 여러 가지 사유들로 인하여 KBO에서 드디어 외국인선수 제도가 깃발을 올리게 되었고. 1998년 시즌이 역사적인 외국인선수 제도 도입 첫해가 되었다.

최초 외국인선수 선발과
이후 과정

요즘 시대는 자유 선발로 각 구단들이 개별적인 역량과 경험을 앞세워 규정 내에서 별다른 제한 없이 자율적으로 외국인선수 영입을 추진한다. 그러나 과거 제도 도입 초기만 하더라도 어떤 노하우나 특별한 방법이 알려진 것이 없었고 마땅한 스카우트 루트도 없었던 시기여서 KBO 차원의 전체 구단이 공동으로 함께 참여하는 선수 모집에 의지할 수밖에 없는 상황이었다.

그래서 고안한 방법이 미국의 CSMG라는 에이전시 회사와 위탁계약을 체결하고 해당 에이전시가 선수 모집을 대행 공고하여 일부 운영하는 방식이었다. KBO리그에 대한 기본 소개 등과 트라이아웃에 대한 세부적인 홍보를 에이전시가 맡아 전반적인 선수 모집을 진행하였고, 소집된 선수들을 포지션별로 분류하여 두 그룹으로 나누어 실전 경기도 하고 단체 연습을 하면서 자체 트라이아웃을 하는 구조였다.

구단들은 그 트라이아웃을 관전하면서 팀당 2명을 선발할 수 있었고, 선발 우선순위는 역시나 전년도 성적의 역순위로 적용해 전력 평준화를 꾀하는 모양새를 갖추었다. 처음 닻을 올린 외국인선수 제도는 앞서 언급한 대로 팀당 보유인원이 2명으로 제한되었고, 팀 사정에 따라 포지션을 정했다. 당시 대부분의 팀이 투수 위주로 인원수를 충족했다.

여기 이 대목에서 그 트라이아웃 제도의 맹점과 한계가 드러날 수밖에 없었던 것이 모집된 선수들의 레벨이었다. 객관적이고 구체적인 수준을 알 수 없는 선수들이 다수 모여 트라이아웃을 하고 그 선수들의 경기력을 제한된 상황 속에서 살펴본 후 선택할 수밖에 없는 환경이었다. 그런 상황이 얼마나 모순되고 비합리적인지 그때는 사실 다들 잘 알지 못했다.

독자들도 상상해보면 알 수 있을 것이다. 체계적이지 못하고 우왕좌왕했을 최초의 외국인선수 선발 장면들을 말이다. 무엇이든지 처음은 많은 시행착오를 낳는 법이다. 당시 에이전시 회사가 준비하여 제공한 선수에 대한 기본 정보 이외에는 어떠한 정보도 없는 완전한 블라인드 상태에서 선수를 선발해야 했으니 그 고충이 상당했다.

모집된 선수들끼리 펼치는 단기 리그전 경기를 관찰하면서 나름 최선을 다했고, 주어진 환경속에서 좋은 선수를 선발하겠다고 열심히 체크에 체크를 거듭한 모든 KBO 구단 관계자들의 수고도 분명히 있었다. 영원한 동경의 대상이었던 미국프로야구 출신 선수들을 뽑을 수 있다는 희망에 부풀기만 했던 기대는 초기의 다양한 시행착오 속에서 오답을 소거해가며 점차 발전해갔다.

당시 시행되었던 에이전시 회사를 통한 선수 선발 방식은 구단들의 불평과 불만이 터져 나오며 도마에 올랐다. 마침내 말 많던 해당 트라이아웃 제도는 2년간 시행되다 실효성도 떨어지고 구단의 니즈와 제도 도입 당시의 배경과 취지에도 맞지 않는다는 구단들의 문제 제기와 언론, 여론 반응 등에 의해 중단되었다. 이후 2000년부터 각 구단이 자유경쟁 스카우트하는 것으로 전환되며 이후 본격적인 명실상부 스카우트 전쟁이 시작되었다.

그럼에도 불구하고 구단마다 외국인선수 스카우트 작업을 대하는 차이가 있었으니, 그저 해외 에이전트가 추천하고 보내오는 비디오 영상을 보고 판단하여 선수를 선택하는 촌극 아닌 촌극도 꽤 빈번하게 있었다. 당연히 에이전트가 보내오는 비디오는 최고의 플레이만을 편집하여 만든 하이라이트 필름에 가까운 영상이기에 실제 기량과는 차이가 많이 났고 이후 이러한 일들이 반복되면서 점차 에이전트 추천 선수는 정말 시급한 상황이 아닌 경우, 다들 자제하는 분위기로 돌아섰다. 많은 실패와 시행착오 끝에 반성하고 자성한 결과였다.

입장을 바꿔 에이전트의 관점에서 한번 선수를 살펴보자. 에이전트가 보유한 선수들은 대형 에이전시 회사일수록 메이저리그 구단과 동등한 입장에서 몸값을 흥정하는 대형 로펌을 끼고 있다. 시장 자체로만 보더라도 선수 연봉이 겨우 10만 달러나 20만 달러 정도도 안 되는 한국프로야구 시장을 제대로 된 시장으로 볼 리가 만무하지 않는가? 쉽게 말해 그들에게 한국 무대는 MLB 시장에 비해 돈이 되지 않는, 미미한 시장이었던 셈이다.

그러니 우선 최고의 선수들은 비싼 값에 최고의 시장인 메이저리그에 먼저 팔고 이제 메이저 무대에서는 유통기한이 지났거나 레벨과 가치가 떨어진 선수들을 한국시장에 내다 파는 것이다. 그럴듯하게 영상을 편집해서 적당한 금액으로 말이다.

에이전트 입장에선 자신의 고객인 클라이언트에게 잡(Job)이 만들어지면 당연히 에이전트로서 주어진 일을 잘 해낸 셈이라고 할 수 있다. 또한 실용 가치가 떨어진 선수일지라도 한국시장 취업을 통해서 계약금과 연봉을 챙길 수 있고, 에이전트 자신에게도 일정 수익이 떨어지니 누이 좋고 매부 좋은 격으로 이보다 더 좋을 수가 없지 않는가?

반대로 메이저리그에서 가능성을 타진해볼 만한 전도유망한 좋은 선수를 한국에 보내려 하는 얼빠진 에이전트가 어디 있을까 하는 합리적인 수긍도 갈 것이다. 그래서 정말 급박한 상황이나 갑작스러운 변수로 인해 미국에 스카우트를 파견하여 선수를 관찰하기도 어렵고, 선별하여 협상할 시간적인 여유가 없을 때 마지못해 에이전트가 당장 빠르게 보내줄 수 있는 선수를 섭외하곤 했던 게 당시의 외국인선수 스카우트 시장의 현실이었다.

그 당시 각 구단들은 나름대로의 인맥들을 동원하여 구단별로 MLB 구단과 자매결연을 맺으면서 그들의 추천으로 선수를 영입하는 방법과 에이전트 추천 선수 영입 그리고 자체 출장 관찰을 통한 영입 등을 때에 따라 번갈아 가며 복합적으로 시도했다.

물론 자매결연 구단이 추천해준 선수들도 흡족한 수준은 아니었다. 희망을 걸고 기대했던 우리 구단들이 어리석었을 정도로 기량이 부족하거나 하나같이 노쇠화가 완연한 에이징 커브 선수들이 대부분이었다. 지금 생각해봐도 왜 그런 무모한 기대를 걸었을까 싶다. 나이 든 선수 말고, 젊은 유망 선수들을 한국 국내 구단에 임대 형식으로라도 보

KBO리그 외국인선수 제도 도입 초기 고용규정 변화

구분		1998~1999년	2000년	2001년
자격기준		트라이아웃 참가 선수	메이저리그 전전년도 9월 1일 ~ 시즌종료 전년도 9월 1일자 확대 엔트리 제외 선수	전년도 당해 연도 메이저리그 미등록 선수
		팀당 보유 2명 경기출전 2명	팀당 보유 2명 경기출전 2명 (* 신생팀 SK 3명 보유 혜택)	팀당 보유 3명 경기출전 2명

내 달라는 요청을 수없이 했지만 매번 퇴짜를 받기 일쑤였다.

MLB의 우수 유망선수들을 야구 후진국으로 여기는 한국 구단에 임대로 보낸다는 생각을 미국 현지에서 과연 그 누가 할 수 있었을까 지금에 와서 돌이켜보면 어느 정도는 당연하게 느껴지기도 한다. 그들 입장에서는 그런 제안, 요청 자체가 참으로 이해되지 않는 넌센스였을 것이다.

구단마다 세월을 두고 시행착오를 겪으면서 점차적으로 자체 출장을 통한 관찰이 제일 효율적이고 정확하다는 판단이 서기 시작했고, 이후로는 모두 분주하게 선수 정보 확보와 직접 관찰에 집중하며 오늘날에 이르렀다.

무엇이든지 그냥 얻어지는 것은 없었다. 끝없이 고민하고 열정으로 도전했을 때 비로소 새로운 길이 보이기 시작했고, 안정적인 외국인선

2002년	2003년	2004년
메이저리그 전전년도 9월 1일 ~ 시즌종료 전년도 9월 1일자 확대 엔트리 제외 선수	메이저리그 9월 1일자 확대 엔트리 제외 선수	메이저리그 등록 제한 해제
팀당 보유 3명 경기출전 2명	팀당 보유 2명 경기출전 2명	팀당 보유 2명 경기출전 2명

수 전력을 꾸릴 수 있었다. 외국인선수들도 도입 초기에 왔던 선수들보다 점차 더 나은 기량을 가진, 젊은 선수들이 선을 보이기 시작했고, 구단들의 보이지 않는 경쟁 속에서 양질의 선수 선발은 더욱 치열해졌다.

외국인선수 규정은 초창기 1998년과 1999년에는 팀당 2명 보유에, 2명 경기 출전으로 정하여 리그를 운영했는데, 이후 2000년부터 변화가 생기기 시작했다. 쌍방울 레이더스를 인수하여 재창단한 신생 구단 SK 와이번스에 혜택을 주며 당시 SK만 3명 보유가 허락되었다.

경기 출장은 그대로 2명으로 제한하였으니 SK는 당시 야수 2명에 투수 1명으로 외국인선수 쿼터를 운영하여 경기 출장 2명의 규정을 최대한으로 활용하였다. 반면 타 구단들은 투수 1명에 야수 1명이었을 경우 2명이 동시에 뛸 수 있는 기회가 며칠에 한 번씩만 돌아오는 결과가 되어 볼멘소리를 내기 시작하였고 단장회의나 이사회때마다 단골 논의 메뉴로 외국인 선수 보유 인원수 증대를 외쳤다.

SK에게만 국한되었던 3명 보유 혜택은 2001년도에 들어가면서 전체 구단으로 전면 확대되어 시행되었다. 전 구단 3명 보유 2명 경기 출장은 다시 2003년 들어가면서 원상태였던 팀당 2명 보유 원점으로 회귀하였다. 당시 초창기때 외국인선수 고용규정에 자격 기준이 되는 요건들이 있었는데 지금 생각해도 굳이 왜 그렇게 못을 박았나 싶을 정도의 합리적이지 않은 규정들이 있었다.

처음 트라이아웃을 통한 선발일 때는 메이저리그 엔트리 경력을 문제 삼지 않았지만 자유선발로 돌아선 시점부터 외국인선수 자격 기준이 생겼다. 메이저리그 전전년도 시즌 9월 1일 ~ 시즌 종료 기준과 전년도 시즌 9월 1일자 확대 엔트리에서 제외된 선수만 국내 구단과 계약할 수 있다는 조항이었다.

자금력이 뛰어난 몇몇 구단이 물량 공세를 퍼부어 메이저급 선수를 데려오면 팀간 전력 균형이 크게 붕괴될 수 있다는 기우 아닌 기우가 만들어낸 조항이었다. 이 조항은 2000년도에 시행되었다가 다시 2001년이 시작되면서 전년도와 당해 연도 시즌 메이저리그 미등록 선수로 변경되었다.

이때 KBO는 거의 해마다 한 번씩, 너무나도 빈번하게 제도를 수정하고 변경하기를 반복했다. 왜 그렇게 빈번하게 규정이 자주 많이 바뀌었을까? 외국인선수 제도의 연착륙과 안착을 위한 불가피한 고통이었을까? 아니면 입김 센 부자 구단들의 담합이었을까? 여유롭지 못한 약소 구단들의 읍소였을까? 하여튼 참으로 많이 무던하게도 계속해서 바꾼 제도였으며 오늘날까지도 계속 변화는 조금씩 이어지고 있다.

첫 외국인선수 스카우트 출장의 기억

2000년도 7월로 기억한다. 인생 처음으로 혼자 미국 출장길에 나섰다. 당시만 해도 30대 후반이었으니 그래도 열정과 의욕이 충만했을 때였고, 다르게 표현한다면 혈기 왕성하게 좌충우돌할 때였다. 미국 출장에 설레는 마음도 없지 않았지만 그보다는 부담감이 백배로 어깨를 짓눌렀는데도 담담히 받아들이면서 새로운 일을 시작했다.

마치 처음 접신을 한 사람의 신기가 대단하듯이 구단에선 새롭게 갓 현장에서 올라온 사람의 관찰력과 실행력을 믿었던 것은 아닌지 생각해본다. 구단의 1년 농사에 절대적인 비중으로 활용될 외국인선수 선발 출장을 맡아서 바다 건너 먼 길 출장을 떠난다는 것에 대한 불안감이 없었겠냐만 나는 그럼에도 비교적 여유를 갖고 출발했다.

그 한 번의 출장이 먼 훗날 직장생활을 마무리하는 이 나이 마지막 시점까지 함께 하게 될 줄은 몰랐다. 그 일들이 내 커리어와 인생에서 가장 중요한 부분이 될 거라고는 그때는 짐작조차 못했다. 일이 사람 따라 간다는 말이 있다. 직장생활을 오래한 사람들은 충분히 이해할 수 있는 이야기이다. 본인의 현재 업무와 무관하더라도 과거 어떤 직무를 경험한 적이 있는 사람들은 그 일이 항상 지속적으로 사람을 따라다닌다. 보직이 바뀌고 조직 개편이 되더라도 그 업무 하면 바로 누가 떠오르고 결국 그런 사람이 해당 일을 맡게 된다는 이야기이다.

나는 그렇게 외국인 선수 업무에 발을 담기 시작했다, 그때가 밀레니엄 시대가 열린 2000년이었으니 새삼 세월이 많이 흘렀음을 인정해야 할 것 같다. 프로야구 선수 생활 중에 짬짬이 영어 공부를 해왔던 터라 영어에 대한 거부감이 크게 없는 편이었기에 혼자서 미국으로 이동하여 목적지까지 찾아가기 위해 집중해서 찾아갔다.

오늘날이야 미국 국내 공항 어디든지 한글로 된 안내판이 있고 네이버나 구글만 검색해도 언제 어디서든 조금만 노력하면 바로 알 수 있는 세상이지만 그때는 정말 모든 게 쉽지 않은 초행길이었다. 당시만 해도 미국이란 곳에서 한국 사람 자체를 만나는 게 어려운 시기였고, 길 가다가 동양인이 궁금하여 말을 걸어오는 사람들 대부분이 일본 사람, 중국 사람이냐고 묻지 한국인이냐고 묻는 사람은 거의 없었다.

내가 찾아간 첫 목적지는 캔터키주에 있는 루이빌이었다. 이곳까지 가기 위해선 먼저 허브공항인 시카고든 애틀랜타든 미국내 국제공항에서 출입국 심사를 통과한 후 국내선으로 환승하여 이동해야 한다.

영어를 주입식 암기로 공부해온 대한민국 구세대의 영어 교육으로는 실제 영어권 국가 사람들의 본토 발음을 다 헤아리며 알아듣고 말하기는 어렵다. 영어 공부만 줄기차게 한 학생들조차도 어려운 일이고 토익이나 토플 시험에서 고득점을 받는 사람들도 직접 현지의 리얼 영어에 부딪히면 당황스러운 것이 사실이다.

구단에선 첫 해외 출장이다 보니 현지 거주민 통역을 한 명 붙여 주었다. 한국에서 고등학교 재학 중에 미국으로 이주한 현지인이었는데 어린 딸이 하나 있었고 아내도 루이빌 인근에서 가게를 운영하는 사람이었다.

그 출장은 바로 선수를 뽑아오는 게 아니었고 미국 각 지역에 분포되어 있는 마이너리그 경기를 관찰한 후 판단하여 양호한 선수들을 선별하는 좁히는 출장이었기에 시즌 중간에 바로 선수를 교체하기 위해 긴급히 떠나는 출장보다는 나름 여유 있는 출장이기도 했다.

첫 출장에서 리스트업한 선수들이 이후 가을 선발 때도 계약으로 이어질 수 있었다. 당시 외국인선수 계약은 나의 의견이 100% 반영된 의사결정이었다. 그들이 바로 첫해 쏠쏠한 성적을 기록한 페르난도 에르난데스와 호세 에레라였다.

에르난데스는 첫해인 2001년에 14승 13패를 기록하며 탈삼진 1위도 차지했다. 야수로 영입한 에레라도 첫 시즌을 3할 4푼과 63타점을 기록하며 창단 2년 차 팀의 호성적에 일조했다. 운이 좋았다고나 할까? 첫 출장에서 건진 선수치고는 나름 양호한 성적을 거둔 탓에 외국인선수 스카우트 업무를 본격적으로 맡게 되는 계기가 되었다.

당시 외국인선수 파트는 운영팀에서 모든 것을 다 해결할 때였는데 직장 동료이자 벗이었던 김찬무 운영과장(훗날 사업본부장 역임) 그리고 외국인 통역 담당 직원과 국제업무를 맡았던 김현수 씨가 옆에서 많은 도움을 주었다.

김찬무 과장은 외국인선수의 방향성과 계약 등의 업무를 주관했고 김현수 씨는 계약을 위해 에이전트들과 줄기차게 협상을 벌이며 꼭 잡아야 될 선수들을 놓치지 않고 잘도 물어왔다. 그렇게 초창기 외국인선수 업무의 연착륙은 이들의 도움으로 안착했다. 좋은 팀이었다.

감사한 사람을 만나는 게 인생에서 중요한 부분이고 수없이 스쳐지나는 사람들이 나에게 고마운 사람으로 머물게 하는 것은 나의 행동거지에 달렸다고 본다. 쉽게 얘기하자면 내가 먼저 잘해야 한다는 얘기다. 늘 책임을 회피하거나 부정적인 얘기를 하고 수동적, 피동적으로 행동하는 사람들은 곁에 좋은 사람들이 머물 수 없다. 그저 잠시 스쳐 지나갈 뿐이다.

위험을 무릅쓴 멕시코 방문

뻔하고 진부한 옛날 무용담 같은 이야기일지 모르겠지만 멕시코 출장 방문기는 잊을 수 없는 스릴 넘치는 사건이었다. 당시 2004년도에 멕시칸 리그에서 뛰어난 성적을 올리고 있는 투수가 있었다. 멕시코의 야구 열기는 축구 못지않게 대중의 인기가 대단했고, 북부와 남부 리그가 활성화되어 매 경기마다 관중석이 거의 꽉 들어찼다.

그런데 이상한 것은 야구장 안과 밖에 M16 소총을 든 군인들이 경비를 담당하고 있는 점이었다. 결코 안전하고 쾌적한 분위기는 아니었다. 살벌한 분위기의 야구장에서 열광적인 음악 소리와 사람들의 괴성이 난무했다. 경기장 곳곳이 모두 광고 간판으로 도배되어 있어 한미일 야구장의 정갈한 펜스 광고 모습과는 사뭇 다른 분위기를 자아냈다.

당시 내가 관찰하고자 했던 선수는 우완투수 캄포스로, 캄페체라는 구단의 에이스였다. 그 선수를 보려고 멕시코로 출발할 즈음 어떤 브로 커 같은 에이전트에게서 연락이 왔다. '이 선수를 건드리지 마라. 멕시코로 입국하지 마라. 내 허락 없이 이 선수와 접촉하면 쥐도 새도 모르게 당신을 죽일 것이다'라는 경고였다. 아니 살해 협박 그 자체였다. 난감하기도 하고 어처구니없기도 하고 도대체 무슨 영문인지 모를 엄포 놓는 소리만 계속 반복했다.

야구선수의 기량을 확인하러 가는 것뿐인데 목숨이 위태로울 수 있다니?! 생각할수록 어이가 없고 기가 찼다. 고민은 오래 가지 않았다. 나는 당시 바로 멕시코행 비행기를 타고 유카탄을 거쳐 캄페체 경기가 열리는 곳으로 향했다. 하지만 뭔가 찝찝한 마음은 계속 남아 있었다. 혹시 모를 일에 대비하기 위해서 일단 멕시코 주재 영사관에 연락을 해놓고 야구장으로 갔다.

나는 어떤 사람이고 어떤 일을 하러 멕시코에 왔는데 살해 위협을 받고 있다는 사실을 밝히고 만약 오늘밤에 호텔로 귀가하지 못하고 행방이 묘연하면 바로 조치를 취해 달라는 부탁이었다. 목숨을 내놓고 회사일을 해야 한다는 게 이해가 가지 않을뿐더러 설마 정말 사람을 죽이기야 하겠나 싶은 오기도 생겼다. 그때 미국 현지에 살면서 함께 도움을 주었던 양현관 씨는 지금까지도 인연을 이어오고 있는 좋은 선배이자 형이다. 당시 많은 도움을 받게 되어 감사한 마음뿐이다.

경기 시간에 맞추어 야구장으로 출발했다. 듣던 대로 경기장은 인산인해를 이뤄 폭발적인 인기를 실감할 수 있었다. 그런데 자꾸 관중들이 모두 나만 쳐다보는 것처럼 느껴졌다. 홀로 멕시코 야구장을 찾은 이방인의 모습에 이목이 집중되는 듯했다.

캄페체 구단은 당시 리그에서 좋은 성적을 기록하고 있었고, 캄포스

투수는 각종 개인 기록에서 선두권을 달리는 에이스급 자원이었다. 다만 그곳 멕시칸 리그는 타자 친화적인 리그여서 투수들의 무덤으로 부를 만했고, 실제로 기량이 떨어지는 투수들이 즐비한, 수준이 아주 높다고 볼 수는 없는 리그였다.

그런 곳에서 독보적인 성적을 올리는 투수에 대한 메리트는 상대적으로 약할 수밖에 없었다. 선수에 대한 매력은 생각보다는 약했고 미국 마이너리그 선수들에 비해 별반 큰 메리트가 있지는 않았다.

해프닝으로 끝날 수도 있는 일이지만 나는 당시 야구장에서 시종일관 온 신경을 곤두세우고 주변을 경계할 수밖에 없었다. 많은 사람들이 나를 쳐다보며 수근거리는 것도 부담스러웠고 멕시코 사람들이 유난히도 싸늘한 시선으로 나를 대하는 것도 왠지 거북하게 느껴졌다.

캄포스 선수는 계획했던 자신의 이닝을 모두 소화한 후 중간투수로 교체되었다. 위험한 분위기에서 언제 닥칠지 모를 불안한 상황으로 경기장에 남아 야구를 계속 관전할 이유가 없었다. 경기가 끝나기 전 서둘러 야구장을 빠져나와 호텔에 안착할 때까지도 긴장의 끈을 놓지 않았다.

별 일 없이 무사하다는 전갈을 영사관에 보내고 빠르게 미국으로 다시 돌아왔다. 당시 공갈협박을 늘어놓은 브로커는 왜 자신에게 허락도 받지 않고 멕시코 선수를 보러 온 것이냐고 말도 안 되는 억지를 쏟아냈다. 난 당시 멕시코 야구 경기가 무슨 불법 도박이나 조직적인 카르텔과 연루되어 움직이는 것인가 하는 생각도 해봤지만, 어찌 됐든 큰 문제 없이 멕시코 출장을 계획대로 마칠 수 있었다.

멕시코는 지금도 마약 등 범죄 카르텔이 위험하고, 치안이 불안하기로 유명한 곳이다. 20년 전 당시에도 지금과 크게 차이는 없었을 것이고, 더 좋지 않은 상황이었을지도 모른다. 거리에서 피부로 느끼는 멕시코의 발전 수준은 한국의 1970년대 분위기와 비슷한 듯했다. 길거리의 전봇대에 살벌하게도 '시체를 아무 곳에나 함부로 버리지 마세요'라는 문구가 쓰여 있다는 말을 듣고 아연실색했던 기억이 있다.

차량으로 이동할 때 고속도로 정비가 잘 되지 않아 불편했고, 주로 국도를 이용해 다녔는데 군데 군데 패인 도로가 보수되지 않았다. 어느 정도 지나가니 국도 중간에 검문소 같은 곳이 있었는데 M16 총기를 든 무장 군인들이 이유도 없이 검문검색을 하기도 했다. 영화에서나 보던 일들을 직접 겪으면서 당시 멕시코라는 나라에 대해 점차 알아갈 수 있었다.

역사 책으로만 알았던 마야 문명도 그때 처음 접해보았다. 멕시코의 도로들은 우리처럼 아스팔트나 시멘트로 만들어진 도로가 아니었다. 시내 도로들도 돌로 만든 길이었고 마치 유럽의 관광지에서나 볼 법한 그런 돌로 만든 도로를 걸어 다녔다. 밤늦은 시간에 음료수라도 하나 사려면 칠흑 같은 어둠 속에서 몇백 미터를 가야 겨우 작은 가게를 볼 수 있는 곳이었다.

가로등은 거의 없었고 차도 드문드문 다니는 어두운 밤 작은 도로를 따라 길을 걸어 간다고 생각해보자, 수많은 대중이 모이는 야구장조차도 무장 군인들이 경비를 서는 그런 곳인데 작은 소도시의 밤거리를 혼자 걷는 이방인이 있다면 어떤 위험이 도사리고 있을까? 더구나 20년 전 멕시코의 작은 마을에서 말이다. 그런 경험들을 시간이 많이 흐른 지금도 무용담이라도 되듯이 친구들을 만나는 자리에서 들려준다. 추억은 지나온 힘든 세월만큼이나 소중하게 내 안에 남아 있다.

　잠깐 멕시칸 리그에 대해 간단히 소개하자면 대기업이 운영하는 KBO 구단들과 달리 독립적으로 스폰서에 의존하여 야구단 운영을 하는 특색이 있다. 그러다 보니 야구장은 경기장 내부 외부 어느 곳 하나 빈틈없이 휘황찬란한 광고물이 가득 자리를 메우고 있다. 선수들의 유니폼도 자리가 비는 곳은 모두 다 크고 작은 광고 협찬으로 메꾸어져 있다.

　스폰서의 광고 협찬을 받아 각종 비용과 선수단 연봉을 해결하고 야구팬들에게 즐거움을 주는 구조이다. 서로 공생하는 전형적인 자본주의의 모습을 보이는 곳이라고 할 수 있다. 미국의 독립리그나 일본의 독립리그도 이와 유사한 형태의 구단 운영이고 리그 운영이다. 모두 지역사회의 기업들로부터 광고 스폰서십을 받는다.

　자생력을 제고하기 위한 노력으로 멕시칸 리그도 오래전부터 외국인선수들을 개방하여 운영해왔다. 미국 내에서 구단을 찾지 못한 선수들이 멕시칸 리그에서 선수 생활을 유지하며 다음 기회를 노리는 장이 되기도 한다.

　연봉 수준도 마이너리그 레벨과 유사하고 그래도 제법 경쟁력 있는 선수들은 10만 달러 선에서 좋은 대접을 받는다. 더러 멕시칸 리그에서 우수한 성적을 기록한 선수가 미국 마이너리그 계약을 맺고 다시 미국으로 진출하기도 한다. 독립리그의 전철을 밟는다고 보면 정확할 것 같다.

　리그에 참여하는 팀도 KBO 리그보다 훨씬 많다. 2024년 기준 20개 구단이 경쟁하고 있다. 이런 수치만으로도 멕시코의 야구 열기가 얼마나 대단한지 느낄 수 있다. 사람들은 흔히 멕시코 하면 축구를 떠올리지만, 야구의 인기도 경기력도 지금은 굉장히 높은 편이다. 가본 사람만이 알 수 있는 특별한 무언가가 있다.

MLB 사무국으로부터 날아온
템퍼링 경고장

　나는 당시 아마 선수들의 지명이 끝나고 입단 계약까지 완료되면 서둘러 미국 출장길에 올랐다. 외국인선수 선발을 위한 관찰 출장이었다. 1년 업무 스케줄이 타이트하게 잡혀 있어서 마치 1년이 전반기 6개월밖에 없는 듯 정신없이 업무를 추진하던 시절이었다. 몰입하여 집중적으로 업무를 진행하다 보면 어느새 시즌이 끝나 겨울이 되곤 했는데 혈기 왕성했던 청춘이 그리 쉽게 빨리 지나갈 줄 모르고 그저 외국인선수들을 관찰하고 접촉하는 데에만 모든 시간을 썼다.
　마음에 드는 선수가 있으면 경기가 끝난 늦은 시간 어김없이 그 선수를 기다렸다가 만나야 했고 또한 그런 일을 주저하지 않았다. 선수를 만나기 위해 기다리는 곳은 대략 몇 군데 정해져 있었다. 선수들만 출입하는 락커룸 쪽 출입구로 들어가는 작은 게이트가 있는 곳이 있고 여의치 않을 때엔 선수들이 쓰는 주차장을 주로 기다리는 장소로 택했다.

선수들은 유니폼을 입고 모자를 쓰고 플레이할 때와 평상복으로 갈아 입었을 때에 구분하는 게 쉽지 않다. 더욱이 어두운 주차장에서 찾고자 하는 선수를 식별하기란 더욱 어렵다. 이때 눈썰미를 최대한 동원하여 다른 선수에게 실수를 하면 안 된다. 게임 때 하던 버릇이나 특유의 움직임, 체형, 그리고 걷는 걸음걸이 등 특색 있는 것을 유심히 봐둬야 금방 알아차리고 선수를 불러 세울 수 있다.

여차해서 놓쳐버리면 선수는 금세 자기 차를 몰고 빠르게 경기장 밖으로 사라져버리기에 곤혹스러운 상황이 된다. 마지막 이동일 날에 마음에 드는 선수가 등장하여 반드시 컨택해야 하는 경우에는 더 적극적인 방법을 써서 어떻게라도 선수 혹은 에이전트 연락처를 확보해야만 했다.

또 다른 방법을 쓰자면 바로 가족이다. 야구장에는 선수들의 가족석과 스카우트 좌석이 함께 붙어 있지는 않지만, 조금만 눈여겨본다면 그 주변 좌석들이 삼삼오오 자녀나 부모 등 가족들로 채워진다는 것을 알 수 있다.

특히 해당 선수가 선발투수인 경우에는 상황에 따라 누가 가족인지 금세 눈치챌 수 있다. 이때 와이프와 자녀를 유심히 더 눈여겨봐야 한다. 혹시 그 선수가 이닝을 거듭할수록 더 나은 퍼포먼스를 보여 매력적인 선수로 탈바꿈하는 경우도 있으니 가족의 위치도 기억 속에 넣어두고 경기 후 선수에게 접촉할 때 가족들이 기다리는 주변으로 가서 선수를 기다리면 된다.

정말로 욕심나는 선수일 경우 와이프와 자녀들에게 간단한 스몰 토크를 건네 안면을 읽히고 덕담을 해주는 것도 방법이었다. 한국에서 온 스카우트인데 오늘 피칭은 정말 대단했다고 칭찬하면 누구나 다 좋아했다.

언젠가는 선수 그리고 선수 가족과 함께 점심식사를 한 적이 있었다. 너무 맘에 드는 선수라서 꼭 한번 제대로 대시를 하고 싶었는데, 때마침 선수와 가족들과 함께 식사를 할 수 있는 기회를 만들 수 있었다. 어린 딸아이가 있다는 사전 정보를 입수하고 아기에게 선물로 줄 인형을 하나 골랐다. 간단한 식사를 하면서 KBO 리그와 한국 생활 그리고 자녀교육 등 한국에서의 전반적인 생활과 안전성, 편리성에 대해 설명해주었다.

당시 마이너리그 연봉으로 먹고 살기 어렵다는 선수 와이프에게 지금 당장 한국에 가도 30만 달러는 보장받을 수 있고 여러 가지 다양한 옵션도 있다고 했을 때 눈물을 흘리며 한국에 꼭 가고 싶다고 말하던 모습이 아직도 눈에 선하다. 그만큼 마이너 생활이 힘들다는 것을, 더구나 가정이 있는 선수들은 생활고에 시달릴 수 있음을 방증하는 장면이었다.

이 선수의 이름은 태너 로어크로, 몇 년 지나지 않아 메이저리그 워싱턴 내셔널즈의 에이스가 되었고, 한때 한 시즌에 15~16승을 거두는 등 수백만 달러가 넘는 연봉을 받는 미국 국가대표 선수가 되었다.

그때 딸아이 꼬마에게 준 미키 마우스 인형이 아직도 생각이 난다. 비록 해당 구단의 완강한 반대에 부딪혀 영입 추진은 무산되었지만 나의 선택과 판단에 값어치가 있었다고 생각했다. 그 선수를 되돌아보면 인생은 참 아이러니하기도 하다. 앞일은 아무도 모르지 않나? 어떤 선수가 영입 대상 선수가 되어 협상을 벌일 때 선수 아내와의 스몰 토크가 좋은 영향을 미쳐 극적으로 협상이 성사될지 아무도 모르는 일이다. 그래서 언제나 선수에게든, 선수 가족에게든, 주변인 누구에게든 최선을 다해야 한다.

지금 생각해보면 무식하면 용감하다고 선수를 만나기 위한 고단한 여정은 훗날 조금씩 나아졌다. 해가 바뀔수록 노하우가 쌓이면서 다양한 방법들을 터득하게 됐고, 진화가 거듭되었다. 어떤 때에는 그냥 직접 선수단 클럽하우스 락커에 들어간 적도 있었고, 클럽하우스를 지키는 파트타임 직원에게 부탁하여 잠시 선수를 불러내기도 하였다.

최종 목표는 선수의 연락처와 에이전트 연락처 확보였다. 영리한 선수는 에이전트 연락처를 기억하고 있어서 바로 알려주지만, 일부 선수들은 번호를 찾아봐야 한다며 다시 락커로 들어갔다가 나오지 않는 경우도 있었다. 일부러 그런 것인지는 모르겠다.

2000년대 초반만 해도 한국 KBO에서 온 스카우트라고 하면 그런 리그도 있느냐 하면서 반신반의하며 크게 관심이 없었으나 차츰 한국의 경제 발전과 더불어 KBO 리그도 괜찮은 시장이라는 인식이 널리 퍼지면서 선수들도 관심을 갖기 시작했다.

무엇보다도 메이저리그 최소 연봉을 보장해준다는 것이 엄청나게 메리트 있는 조건이었다. 2000년대 초반만 해도 메이저 최소 연봉이 30만 달러였으니 그것을 보장해준다는 사실은 겨우 3만~5만 달러를 받던 마이너리그 선수들에게는 매력적인 제안이 아닐 수 없었다. 다만 한 가지 걸림돌로 부각되었던 게 북한 미사일에 대한 걱정이었다.

그런 이야기가 오갈 때 우리가 내미는 결정적인 답변은 확실히 하나 정해져 있었다. 한국에 살고 있는 미국인 인구가 10만 명도 넘는다는 애기였다. 한국은 지상 최고로 안전하고 인심이 좋은 나라라는 것을 알려주면서 민간 외교관 역할도 겸했다.

또 다른 케이스로 MLB에서 아직까지도 선수 생활을 이어가고 있는 제시 차베스 선수 에피소드가 있다. 그를 처음 본 것은 2006년도 오클라호마에서였다. 당시에도 나는 한번 마음에 든 선수는 끝까지 찾아가서 어떻게든 만나려고 했고, 그때 레이더에 포착된 차베스 선수가 그러했다.

소위 야구 용어로 말하는 '낭창낭창한' 투구폼과 늘씬한 밸런스의 탄력 있는 신체조건 그리고 완벽하고 깔끔하게 넘어오는 팔회전의 딜리버리(Delivery)가 나무랄 데가 없었고 이런 유형의 선수들은 필히 제구력이 우수한 선수임이 분명했다.

과감하게 락커를 찾아가서 선수를 불러냈다. 그를 만난 곳은 선수단이 식사를 하거나 커피를 마시는 공간이었다. 선수와 인사를 나누고 한참이나 관심을 표현하던 차에 중간중간 지나치는 사람들이 모두 나를 아는 척하며 인사를 했다. 선수와의 간단한 미팅을 마치고 일어설 무렵 주변에 있었던 사람들이 해당 팀의 감독과 코치였다는 사실을 알게 됐다. 내가 너무 심하게 과감했던 것일 수도 있다. 구단 관계자만 출입 가능한 장소를 당당하게 들어가서 선수와 접촉했으니 도발도 이런 도발이 없었던 것이다.

당시에는 선수도 한국행에 대해 별로 관심이 없었고 에이전트의 반응도 냉랭하긴 마찬가지였다. 정말 마음에 드는 스타일이었는데 영입에는 실패했다. 그 선수는 중간과 선발을 오가며 메이저리그에서 통산 50승 이상을 거뒀고 40세가 훌쩍 넘은 현재도 선수 생활을 이어가고 있다.

얼마 전 그가 미국 애리조나 피닉스에서 펼쳐졌던 스프링캠프에서 화이트삭스 소속으로 경기에 출장한 것을 보게 되었다. 멀리서 던지는 폼만 보고도 그때 그 차베스 선수인 것을 대번에 알 수 있었고 지금까지도 건강히 선수 생활을 하고 있는 프로페셔널한 모습에 마음 가득 박수를 보내기도 하였다.

세계 최고의 선수층을 자랑하는 미국 메이저리그에서 새롭게 올라오는 신예들이 해마다 부지기수로 많은데도 불구하고 마흔을 넘긴 나이까지 살아남아 MLB 무대에 계속 이름을 올리고 있다는 것 자체가 정말이지 존경의 박수를 받을 만한 것이다.

역시나 좋은 폼에 부드러운 투구 자세와 제구력이 뛰어난 선수는 선수 생활도 오래 가고 부상 위험에서도 벗어나 있다는 진리를 새삼 다시 느끼기도 했다. 집념과 의지, 정신적인 부분은 더 말할 것도 없이 대단한 선수라는 생각이 든다.

그렇게 나와 같은 한국인 스카우트들이 동분서주하면서 미국의 이곳저곳을 누비다 보니 언제부터인가 마이너리그 각 구단에 유사 사례들이 발생하기 시작했다. 타 리그의 스카우트들이 마이너리그 팀 소속 선수들에게 접촉하고 좋은 제안을 건네면서 선수들의 마인드를 심란하게 한다는 컴플레인이 MLB 사무국으로 날아들었다.

이러한 사례가 계속 축적되면서 MLB 사무국에서도 더 이상 마냥 지켜보고 있을 수만은 없다는 판단 하에 KBO로 공식적인 경고성 문서를 보내기에 이르렀다. KBO 리그 소속 해외 스카우트들이 템퍼링 행위를 중단해달라는 요청이었다.

그 당시만 하더라도 국내 모든 구단이 다 미국 출장을 실시했던 것은 아니고 현지 출장 없이 선수 선발을 하던 구단도 있었기에 어느 팀의 누구를 타깃으로 한 것인지는 KBO에서도 짐작을 하고 있었다. 우리 구단에도 주의를 요한다는 공문이 오기도 했다.

KBO 스카우트들은 미국 내에 네트워크가 없던 시절이고 선수에 대한 의사 전달과 업무 추진 등을 위해서는 반드시 선수를 직접 만나야 했고, 에이전트 연락처를 받아서 접촉해야만 했기에 부득이 템퍼링 아닌 템퍼링을 할 수밖에 없는 상황이었다.

만약에 선수 기량만 확인하고 그냥 귀국해버리면 이후 다음 스텝의 실질적인 업무 추진을 진행할 수 없는 상황이었다. 선수 측과 컨택 가능한 전화번호도 모르고 주소도 모르는 상태에서 선수를 스카우트하기 위한 접촉과 협상 등을 할 방안이 없기 때문이었다.

지금은 이러한 템퍼링 자체가 필요 없는 시대가 되어서 격세지감을 느낀다. 왜냐하면 선수 이름만 대면 해당 에이전트 연락처를 즉시에 확보할 수 있는 온라인상의 루트가 있기 때문이다. 클릭 한 번이면 모든 정보를 다 찾을 수 있는 시대에 살고 있고, 그 클릭 한 번으로도 가치와 역량을 인정받을 수 있는 시대가 되었다.

기울어진 운동장의
외국인선수 선발

 야구팬들은 외국인선수 실패에 있어 궁금한 것들이 많을 것이다. 해마다 비슷한 문제들로 골머리를 앓으면서도 가시적인 개선이 되지 않고, 왜 매번 크게 달라지지 않고 되풀이되는 것인지 의아할 만도 하다.
 궁극적으로 구단의 능력을 얘기하는 가장 기본적인 잣대 중 하나이기도 한데, 이 일은 빠르게 대처한다고 해서, 신속하게 교체를 했다고 해서 해결되는 것이 아니다. 신속하게 업무를 추진하여 과정에 드는 시간을 단축한다면 프로세스적으로는 효율성을 기한 것일 수 있지만, 또 다시 정말 좋은 선수를 스카우트했는가, 아닌가의 본질적인 문제가 뒤따른다.
 아무나 빨리 데리고 오면 뭐하나? 실질적으로 팀에 도움이 되는 훌륭한 선수를 데려와야 진정한 업무 역량이 되고 업무 추진을 잘한 것이 아니겠는가? 정말이지 좀처럼 바로잡히지 않는 이 문제는 한 해를 건너뛰고 좀 조용히 잘 넘어가고 있나 싶으면 어김없이 또다시 수면 위로 고개를 내밀어 구단과 실무자들을 난처하게 만든다.

요행을 바랄 수도 없는 일이고 마냥 잘하기만 바라는 인디언 기우제처럼 행동해서도 안 되겠지만, 영입한 선수가 예상보다 부진하거나 부상이 발생하면 또다시 새롭게 선발한답시고 야단법석을 되풀이하게 된다. 대체 선수를 새로 선발하는 데 시간이 오래 걸리면 오래 걸리는 대로 팬들의 성화와 언론의 집중포화를 맞아야 하고, 새로 데리고 온 선수가 적응에 실패하여 성적이 곤두박질치면 더더욱 팬들과 언론의 뭇매에서 피해갈 수 없다.

어쨌거나 첫 단추가 잘못 채워지는 순간부터 팀은 힘든 운영이 될 수밖에 없고 중도교체를 해야 한다는 상황 자체가 구단으로선 여간 골칫거리가 아니게 된다. 이는 팀 전력의 절대적인 마이너스 요인으로 도미노 현상처럼 서서히 팀 전체의 투수력을 조기에 소진시키며 다른 선수들의 피로도를 증가하게 하고 부상을 초래하는 빌미를 제공하게 된다. 이닝을 최대한 먹어줘야 할 1선발, 2선발급의 투수들이 조기에 난타당해 빠르게 강판당하면 중간투수들의 과부하가 시작되는 것과 다를 바 없다.

마치 마라톤 선수가 초반에 페이스를 조절하는 데 실패하는 격으로 이를 대비하여 개별 구단들은 저마다의 준비를 철저하게 한답시고 매년 시즌이 시작될 때부터 대체 선수 리스트업을 미리 준비하게 되는데, 이 준비까지 다 완벽하게 이뤄지기는 어렵다. 단순한 리스트업 정도로 볼 수 있으며, 실제로 이 선수들을 즉각적으로 교체하기 위해선 또다시 넘어야 할 산들이 많다.

우선은 작년 시즌의 성적을 중심으로 채워진 리스트이기에 겨울을 보내고 난 뒤 현재 시점의 몸 상태와 구위를 확인해야 한다. 자칫 작년 활약도만 생각하고 세심한 확인 절차를 거치지 않고 그냥 빠르게 영입하게 되면 다시 불운하게도 예기치 못한 변수를 재차 만날 수도 있다.

여기서 선수의 기량이 변함없이 양호하다고 판단한 후에는 선수가 한국행에 대해 관심이 있는지 여부를 에이전트를 통해 확인해야 된다. 만약에 지금 신분이 메이저리그 40인 로스터에 속해 있는 우수한 선수면 한국행을 제안 자체가 선수에게 매력적이지는 않다.

세계 최고의 무대에서 부와 명예를 누리는 메이저리그가 자신의 코앞에 있고 실상 풀타임 메이저리거는 아니지만 그래도 가끔씩 메이저리그 밥을 먹는 8부 능선까지 올라왔는데 무엇을 위해서 갑작스레 한국행을 결정하겠는가?

우리가 접촉과 제안 자체에 무관심할 뿐이다. 그래서 접촉하는 선수들이 대개 마이너리그 선수들이다. 한국행 가능성이 많은 가장 근접한 선수들이 그나마 메이저리그에 콜업이 되었다가 다시 마이너로 내려가기를 반복하는 이들이다. 그런 선수들이 KBO 리그의 우선 타깃이 되는 것이다.

이들 중에서도 연차가 6년 차 이내인 선수들은 우리가 건드리기 어렵다. 소위 말하는 온 더 컨트랙(On The Contract)인 선수들로서 구단의 미래 자원이기에 대부분 이런 선수들을 바이아웃 하자고 제안하는 것 자체가 실례이기도 하다.

업계 말로 표현하자면 트리플A급 선수들에서 메이저 콜업 대기 선수들을 전체적으로 한데 묶어 'AAAA' 즉 쿼드러플A급 선수라고 칭하는데 이들을 영입하기 위해선 시기적인 타이밍과 선수의 옵션 소진과 옵트아웃(Opt Out: 계약 기간이 남았으나 선수의 요구에 의해 자유계약으로 풀어주는 조항) 등 구체적인 부분을 면밀히 알고 있어야 한다.

하지만 선수와 구단 간의 세세한 옵션 내용들까지 외부에서 들여다볼 수 있는 장치가 없기에 아직도 우리에게는 어렵고 힘든 점이 많다. 여러 네트워크를 돌려야만 얻을 수 있는 내밀한 고급 정보이고, 이 방면에 오랜 기간 근무하여 인적 네트워크가 풍부한 실무자일수록 정보를 많이 가질 수 있다.

그래서 선수들이 가진 옵션 소진 내용 등과 '아시안 랭귀지'라고 칭하는 별도 옵션 여부가 있는지 확인하는 절차가 필요하다. 아무리 아시안 랭귀지가 있다고 해도 기량이 우선은 뒷받침되어야 할 것이다. 아시안 랭귀지는 선수가 메이저리그 승격이 되지 않는 만일의 상황을 대비하는 것으로, 아시아 리그에서 적절한 오퍼가 들어올 경우 일정 금액에 바이아웃하여 구단이 선수를 아시아 리그 구단에 양도한다는 내용이 담긴다.

선수마다 조금씩 차이는 있겠으나 대부분 이와 유사하다. 통상적으로 이럴 때에는 대략적으로 10만 달러에서 15만 달러까지 바이아웃 금액을 미리 구단과의 계약서에 명시해 계약하기도 하는데 아시안 랭귀지가 아닌 40인 로스터 선수이거나 그 외 선수인 경우에는 구단이 부르는 게 값일 정도로 바이아웃 금액이 급상승한다.

과거 바이아웃만 100만 달러를 호가하며 한국행이 결정된 선수도 있었다. 해당 구단이 밑에서 올라오는 40인 로스터 선수의 자리를 비워두기 위해 이 선수를 계약해지하려던 차에 한국에 있는 한 팀이 덥석 물은 것이다. MLB 구단 입장에서는 횡재가 아닐 수 없다.

정보 부재와 출장 관찰 수행을 제대로 하지 못하고 메이저리거라는 타이틀만 확인한 탓에 벌어진 안타까운 일이 있었고, 그것을 자랑삼아 이야기하던 메이저리그 구단 관계자의 모습이 나에게는 그리 유쾌하지 않았다. 2010년대 초반 때 실제 벌어진 일이다.

바이아웃과 선수와의 연봉 계약이 마무리되면 구단은 해당 선수를 릴리스하며 자유계약 신분으로 리그 사무국에 통보한다. 이런 절차가 끝나면 선수는 신속하게 국내로 들어오기 위해 거주지를 정리하고 가족들과 함께 입국 준비를 하게 된다.

이런 일련의 과정을 거치면서 시간과의 싸움을 하게 되는데 국내 교체 구단은 한날한시가 급하여 계약의 주도권은 언제나 외국인선수 측에 있다. 이를 잘 아는 에이전트는 구단을 가지고 놀면서 또다시 돈 싸움을 한다.

그나마 시즌 중 교체 때는 금액 싸움이 덜한 편이다. 선수도 희망 없는 메이저리그 진출에 이미 지친 상태라서 빨리 한국행을 결정하고 싶어하기도 한다. 그래서 시즌 중에 특정선수를 지칭하고 벌어지는 협상 시간은 의외로 간단하게 타결되기도 한다.

하지만 시즌이 끝나고 일본 NPB의 12개 구단과 한국 KBO의 10개 구단이 영입을 추진하는 선수가 중복되어 영입 전쟁이 벌어지는 경우에는 말 그대로 숨막히는 접전이 벌어지는 정글이 된다. 우선 먼저 타깃이 되는 선수들은 당연히 메이저리그급 선수이지만 확률적으로 이런 선수를 건질 찬스가 많지는 않다. 멕시칸 리그도 있고 대만 리그도 있지만 모두 하위 리그로 평가하기에 우선적인 타깃이 되지 못한다.

주 타깃은 MLB 구단의 온 더 컨트랙이 종료되어 FA로 풀리는 선수들이다. 덩치 큰 선수들의 FA 이적은 천문학적인 금액이 오가며 메이저리그 윈터 미팅에서 이슈를 몰고 다니지만 일반적인 선수들은 그해 가을에 소속과 신분이 정리되어 다른 팀으로 자리를 옮기면서 철새 생활을 시작한다.

그래서 27세에서 30세 안팎으로 여전히 젊으며, 성적이 좋지는 않았어도 메이저리그 경험이 어느 정도 있는 선수들이 리스트에 오른다. 아예 메이저에 명함도 내밀지 못했던 선수들도 포괄적인 리스트에 포함되기는 한다. 다만 실질적인 후보군 리스트에 들어가기 위한 전제 조건은 그래도 마이너리그 성적이라도 양호한 경쟁력 있는 선수들이어야 한다는 것이다.

몇 가지 여과 기능이 작동하여 선수들을 걸러내다 보면 얼추 추려지는 선수들은 대략 20명 안팎에서 리스트업 된다. 어쩌다가 생각지도 않은 메이저리그급 선수들이 갑자기 신분이 전환되어 자유계약으로 나오기도 하는데 이를 놓칠 세라 한 시도 눈을 뗄 수 없는 것이 이쪽 시장이다.

이쪽 시장은 일단은 먼저 연락을 준 팀을 우선한다. 이건 불문율이기도 하다. 다만 제시 금액이 엇비슷하거나 경쟁을 붙은 팀이 없을 때에 한해서다. 야구팬 독자 여러분들도 한번 상상의 나래를 펼쳐 보기를 바란다.

알다시피 일본프로야구는 12개의 구단이 있다. 한국은 10개 팀이다. 상위 리그로 평가받는 일본 NPB를 선호하는 분위기는 바꾸기 쉽지 않다. 그렇지만 KBO 리그에 대한 인식이 많이 발전된 것도 사실이어서 메이저리그, 마이너리그 선수들의 한국행에 대한 걸림돌이 많이 줄어든 것이 요즘 세상이다.

여러분이 경쟁력 있는 선수의 에이전트라고 가정한다면, 어떤 전략으로 더 나은 조건을 끌어낼 수 있을지 생각해보자. 여기저기 일본이고 한국이고 전화가 빗발치듯 온다고 하자. 달려드는 손님들을 문전 박대하기보다는 친절하게 대하며 관심이 있다고 답하면서 구단들의 구애 정도를 간 봐야 할 것이다.

일본에는 몇몇 팀들의 연락이 오고 있다고 미끼를 던져놓고 선수가 일본 리그에 관심이 있다고 덧붙인다. 일차적으로 일본 NPB 팀들끼리의 경쟁을 붙여본다. 그리고 만약을 대비해 한국 KBO 리그에도 양다리를 걸어 놓는다. 이런 과정을 거치면서 특A급 선수들은 미국 MLB의 타 구단으로 이적하기도 하고 일부는 일본으로 건너간다.

한국에 들어오는 선수들도 대개 이런 경쟁을 뚫고 데리고 들어오는데 에이전트의 농간에 갑질을 당하는 일들도 부지기수로 많다. 예컨대 에이전트들은 철저하게 비즈니스적인 측면에서 일을 한다. 당연하다. 무조건적이고 반사적으로 경쟁을 붙이고 흥정을 통해 선수의 몸값을 부풀린다. 연락을 잘 주고받다가도 갑작스럽게 연락을 끊고 잠수를 타면 그 계약은 그냥 결렬되었다고 봐야 한다.

만약에 후보 자원이 한정되어 있어 이 선수를 놓치고 나면 다른 방안이 마땅찮은 구단일수록 더욱 더 계약의 눈치 줄다리기에서 밀릴 수밖에 없다. 구단은 항상 여유 있게 후보군을 만들어 놓아야 계약 협상에서 상대에게 밀리지 않고 주도권을 잡아 소기의 목표를 이룰 수 있다. 그래서 이런 협상일수록 조기에 끝내야 하고 시간이 지체될수록 새로운 오퍼를 던지는 경쟁자가 등장하여 전세를 더욱 힘들게 만들기도 한다.

에이전트들은 경쟁자가 생기면 갑자기 돌변하는 습성들이 있고 자신의 클라이언트인 선수를 위해 너무 쉽게 계약을 끝내는 것도 본업에 충실하지 않는 것 같다는 기본 개념이 저변에 깔려 있다. 에이전트는 협상과 딜을 최대한 길게 끌고 가기를 주저하지 않는다. 이들에게 의리를 기대해서는 안 되며, 우리가 먼저 제안했으니 당연히 우선권이 있다고 착각하면 큰 오산이다.

상대를 알고 상대의 패를 알아야 주도권을 쥘 수 있다. 원하는 게 무엇인지 무엇을 중요시 여기는지 포착하는 게 우선이다. 말이 쉽지 이를 잘 간파하도록 노력해야 한다. 오직 돈인지 아니면 다른 무엇을 원하는 게 있는지 파악하는 게 급선무이다. 그래야 계약 협상 테이블에 앉아서 그들이 진정 원하는 것을 주고받을 수 있다.

외국인선수들의 니즈는 몸값 외에 전혀 예상 밖의 요구가 나올 수도 있다. 플레이어로서는 선발투수 에이스 역할을 원하기도 하고, 생활인으로서는 한국의 의료보험이 부럽다는 얘기를 하기도 한다. 즉, 가족 중에 아픈 사람을 위해 한국행을 생각하고 선택할 수도 있다는 이야기이다. 이 모든 것이 협상의 테이블에 활용되어야 한다.

어렵게 계약이 성사되면 선수는 구단의 공식적인 입국절차를 거치며 취업 비자를 취득하고 입국을 하게 된다. 일련의 전쟁 같은 경쟁 속에서 선발된 선수가 이제 국내에서 순조로이 적응하고 연착륙해야 될 일만 남았는데 이것 역시 쉽지가 않다. 미국과 한국의 환경적인 탓인지 선수의 성향, 성격 탓인지 왠지 모를 부진과 부적응이 덮친다. 속된 말로 미국에서 활약하던 그때 그 모습은 어디론가 가고 없고 전혀 다른 선수가 되어 있는 것을 보게 된다. 외국인 담당 스카우트는 또다시 골치 아픈 문제에 직면하게 된다.

기울어진 운동장은 멀리 있지 않고 아주 가까이 구단과 외국인선수 사이에 있다. 바로 선수 계약 문제다. 외국인선수 계약에 관하여 시간을 다투는 긴박한 상황들을 언급한 바 있다. 일반적으로 구단이 제시하는 프로포즈에는 선수의 연봉을 완전 보장한다는 내용이 들어간다. 이 풀 개런티(Full Guarantee) 내용이 들어 있지 않으면 에이전트는 구단과의 계약 협상을 바로 중단해버린다. 반드시 데리고 와야 할 선수인데 연봉 보장 문제로 계약이 불발될 위기에 처한다면 과연 노 개런티를 주장하면서 구단이 버틸 수 있겠는가?

태평양을 건너오는 수고에 대한 대가를 보상받고자 무조건 풀 개런티를 보장해야 하고 각종 베네핏을 제공해도 계약이 성사가 된다는 보장이 없는 판에 선수가 자신이 불리한 계약에 관심을 가질 이유가 없지 않은가? 지금 이 팀 말고도 다른 좋은 조건을 제안하는 구단들이 줄을 서 있는데 말이다. 그만큼 달려드는 팀이 많을수록 과다 출혈이 생길 수밖에 없고 오버페이가 생긴다. 에이전트들은 그런 상황을 교묘하게 활용한다.

이렇듯 힘들게 데리고 온 외국인선수가 만약 스프링캠프 합류 첫날 부상이라도 당하게 되면 생각만 해도 끔찍하다. 가끔씩 이런 일들이 벌어지며 당사자들과 구단을 당혹스럽게 만든다. 훈련 합류 첫날 훈련 중에 부상을 당하여 드러눕는 케이스가 있다고 가정해보자. 구단입장에선 공식적인 합류 전에 이미 부상이 있던 상태에서 들어온 것이 아닌지

의심하게 되고, 선수는 구단이 지정한 병원에서 메디컬 체크를 완료했고 정상적으로 훈련에 합류한 후에 당한 부상이니 선수의 귀책사유는 없다는 논리로 구단을 압박하게 된다.

이런 문제는 계약서대로 풀 개런티 조항을 고스란히 이행하기가 구단으로서는 너무나도 곤혹스러운 상황이 된다. 이런 난감한 상황이 KBO 구단들에게 실제로 수차례 발생하였다. 이런 유형의 사고들은 늘 구단을 괴롭혀온 아픔과 혼돈 역사이기도 하다. 2011년 캐나다 선수 스캇 리치몬드는 롯데 자이언츠와 계약을 맺고 스프링캠프 훈련 첫날 부상을 당했다.

이 선수는 결국 그해 시즌이 개막하기도 전에 방출되었고 구단과의 국제소송을 벌여 연봉 지급을 제한하였던 구단에게 일부 승소하며 계약금과 연봉의 일부를 보전 받았다. 당시에는 주로 50만 달러 선에서 영입이 이뤄지던 시기였고, 달러가 강세였던 터라 구단은 억울하게도 몇 억이라는 큰돈을 허공에 날린 셈이었다.

대표적인 불운한 사례로 롯데 구단을 들었지만 이와 유사한 피해를 본 구단을 찾는 것은 어렵지 않을 정도로 꽤 흔하다. 내가 평생 함께해 온 SK와 SSG 구단도 예외는 아니었다. 시즌에 들어가기도 전에 시범경기중 부상으로 낙마하는가 하면 어떤 선수는 스프링캠프지에서 어깨부상을 당해 시즌에 들어가기도 전에 교체되기도 하였다.

뜻하지 않은 부상으로 낙마하든 기량 부족으로 낙마하든 어쨌거나 중도 교체하는 모든 선수들의 연봉 비용은 무조건 지급해야 하는 악법인 풀 개런티 조항, 이를 보완할 장치는 과연 없는 것일까? 풀 개런티 조항이 빠진 계약서를 수용할 경쟁력 있는 선수들은 없는 것일까? 대답은 하나다. 아무도 오지 않는다. 문제라면, 어디에서도 통용되는 수요와 공급 문제 그 자체이다.

세상의 이치이고 자본 시장의 근본이다. 지금도 풀 개런티 조건이 아니어도 한국에 올 수 있는 선수들이 있다. 전혀 없는 것이 아니다. 꽤 많이 있다. 미국의 독립리그에서도, 일본의 독립리그에서도 그러하고 멕시코 리그에서 뛰는 선수들도 풀 개런티 없이 데리고 올 수는 있다.

독립리그 선수들도 얼마든지 좋은 기량을 선보일 수 있으며, 확률이 조금 떨어진다는 이유 외에 다른 이유는 없을 것이다. 다만 그런 선수들을 데리고 온다는 것 자체가 부담스러운 선택이 될 수 있는 것이 KBO 시장의 전체적인 정서다.

구단들이 울며 겨자 먹기식으로 풀 개런티를 불사하면서까지 가장 좋은 선수라고 생각되는 자원을 선발하는 이유는 다름 아닌 매 시즌 우승을 목표로 하기 때문이다. 비장한 출사표를 던지며 올해 목표는 우승이라고 공표하며 의욕적으로 스타트하는 구단이 외국인선수를 미국의 독립리그에서 선발했다고 하면 뭔가 앞뒤가 안 맞지 않을까? 구단을 응원하고 지지하는 팬들도 이유 같지 않은 이유라고 납득하지 못할 것이다.

최고의 투자와 보강을 하고 심기일전 우승을 목표로 매진하겠다고 발표해야 하는데 최고의 전력을 구축하기 위해서 멕시칸 리그나 일본 독립리그의 선수를 영입했다고 하면 그 모순에 대해 지탄이 쏟아질 것이다. 물론 외국인선수는 메이저리그 출신이든 독립리그 출신이든 시즌에 들어가서 뚜껑을 열어봐야 진면목을 알 수 있고 섣부른 판단은 금물인데 선뜻 그리하기가 어려운 실정이다.

그런 이유들이 모여서 구단은 어쩔 수 없이 본전 생각을 하면서도 기울어진 운동장 같은 계약을 하게 되고 억울함을 호소할 곳도 없이 중간에 교체하기를 반복한다. '먹튀'라고 표현하는 선수들, '돈 먹는 하마'라고도 불리는 이런 유형의 선수들은 한국 KBO뿐만이 아니고 미국 MLB나 일본 NPB에서도 마찬가지인 프로야구 비즈니스의 영원한 숙제이다.

더욱이 금액이 우리 프로야구보다도 훨씬 높은 천문학적인 금액이 오가는 메이저리그조차도 수천억 원을 받고도 드러눕는 선수가 어디 한둘 있었겠는가? 일본도 마찬가지로 장기 계약으로 수백억 원을 주고 스카우트한 선수의 실패 사례가 빈번하다.

시즌이 시작되고 순위 경쟁이 시작되면 구단들이 당해 연도에 뽑아온 외국인선수에 대한 계산과 기대치가 동시에 나온다. 기대 이하가 나오는 반면 기대 이상이 나오기도 하고 예상 밖 선전을 하는 선수가 나오기도 한다.

아직 시즌을 포기하기에는 이른 시기에 외국인선수의 부진이 지속되고 반등의 기미가 보이지 않으면 구단은 교체 카드를 꺼내 든다. 마지막 몸부림이라도 뭔가 해야 되는 분위기가 내부와 외부에서 동시에 터져 나온다. 언론의 비판 섞인 기사와 팬들의 성토도 계속된다. 그러나 구단은 외국인선수를 바로 바꾸기엔 현실적인 어려움이 많다.

예산 상의 문제도 있지만 시간이 좀 더 지나서 충분히 적응을 하고 나면 외국인선수의 본 기량이 회복될 것이라는 기대가 있기 때문이고 무턱대고 뽑아온 선수가 아니라는 확신이 있기 때문에 기다릴 수 있을 때까지는 기다리려고 한다.

5월과 6월에 교체를 단행하더라도 잔여 연봉을 그대로 지급해줘야 하는 계약 조항도 문제로 작용한다. 이미 구단은, 한국을 떠난 선수에게 작지 않은 금액을 매달 지급해야 하는 것은 곤혹스러운 일이다. 구단 직원들은 이면지까지 아껴 쓰면서 소비를 최대한 억제하고 늘 비용 절감에 힘쓴다. 그룹사로부터 매번 분기별 예산감축 방안을 보고하라는 요구를 받고 실행하기 바쁜데 몇 억을 송두리째 뺏긴다는 마음에 속이 쓰린다.

구단 입장에는 매우 불공평한 계약이지만, 선수 측에서는 무노동 무임금 원칙이 적용되지 않고 무조건 돈을 받을 수 있는 이런 계약을 반기지 않을 이유가 없지 않겠나. 훗날 언젠가는 이러한 풀 개런티 계약 조항도 케이스에 따라 적절히 수정 개선되어야 한다. 그 역시 수요와 공급의 원칙에 의해서, 언젠가는 말이다.

KBO의 외국인선수 제도도 어느덧 25년이 넘는 세월이 흐른 지금 예년에 비하여 외국인선수들과 에이전트들의 KBO에 대한 인식도 많이 좋아지고 있는 중이다. 그 중심에 있는 이유 중 가장 큰 부분이 일본 NPB에 진출한 외국인선수들의 실패 사례가 급증한 탓이다. 그러한 데이터가 누적되며 에이전트들의 기본 사고를 바꾸게 하는 계기가 됐고, 이제 일본 대신 한국을 선택지로 결정하는 메이저리그급 선수들이 증가하고 있다.

비록 금액은 아직 일본과 견줄 수 없지만 과거에 비해 전반적인 조건이 많이 나아졌고, 안정적으로 주전 경쟁이 가능하다는 점, 인간적이고 프로페셔널한 대우와 다양한 지원 등에서 차별화가 어필되고 있다. 팬들의 응원 열기 등 야구 외적인 문화 부분에서도 여러 재미와 흥미가 존재하는 KBO가 더 많은 외국인선수들을 끌어들이는 좋은 무대로 성장하고 있는 것은 분명하다.

신속한 의사결정의 필요성

 명문 구단과 그렇지 않은 구단의 차이점은 어디에서 비롯될까? 열거할 수 있는 수많은 이유들이 있겠지만, 나는 무엇보다 의사결정의 정당성과 신속성에서 가장 큰 차이가 있다고 본다.
 야구단 운영은 선택의 연속이다. 선택에서 선택으로 끝나는 1년이자 10년이다. 경중의 차이는 있겠으나 모든 대소사가 구단의 선택 안에서 이뤄진다. 무조건 올바른 일이 우선이다.
 어떤 것은 구단의 존위에 대한 지속 여부를 결정하는 선택도 있을 것이고 큰일은 아니지만 선수단과 결부되어 선수들이 편하게 움직이도록 도움 주는 작은 선택 등에 이르기까지 이루 말할 수 없이 많은 선택들이 구단의 운영 능력과 올바른 의사결정에 포함되어 있다.
 크게 보면 고위층에서 내리는 선택의 결정이 있고 단위 계층별로 각각의 권한에 따른 선택들이 모여서 구단의 중·장기적인 농사가 이루어진다.

외국인선수의 의사결정은 대체로 3가지로 분류할 수 있다. 구단의 인력 운영과 예산에 여유가 있어서 폭넓게 활용하여 가동할 수 있는데, 첫 번째는 지정한 선수를 추적하여 기다렸다가 잡는 방법이 있고, 두 번째는 불시에 나온 선수인 메이저리그급 선수를 선택하는 방법, 그리고 세 번째는 시장에 나오기 전에 미리 사오는 방안 등이 있다.

선수에 따라서 1번과 2번은 에이전트와 긴밀한 협의를 할 수 있는 정도의 친밀도가 있으면 기다렸다가 메이저 구단과의 계약이 종료되어 자유계약 신분으로 나올 때 계약을 이끌어내는 방법인데 이때는 사전에 계약 조건과 각종 옵션 등에 대한 합의가 끝났을 때 이야기가 될 수 있다.

때론 양심적인 에이전트를 만날 때도 있는데 해당 구단의 스타일을 꿰뚫고 있는 에이전트가 오히려 우리에게 전체적인 비용을 세이브해 줄 수 있도록 옆에서 도움을 주기도 한다. 본인의 선수가 거의 80% 이상의 확률로 언제 자유계약으로 풀리니 굳이 바이아웃 금액을 쓰지 말고 기다리라고 만류하기도 한다. 대신 그 금액을 선수를 위해 더 써달라고 요청하는 경우다.

반면에 선수를 가지고 장난을 치는 에이전트도 다수를 차지한다. 해당 구단에게 아시아의 팀이 호시탐탐 노리니 조금만 묶어놓고 있으면 바이아웃 제안이 들어올 거라고 가짜 정보를 흘리기도 한다.

에이전트의 농간에 놀아나지 않기 위해선 정확한 정보 확보가 우선이다. 40인 로스터에 들어올 선수층과 구단이 외부로부터 영입해오는 선수들의 면면을 보면 40인 로스터에 대한 룸이 있을지 없을지 판가름

할 수 있다. 정확한 정보와 확신이 있는 구단은 쓸데없이 공짜로 자유계약으로 나올 선수를 큰 돈을 주고 사오는 우를 범하지 않을 것이다.

이런 일들도 스카우트의 경륜과 촉이 있고 네트워크가 충분히 확보되어 있으면 가능해진다. 국제 스카우트 파트의 파워는 선수를 잘 뽑는 일이 가장 중요한 우선의 일이지만 이런 불필요한 비용을 절감하면서 영리하고 정확하게 일 처리를 해나가는 것도 매우 중요하다.

또 어떤 경우는 해당 구단이 어쩔 수 없이 선수를 내보내야 하는 경우가 있는데 그때 그냥 자유계약으로 보내기는 아까우니 얼마라도 받고 선수를 팔기 위해서 셀프 세일즈에 나서는 경우다. 2010년대만 해도 이런 일이 잘 벌어지지 않았으나 메이저리그 구단들도 아시아 구단들과의 거래가 늘면서 아시아 시장에 선수를 판매하는 것이 진화하고 있는 상황이다.

그래서 어차피 내보낼 선수인데 바이아웃을 하고 싶어 아시아 전체 시장에 선수를 매물로 내놓는다. 이때 이 선수를 바이아웃으로 영입할지 혹은 더 지켜보거나 손을 뗄지는 선수 기량에 대한 확실한 판단에 있다. 한국의 모 구단이 어떤 선수를 애타게 기다리고 있었는데 바이아웃 시장에 나왔다면 울며 겨자 먹기 식이라도 영입하는 경우도 있다. 우수 자원을 타 구단에 빼앗기지 않기 위함이다.

그래서 복잡하고 다채로운 곳이 프로야구 시장이다. 마지막으로 갑자기 선수가 정리되어 나오는 경우가 있다. 9월이 지나고 10월 초순 정도가 되면 구단들은 대부분 선수들의 계약을 갱신한다. 더 잡아두고 있을 선수들과 정리하는 선수들로 구분되어 선수들이 시장에 나오게 되는데 주로 10월 초가 지나면 길목을 기다리는 사냥꾼이 되어 낮과 밤을 넘나들며 수시로 선수 시장을 예의주시 체크해야 한다.

그러다가 갑작스럽게 뜻밖의 선수가 나올 때가 있다. 이때가 시간과의 싸움이고 의사결정의 백미가 된다. 의사결정이 빠른 구단이 선수를 낚아챌 기회가 많은 것이고 어물쩍거리는 구단들은 놓치기 십상이다. 여기서 앞서 언급한 명문 구단과 하위 구단과의 차이가 드러나지 않을까 한다.

의사결정의 계단이 많고 높은 곳은 신속하게 움직일 수가 없다. 대어급 자원이 갑작스럽게 나왔는데 이런 선수를 단계별로 윗사람들에게 설명하다가 날이 새고 선수는 날아가고 잡지 못한다. 신속한 의사결정 구조를 가진 구단은 이럴 때 빛이 난다. 비록 치열한 경쟁이 붙어서 놓치는 경우가 있더라도 바로 발빠르게 움직이는 구조를 가진 구단들이 좋은 선수를 잡을 확률이 높다.

우선 먼저 이를 추진하는 스카우트가 확신이 있고 자신이 있어야 한다. 이 선수는 무조건 빨리 잡아야 한다고 신호를 보내는 게 최우선이다. 하루에도 수십 명의 선수들이 쏟아져 나오는데 그 중에서 옥석을 가려서 이 선수는 무조건 잡아야 된다고 구단에 강력한 신호를 보내는 것은 스카우트의 몫이다.

본인 스스로 긴가 민가 하면 선수를 빠르게 확보하기도 어렵고 윗사람의 재가를 받기도 어렵다. 왜냐하면 그래도 10억 원대의 큰돈이 들어가는 결정이기 때문이다. 돈도 돈이지만 정말로 특A급인 선수인 경우 구단의 1년 농사를 완전히 좌우할 수 있다.

그래서 발 빠른 판단과 신속한 의사결정을 내릴 수 있도록 평상시의 신뢰 구축이 제일 중요하다. 보통 일반적으로 갑작스럽게 스카우트가

들이닥쳐 정말 좋은 선수가 나왔으니 빨리 접촉할 수 있도록 허락해달라고 하면 상사는 선뜻 본인이 납득하기 전까지는 주저하게 되어 있다.

대표이사 또한 그럴 것이다. 왜 항상 평상시에는 조용하다가 이렇게 갑자기 빨리 결정해달라고 벼랑 끝으로 내미냐며 고개를 가로저을 수도 있다. 그런 부분일수록 신중하게 검토하고 면밀히 살펴서 결정해야 되는데 갑자기 시급하다고 신속히 빠르게 추진해야 한다고 하니 이해와 공감이 어려울 수도 있다.

하지만 조금만 이쪽 분야를 이해하고 평상시 팀 전력의 절대적인 요소인 외국인선수 선발에 관심을 기울인 고위층이라면 반색을 하면서 빨리 움직여 잡자고 힘을 보탠다. 그렇다 매사가 그렇지만 특히 경쟁이 많은 외국인선수 시장은 언제나 시간과의 싸움이다.

• 내부에 설명하고 보고하며 뜸들이다 모두 다 놓치게 되는 파트가 이곳이다. 그래서 고위직에 계신 분들께 평상시에도 외국인선수에 대해 충실히 사전 보고를 하고 시장의 구조를 파악할 수 있게끔 정보를 전달하려는 노력이 필요하다. 어느 날 갑작스럽게 스카우트들이 긴밀하게 움직일 때 힘을 보탤 수 있는 의사결정의 속도가 매우 중요하며, 이런 의사소통의 신속함이 괜찮은 수준의 구단에서 명문 구단으로 가는 확실한 길임을 알린다.

그리고 하나 더 추가하자면 외국인선수를 잘못 선발하여 팀이 힘든 상황일 때는 이미 잘못 선발된 외국인선수에 매몰되어 있는 것보다는 역발상으로 무엇이 문제였는지 원인 분석에 나서는 것이 좋다. 그런 즉각적인 대응이 같은 실수를 반복하지 않기 위한 필수 선행 조건이고 추가로 스카우트들의 업무 환경, 고충, 애로사항 등도 미리 헤아려 업무 효율성을 높여야 한다. 스카우트의 성과를 높이기 위해 현재 구단에 부족한 것은 없는지 앞장서서 챙긴다면 모두가 와신상담하여 만회할 것이고 실패의 빈도 또한 확실히 줄어들 것이다.

누구라도 실수하고 실패할 수 있다. 실패를 성공 케이스로 승화시키는 것은, 혼쭐나지 않을까 걱정하고 있던 담당 부서가 받는 감화, 감동이다. 가뜩이나 미안함과 송구스러움에 고개를 못들 판인데 노고를 치하하고 격려하는 것, 구단의 품격은 이런 데서도 발현되는 법이다.

실패도 좋은 경험이 되는 게 이쪽 파트의 일이다. 즉 사람이 재산이란 이야기이다. 실패의 흔적들이 반면교사로 쓰여 곧바로 성공으로 쉽게 탈바꿈될 수도 있는 것이다. 먼 이국 땅에서 스카우트들이 구단과 팀을 위해서 노심초사하며 열심히 뛰어다니는 수고에 대해 치하하는 것도 필요하다. 가끔씩 날아오는 고생이 많다는 위로와 격려의 문자 메시지는 큰 힘이 될 수 있다.

그래야 '용병 운'이 돌고 돌아 찾아오고 우승 운까지 함께 온다. 잘 뽑은 외국인선수들이 우승 보따리를 들고 오는 데 한몫을 선사한다. 이것은 한국프로야구에서 진리에 가까운 정설이다. 이 이야기를 하다 보니 과거 내가 모셨던 한 대표이사님이 생각난다.

그분은 외국인선수 스카우트 관련 업무로 출장을 가는 내게 항상 몸 건강히 잘 다녀오라며 자신의 지갑에서 두툼한 지폐를 꺼내 손에 꼬옥 쥐어 주시며 "귀국할 때 빈손으로 들어가지 말고 집사람 화장품 선물이나 좀 사가"라고 하셨던 분이다. 그 따스한 마음과 언행이 아직도 가슴에 남아있다.

위아래를 막론하고 사람을 대하는 기본이 남다른 분이셨고 내게 있어 인간적인 공부를 많이 가르쳐주신 특별한 분이다. 시대와 세대를 떠나 요즘 젊은 사람들에게도 충분히 전해질 수 있는 귀감 어린 마음가짐을 몸소 보여주신 분이었다. 큰 책임감으로 조직의 영구 발전을 위해 헌신하셨고, 권한이나 권력을 떠나 마음 깊은 곳에 자리했던 따뜻한 인간애의 향기는 오래도록 내 가슴에 머물러 있을 것이다.

KBO 리그에서 통하는 투수 유형

KBO에서 우선적으로 성공하는 유형을 단번에 얘기하라면 이것저것 따지기 전에 좌완투수를 꼽을 수 있다. 확률적으로 좌완투수의 성공 확률이 높은 이유는 KBO 리그의 특성상 우타자에 비해 좌타자들이 많은 까닭이 크다고 본다.

팀의 주축 타자들인 좌타자들을 효과적으로 묶을 수 있는 좌완투수들은 상대공격을 무력화하는 최선의 방법이었다. 특히 어떤 특정 구단은 좌투수에게 약한 면을 많이 보인다. 단적인 예를 들어 쉽게 이야기하면 과거 좌타자들이 즐비했던 일본 대표팀의 경우 역대 우리나라의 좌완투수 계보를 잇는 선수들에게 모두 당했다.

'일본 킬러'라는 닉네임을 얻은 투수들은 죄다 좌투수였다고 해도 과언은 아니다. 좌투수들의 직구와 변화구의 궤적들은 이상하게 일본 타자들의 타격 궤도를 교묘하게 빗어나며 빔타를 이끌어냈다.

이러한 현상이 국내에도 상륙하면서 과거 2000년대 초반부터 국내 아마 야구에도 우타자들이 좌타자로 전향하여 타격하는 바람이 불었다. 우타자보다 좌타자가 타격에 유리하다는 근거를 내세워 좌타자로 변신하다 보니 오히려 힘 좋은 우타자가 귀해지는 현상들이 나타나기 시작했다.

어느 쪽이든 한 쪽으로 너무 기울어지면 안 되는 법인데 아마 선수들의 좌타 변신은 이후 프로에도 여파가 번지기 시작하였고 급기야 10년도 지나기 전에 우타 외야수들의 희소가치가 증가했다.

지금은 각 팀마다 정상급 주전 외야수들이 대부분 좌타자로 포진된 것을 쉽게 찾아볼 수 있다. 그러다 보니 좌타 일색인 KBO 리그에 외국인 선발투수들도 물론이지만, 중간 셋업 투수들도 좌투수로 많이 바뀌었다.

'150km/h를 던지는 좌투수는 지옥에 가서라도 데리고 온다'는 야구계 정설이 실제로 더 큰가치를 인정받는 시대이다. 평균 구속이 150km/h를 능가하면서 코너 워크가 되는 제구력까지 있다면 분명 매력적인 투수이다. 게다가 좋은 변화구까지 장착한 선발이라면 한국을 넘어, 일본, 미국까지 섭렵했을 것이다.

그만큼 이런 유형의 선발투수들이 귀했다는 이야기이다. 2000년대 초반부터 KBO 리그의 거센 도전에 고전했던 일본프로야구가 십수 년 사이에 과거 잠시 정체되었던 모습에서 탈피해 이제 다시 KBO 레벨과의 거리를 늘려가는 모습이다.

그 안에는 상기에 열거한 훌륭한 투수들의 배출이 한몫을 하는 것 같다. 반면 우리 KBO 리그는 급진적인 발전에서 잠시 쉬어 가는 모양

새로 숨 고르기를 하는 듯하다. 특히 투수력의 차이에서는 일본에 큰 열세를 느낀다고 말할 수밖에 없을 것 같다.

2024년 시즌 중 일본프로야구를 직접 관찰할 일이 있었는데, 리그 1위 자리를 다투는 한신 타이거즈와 히로시마 도요 카프 전을 관람하였다. 그리고 하위권 팀인 야쿠르트와 오릭스의 경기도 보았다. 투수전 일색으로 흘러가는 그들의 경기들을 지켜보면서 내가 느끼는 KBO 투수들과의 레벨 차이는 실로 그 격차가 피부로 와닿았다.

NPB에는 좋은 투수들이 차고 넘쳐서 선발 로테이션에서 외국인선수들의 비중이 거의 없다고 해도 과언이 아닐 정도였다. 비싼 비용을 들여서 데리고 온 외국인선수들도 조금만 부진하면 2군으로 내려 보내고 다시 잘 활용하지도 않았다.

그만큼 기존 일본 선수들만으로도 충분히 전력을 꾸려갈 수 있는 뎁스가 되어 있다는 증거가 아니겠는가? 하지만 KBO의 선수 뎁스는 약하디 약하여 몇 명의 외국인선수가 부상이나 기량 미달로 퇴출되기라도 하면 그 팀은 여지없이 하위권으로 곤두박질치게 되는 것이 우리 야구의 현실이다.

여하튼 일본프로야구의 투수력은 선발부터 중간, 마무리 모두에 이르기까지 완벽한 하모니를 이루었고 거의 모든 선수들이 경쟁력을 갖추고 있어서 놀라웠다. 선발투수들의 평균자책점은 대개 2점대에서 3점대 초반이었고, 매 경기 승리한 팀과 패배한 팀의 점수차는 거의 1~2점에 불과했다.

우리 KBO 리그처럼 10점대 이상으로 차이가 벌어지는 핸드볼 스코어는 거의 구경하지 못할 정도로 팀들의 전력은 평준화되어 있었고 그 바탕에는 기울기 없이 탄탄한 투수력이 있었다. 공인구의 반발력이 낮은 것인지는 몰라도 제대로 맞은 홈런성 타구가 거의 모두 외야수의 글러브로 들어갔고 펜스 근처까지 날아가는 것들도 드물었다.

일본프로야구는 그런 야구를 하고 있었다. 국내에선 연일 홈런포가 터져 나오며 안타 수만큼이나 볼넷, 사구도 크게 증가하여 경기 시간도 루즈하게 길어졌다. 야수들의 에러도 프로야구 레벨답지 않게 늘어나, 전반적인 기량 수준에서 많은 차이가 난다는 것을 인정하지 않을 수 없었다.

힘으로 스피드만 냅다 질러대는 외국인투수들은 한국에서도 그리 오래가지 못한다. 빠른 볼에 적응을 잘하는 국내 타자들은 이런 단순한 패턴의 외국인선수들 볼은 얼마든지 받쳐 놓고 공략할 수 있다. 그래서 내가 주창하는 한국에서 성공 가능한 유형의 투수는 단연코 직구와 변화구 제구력을 갖춘 투수이다.

이는 우완이든 좌완이든 상관이 없다. 어떤 유형이든 제구력이 받쳐주면서 특기할 만한 주무기 변화구가 예리한 선수는 무조건 성공 확률이 높다. 커브든 슬라이더든 아니면 체인지업이든 특색 있는 경쟁력을 가진 변화구를 자유자재로 던질 수 있는 선수는 굳이 150km/h 넘는 패스트볼을 구사하지 않아도 에이스 소리를 들으면서 KBO에서 인정받았다.

역대 성공한 외국인 투수 중에서 상기와 같은 조건의 볼을 던질 수 있는 훌륭한 능력을 가진 선수를 손꼽아 본다면 과거 KIA의 그레이싱어, 현대의 켈러웨이와 두산의 리오스, 그리고 니퍼트 정도로 얘기할 수 있다. SK에서의 활약을 바탕으로 메이저리그에 복귀한 메릴 켈리도 물론 좋은 투수였지만, KBO 리그에서 거둔 성적은 그리 압도적이지는 않았다.

거명한 선수들은 하나같이 동일한 조건을 갖춘 투수들이었다. 몸쪽 제구력이 일품이라는 점, 그리고 구사 가능한 변화구의 구종 가치도 훌륭해 타자들이 쉽사리 공략하기 어려운 볼을 던졌다.

당연히 이 선수들이 등판하는 날은 타자들이 죽을 쑤기 마련이었고 7~8회까지 큰 위기 없이 경기를 꾸려가는 것이 어색하지 않고 자연스런 선수들이었다. 지금은 이런 선수들이 귀하다. 타자들의 타격 기술이 향상되어 투수들이 버티기 힘들어졌다고 말하기는 어려울 것 같다.

단지 그런 훌륭한 투수들의 존재 자체가 과거에 비해 많이 줄었고 그런 선수들이 시장에 잘 나오지 않는다는 게 현실적인 이야기인 것 같다. 즉 좋은 투수들이 더욱 귀해졌다는 말이다. 이 선수들의 기본적인 평균 구속이 148km/h 안팎이었다면 믿어질까 싶다. 그래서 외국인선수들을 선발할 때 직구 스피드에만 매몰되면 자칫 현혹 당할 수 있는 위험요소가 된다.

최고 스피드가 153km/h를 넘기고 평균이 150km/h를 넘긴다면 분명 눈이 솔깃할 수 있는 장점이 있다. 하지만 빼먹지 말고 살펴야 할 것들이 더 있다. 볼 스피드도 스피드지만 투수의 투구 모션도 마치 또 다른 변화구 일종인 것처럼 생각하고 놓쳐선 안된다. 즉 다른 말로 하자면 투구 모션에서 오는 특색이 타자들로 하여금 타이밍을 맞추기 어려운 부분을 봐야 한다는 말이다.

동일한 패턴으로 일정한 타이밍에 볼을 던지는 투수들은 웬만한 코너 워크가 되지 않으면 타자들의 원 타이밍 스윙에 버텨낼 수가 없다.

그래서 투수의 투구 모션에서 팔 회전력이 빠르다든지 급작스럽게 던지다든지 볼 던지는 팔이 타자에게 잘 보이지 않는 디셉션이 좋다든지 등의 특징이 있으면 볼의 구속과 상관없이 좋은 변화구를 이미 몸에 장착하고 있는 것이나 마찬가지이다.

좋은 신체조건을 가진 선수도 이와 유사한 장점으로 보는데 큰 신장의 선수가 타자 앞에까지 릴리스 포인트를 끌고 나와 강하게 임팩트 되는 장점도 타자에게 까다로운 불편함을 준다. 이런 투구자세를 가진 선수가 코너 워크까지 갖추고 변화구까지 안정적이라면 누구라도 마다할 리가 없지 않는가?

KBO의 많은 타자들은 투구 모션이 일정하고 깨끗하고 단순한 패턴으로 던지는 투수를 선호한다. 자신이 타격 타이밍을 잡는 데 걸림돌이 별로 없기 때문이다. 타자들은 타석에서 조금만 타격 밸런스를 흩뜨려 놓아도 자신 있는 스윙이 어려워진다. 그러니 까다로운 투수들을 싫어하게 되어 있다.

타자의 타격을 방해하고 어렵게 하는 것은 비단 던지는 볼에만 국한된 게 아니고 던지는 투수의 동작과 특이한 행동에도 영향을 미친다. 그런 선수를 찾아야 한다. 스피드는 냅다 150km/h 이상을 찍어도 포수 미트를 벗어나 볼넷만 연발하는 선수는 아무 가치도 없다. 단지 야수들의 수비 시간만 길어지면서 모두를 지치게 할 뿐이다. 폭발적인 구위를 가진 투수가 아니더라도 얼마든지 KBO 리그에서 성공할 수 있다. 그런 장점들을 유심히 잘 찾아내어 기대 이상으로 생각하지도 않았던 성적을 거두며 팀에 기여한다면 얼마나 보람차겠는가?

오랜 기간 선수들을 선발해오다 보니 나름 노하우라고 할 만한 기준점들이 생겼다. 나만이 느낄 수 있는 선수 특유의 분위기라고 할까? 경기장에서 투수들을 관찰하다 보면 될성부른 좋은 선수들은 그만의 아우라가 있었다.

그들만이 가지고 있는 경기장에서의 행동 하나하나가 의미 있다. 행동 언어라고도 할 수 있는데 '나는 어떤 선수입니다'라고 스스로 의도 없이 알려주는 시그니처 같은 행동들이 있고 자신의 투구에 자신감이 넘치는 모습도 보여준다.

흔들림 없이 그런 것들을 놓치지 않고 체크하며 감정의 기복은 없는지 팀을 생각하고 동료들을 생각하는 행동이 어떻게 나타나는지도 중요하게 부가적으로 살핀다. 이타적인 행동을 하는 투수들이 마운드에서 보여주는 모습들을 놓치지 않고 파악한다.

이 모든 것들은 선수의 책임감이나 의지력 그리고 위기 극복 능력 등을 유추할 수 있게 도와준다. 물론 제일 중요한 것은 첫째도 둘째도 던지는 볼에 있다. 최우선이 볼의 경쟁력이다.

또 하나 강조하고 싶은 것은 선수의 신체 체형이다. 비만한 선수들은 가급적 피하는 편이 낫다. 비만한 선수들은 몸 관리에 대한 본인의 의지력도 문제가 될 수 있지만, 시간이 지날수록 점점 볼의 날카로움이 둔해진다. 선수의 비만도는 경기 수행에 많은 영향을 준다. 옆구리 라인과 엉덩이 라인도 잘 살펴서 피칭할 때 힘들이지 않고 유연하게 잘 넘어오는지 잘 살펴야 한다.

다양한 먹거리가 많은 한국 생활이 너무 마음에 들어서 정신없이 먹다가 몸무게가 늘어나는 선수들도 주의 깊게 관리해야 한다. 투수가 배가 나오기 시작하고 비만 체형이 되면 예리함이 무뎌진다.

날렵하면서도 파워풀한 선수를 봐야 한다. 비만 선수들은 순간적인 힘은 타 선수와 비슷할 수 있지만 지속성에 무리가 따른다. 쉽게 지치고 오래가지 못한다. 그래서 나는 투수들을 살필 때에 어쩔 수 없이 몸매를 많이 봤다. 과거 경험에서도 비만 선수들은 모두 하나같이 결과가 좋지 않았다.

당연한 얘기지만, 그간 내가 뽑은 모든 외국인선수가 다 성공할 수는 없었다. 실패의 쓴맛을 안겨준 선수들도 더러 있었다. 2005년 중간에 대체 외국인선수로 영입했던 론 차바치란 우완투수가 있었다. 체인지업이 장기이고 나름 안정감이 높은 투수였는데 데뷔 두 번째 경기를 치르다 그만 어깨 부상을 당하고 말았다. 당시 이 투수가 비만한 체형이었다. 몸이 되지 않은 상황에서 무리하게 힘을 쓰며 던지다 보니 어깨에 과부하가 생기면서 부상이 찾아온 것이었다. 이후로 체형을 더 유심히 살피는 계기가 되었다.

냉정하게 이제 더 이상 KBO 리그는 투수들에게 유리한 곳이 아니다. 한마디로 단순하게 표현하면 절대적으로 타자 친화적인 리그가 되었다. 투수들은 컴퓨터 같은 제구력을 요구받으며, 조금이라도 실투가 나와 가운데로 몰리면 여지없이 타자들에게 통타 당한다. 그 넓은 잠실야구장의 외야 펜스 상단을 넘나드는 홈런을 만들어내는 타격을 보면 과연 어떤 차이점으로 이런 타구의 비거리가 탄생하는 것인지 의아한 적도 많았다.

실제로 잠실 야구장의 좌중간 우중간 펜스 상단을 훌쩍 넘기며 홈런을 치는 것은 일반적인 타자들에겐 흔하지 않은 일로서 평생 몇 개 치기도 어려운 것이다. 나도 잠실에서 경기를 해보았지만 특히 중견수 뒤로 넘어가는 홈런은 하늘의 별 따기만큼 어렵다. 그런데 2024년 시즌은 특히 그런 낯설었던 타구들을 제법 쉽게 보는 해인 것 같았다. 공인구의 반발력은 투수들을 더욱 힘들게 하는 법이다.

타자들의 기술이 향상되고 체격과 파워가 향상된 탓도 있지만 과거와 비교하여 너무 차이가 나는 타격 수치들이 나온다. 투수들이 살아남기가 힘든 리그가 KBO 리그가 되었다. ABS 제도가 도입되면서 투수들은 연신 어려움을 호소했다. 기존에는 충분히 스트라이크 판정을 받을 수 있었던 공들이 모두 볼로 변하며 볼넷과 안타가 급상승하는 계기가 됐다.

선발투수가 조기에 무너지는 날에는 여지없이 대량실점으로 이어져 큰 점수차로 대패하는 경기가 속출하기도 한다. 가끔은 리그의 수준이 프로야구라고 하기 창피할 정도로 사사구가 쏟아져 나오고 에러가 연쇄 발생하는 경기가 나온다. 심판의 재량에 따라 잡아주기도 했던 스트라이크 존 근사치라는 또 다른 형태의 스트라이크는 이제 완전히 사라지고 없다.

KBO 리그는 점점 투수들이 버티기 힘든 리그로 변모하고 있지만, 그래도 과거 KBO에서 나름 성공 확률이 높았던 투수들의 유형과 실패 가능성을 경계해야 했던 유형들에 대해 개인적인 견해를 피력해보았다.

KBO 리그에서 통하는
타자(야수) 유형

KBO를 거쳐간 역대급 외국인 야수를 살펴보자. 대부분은 주로 홈런타자를 기억할 것이고, 일부는 호타준족의 외야수들을 떠올릴 것이다. 발 빠른 내야수들이 KBO리그에서 성공한 케이스는 극히 드물기 때문이다. 외국인 타자들을 생각할 때 가장 먼저 떠오르는 대표적인 선수들이 타이론 우즈, 페르난데스, 나바로, 호세, 브룸바, 데이비스, 에릭 테임즈 등이다.

이밖에 시즌 MVP였던 로하스, 로맥 등이 이름을 올릴 수 있다. 대부분 팀을 우승 반열에 올리는 데 견인차 역할을 한 외국인 야수들이고 한 시즌 40홈런 이상을 친 선수들이다. 가공할 맹활약으로 팬들의 사랑을 받는 것은 덤이었고 코칭스태프에게도 더할 나위없이 고마운 친구들이었다.

이들은 타격 기술도 기술이지만 타고난 엄청난 파워를 갖춘 선수들이다. 타이론 우즈는 넓은 잠실 야구장을 홈으로 썼음에도 불구하고 42홈런을 기록하는 기염을 토하며 일본프로야구에 진출했고, NPB에서도 맹위를 날렸다. 페르난데스도 딱 1년만 KBO 리그에서 활동하고 바로 일본으로 진출했지만 여전한 실력을 뽐내며 롱런했다.

하지만 한국에서의 활약을 바탕으로 일본으로 건너간 모든 선수들이 다 성공을 거두지는 못했다. 대표적인 선수가 바로 로하스이다. 한국프로야구를 섭렵하고 야심 차게 일본으로 진출하였으나 참담한 성적만 남기고 퇴출되었다. 한국과 일본, 두 리그의 수준 격차를 보여주는 간접적인 지표와도 같아서 씁쓸한 마음을 감출 수 없었다.

KBO 리그에서 성공한 야수들의 공통적인 특징을 손꼽으라면 단연코 파워 스윙을 가진 선수라고 귀결하겠다. 추가로 덧붙이자면 리드미컬한 타이밍을 보유한 파워 히터가 KBO에서 성공했다. 과거 미국에서 삼진율이 높았다고 해서 꼭 패스할 필요는 없다. 미국에서의 데이터는 참조사항일 뿐이다. 한국에서는 상대하는 볼이 달라진다. 선수가 어떤 볼에 주로 삼진을 당하는지 자세히 잘 살펴보면 빠른 볼에 반응이 늦어서인지 변화구를 참지 못해서인지 원인 결과를 알 수 있다.

KBO에서는 엄청나게 빠른 볼보다는 변화구 유인구가 많기 때문에 이런 볼을 잘 참으며 버티는 선수는 파워로는 충분히 국내 투수들의 볼을 이겨낼 수 있다. 그리고 마주하는 외국인선수들의 볼도 미국에서 활동 시에 자주 접했던 유형의 볼이기도하고 미국에서 특A급 선수들이 아닌 그 이하 레벨의 투수들이 던지는 공은 그날 그날의 컨디션에 따라 얼마든지 공략 가능한 스윙을 보유하였기에 크게 문제가 되지 않는다.

국내 투수들의 볼 배합과 유인구를 잘 이해하고 변화구에 대처 가능한 리드미컬한 스윙을 할 줄 아는 선수라면 분명히 경쟁력이 있다. 상기 열거한 KBO 역대급 타자들의 면면을 보더라도 모두가 부드러우면서도 강한 스윙을 보여준 선수들이다. 스트라이크에는 번개처럼 반응하고 떨어지는 변화구에는 참을 줄 아는 순간 집중력이 있었다.

그래서 미국 현지에서 이러한 타자들을 지켜볼 때 어떤 볼에 어떻게 삼진을 당하는가 유심히 살펴봐야 한다. 볼 카운트가 쓰리 볼 노 스트라이크인 상황에서도 변화구를 던지는 한국 투수들의 피칭 스타일이 이해가 되지 않는다며 고개를 절레절레 흔드는 타자들은 적응에 애를 먹는 선수들이다. 영리한 선수들은 이내 그런 특징을 파악하여 오히려 역으로 잘 이용했고, 그런 부분은 타자로서 당연히 적응하고 극복해야 할 과제인 것이다.

언젠가 한 외국인선수가 이야기했다. 한국 투수들의 공은 사실 좀 만만하게 보이는데 막상 치려고 하면 미국의 150km/h대 빠른 볼 투수들의 공보다 볼 끝이 더 매섭다는 것이다. 그렇다. 대부분의 외국인 선수들이 어느 정도는 한국야구를 만만하게 본다. 더블A와 트리플A 중간 수준 정도로 보고 가볍게 들어와 큰소리 치다가 조용히 존재감 없이 중간에 퇴출되는 곳이 KBO 무대이다.

집요하게 허점을 파고들어 물어뜯기도 하고 완전히 보내 버리기도 한다. 변화구에 허점이 보이면 볼 배합을 다양하게 섞어 변화를 주지 않고 모두 다 변화구를 던져 승부하는 것도 결국 볼 배합인 것이다. 타자는 계속되는 변화구에도 당연히 언제 치고 들어올지 모르는 직구를 염두에 둬야 하는 스윙을 준비하기 때문이다.

KBO 야구는 그래서 직구를 잘 치는 타자보다도 변화구를 칠 줄 아는 타자가 유리하다. 그런 타자들을 유심히 잘 살피면서 영입을 고려해야 한다. 국내 선발 투수 중에 평균 구속이 150km/h를 넘는 투수들은 거의 없다. 외국인선수까지 포함해서 추려봐도 마찬가지이다. 대부분의 직구 구속은 145~148km/h 언저리에서 형성된다. 극단적으로 말해 빠른 볼을 치지 않아도 되는 리그이다.

미국에서 관찰 시 빠른 볼에 계속 삼진을 당하고 성적이 안 좋더라도 마음에 드는 스윙 궤도를 보여주고 플레이가 눈에 드는 선수가 있다면 주의 깊게 더 살펴볼 필요가 있다는 것이다. 어떤 구종의 볼을 매섭게 자신의 스윙으로 공격해내는지 잘 살펴보며 가능성을 파악해볼 수 있다.

스윙 궤도와 타이밍 그리고 컨택에서 비록 파울이 나오더라도 뒤에서 보고 있는 스카우트로 하여금 나이스 스윙이란 느낌이 드는 선수를 찾아야 한다. 미국에서 나타나는 성적과 한국 KBO 성적은 별개라고 봐야 한다. 미국 성적이 그렇게 뛰어난 편이 아니었는데도 KBO에서 성공 신화를 터트리는 경우가 상당히 많다.

미국 야구도 야수가 귀한 시장이 되어서 MLB 30개 구단이 모두 좋은 야수를 구하려 혈안이 되어 있다. 굳이 아시아 시장까지 폭넓게 살피면서 선수 수혈을 하는 이유도 여기에 있다. 한마디로 가성비 좋은 선수들이 모여 있는 곳이 한국 시장이라는 것은 이미 여러 케이스로 증명된 셈이다.

MLB에서도 훌륭한 타자들이 대접을 잘 받는 세상이다. 투수에 대비하여 타자들의 희소가치가 점점 높아져 각 팀마다 특급 야수 품귀 현상이 벌어지고 있다. 자연스레 FA 시장이 과열되었고 덩달아 야수들도 이제는 투수 못지 않은 금액을 받고 있다. 워낙 프로야구 산업이 발달한 미국 시장이다 보니 거래되는 선수들의 몸값도 천문학적인 금액이 왔다 갔다 한다.

상대 투수들의 강속구도 아랑곳하지 않고 정확하게 배트에 맞히는 능력은 가히 대단하다고 할 수 있다. 더욱이 메이저리그의 선발급 투수들은 거의 모두 시속 95마일 이상을 당연하게 뿌려대는 이들이 즐비한데, 날카로운 변화구까지 장착하고 있다. 예리하게 코너를 파고드는 제구력까지 겸비한 투수들을 상대로 3할 이상을 기록하는 타자의 가치는 폭등할 수밖에 없다.

몸이 먼저 나간다든지 배트가 돌아서 쳐져 나온다든지 하면 정타로 맞히기가 힘든 법인데 LA 다저스의 오타니 쇼헤이와 무키 베츠 같은 선수들은 모두 정확성과 장타력을 겸비한 대단한 타자들이다.

그래서 나는 상기에 열거한 여러 가지 체크사항을 보면서 타자들을 살핀다. 원 타이밍으로 치는 선수인지 리듬감으로 직구와 변화구를 모두 노릴 수 있는 여유를 가진 선수인지 살펴봐야 한다. 포수 뒤편의 스카우트석에서 경기를 보노라면 투수의 볼을 상대로 테이크 백(Take Back)에 들어가는 타자들 중 유난히 여유로운 타자들이 있다. 직구와 변화구에 모두 대응이 가능한 부드럽고 강한 스윙을 가진 그런 타자를 찾아야 한다. 물론 말이 쉽지, 매우 매우 어려운 이야기다.

외국인선수들의 고충

큰마음 먹고 태평양을 건넌 외국인선수들이 KBO 리그에 오는 이유는 MLB의 높은 벽에 대한 낙담과 새로운 도전 등이 포함되고 또한 메이저리그에서 자리잡지 못할 바에는 마이너 대신 차라리 아시아에서 좀 더 많은 돈을 벌자고 하는 동기가 큰 이유이다.

그런 이유가 말도 통하지 않고 낯선 이국 땅을 찾아서 가족들과 정든 사람 들과의 이별도 마다하고 바다를 건넌다. 이들이 KBO에서 연착륙하며 적응하는 노하우는 과연 무엇일까? 심리적인 부담에서 빨리 벗어나서 조기에 적응하는데 얼마의 시간이 지나야 되는지에 대한 의문이 계속된다.

KBO에 입성하는 외국인선수들은 대개 두 가지로 분류된다. 하나는 그나마 메이저리그 생활을 꽤 혹은 조금이라도 해본 선수들이고 나머지 하나는 메이저 경험은 없지만 트리플A 생활이 길어서 경기 경험이 많은 부류들이다.

　후자에 속하는 이들은 우리가 생각하고 기대하는 용병의 역할을 잘 못할 수도 있다. 성장 중인 선수들인 셈인데 KBO에서 야구 실력이 늘어서 가는 선수들이 대표적인 케이스이다. 성장, 발전의 배경에 있어 첫 번째로 손꼽는 게 야구장의 뜨거운 분위기이다. 관중들의 낯선 응원 문화와 괴성에 가까운 환호성에 두근거리긴 마찬가지이다. 왜냐면 이 선수들은 메이저리그가 아니기에 경험적이나 여러 기량 면에서 아직은 특급이 아닌 이유이다. 그래서 선수들도 자리를 잡기 전까진 긴장을 많이 한다.

　득점 찬스에서 삼진을 당해도 대수롭지 않게 늘 하던 대로 유유낙낙 덕아웃으로 들어갈 때면 이상할 정도로 차가운 시선들을 마주하는데 본토에서 야구할 때와는 다른 분위기를 감지한다. 본토에서는 그야말로 프리하게 즐기면서 야구를 하다가 KBO에서의 승부에 대한 몰입과 집중을 보노라면 절로 긴장이 된다고 한다.

　투수들도 마찬가지이다. 트리플A나 메이저리그에서조차도 원하는 대로 볼을 컨트롤하며 심판으로부터 스트라이크 판정을 이끌어냈던 선수들도 어려움을 겪는다. 엄격한 ABS 스트라이크 판정과 선구안이 좋고 컨텍 능력이 까다로운 타자들로 인하여 곤혹스럽긴 마찬가지라고 한다. 다만 외국인선수라는 이유로 편파판정 등 불이익을 받는 것은 없으니 그나마 위안거리이기도 하다.

　유인구를 던지면 과감하게 헛스윙이 따라 나오고 이내 삼진을 당하는 것이 당연했던 상대 타자들이 끈질기게 커트하면서 계속해서 투구 수를 늘어나게 만들 때는 정말이지 얄밉기도 하고 어떤 볼을 던져야 할지 답이 안 나올 때가 많다고 한다.

투수의 경우 계약상 옵션이 많이 들어가는 편인데 경기에 몰두하다 보면 야수들의 어이없는 에러에 자신도 모르게 강한 반응이 나오곤 한다. 이런 모습이 지속 반복되면 그 투수는 동료 야수들에게 낙인이 찍힌다.

언젠가는 자신이 던지는 경기에 야수들이 수비에 최선을 다하지 않는 것 같다는 하소연을 한 선수가 있었다. 우리는 원팀인데 절대 그럴 일 없다고 설득하면서 달래기도 하고 오히려 야수들과 친분을 쌓기 위해 노력하고 칭찬도 해주면서 감사한 마음을 갖고 동료들을 대하는 것이 좋겠다고 조언을 건넸다. 이후 이 선수는 어디서 들었는지 사비로 선수단에 피자를 돌리기도 했다.

외국인선수들의 고충은 비단 야구장 안에서만 있지 않다. 경기뿐만이 아니라 체력 보충과 관리를 위한 음식 섭취에도 많은 문제를 안고 있다. 대개 야구단의 식사는 고단백 위주로 식단이 짜이며 항상 고기류와 생선 그리고 찌개 등이 골고루 준비된다. 하지만 입이 짧은 외국인선수들은 한식 위주의 식단에 힘들어 했고 선수단 식사를 제대로 소화하지 못하는 경우가 꽤 있었다.

그럴 때는 늘 별도의 음식을 따로 준비해야 했는데, 대개 햄버거와 피자 그리고 치킨 등 그리 권장하지 않는 음식들이었다. 의외로 매운 것을 좋아하는 중남미 선수들은 그나마 다행인 편이지만 대부분의 미국 선수들은 식사 문제가 항상 큰 걸림돌이었다.

선수들이 선호하는 음식들은 순대부터 짜장면, 치킨까지 다양했다. 선수들이 특별히 좋아하는 음식은 긴장감을 풀어주고 작은 위안을 주며 선수들의 마음을 안정케 하는 역할을 했다. 어떤 선수는 선발등판 전에 무조건 짜장면을 배달시켜 먹어야 기분전환이 된다고 했고. 아예 식사를 건너뛰는 선수도 있었다.

언어 문제는 전담 통역을 항상 옆에 붙여주므로 그나마 좀 수월하지만, 통역 직원들도 야구장 안팎의 근무 시간이 있고 퇴근 후에는 개인의 삶과 가정이 있으니 24시간 밀착 지원을 하는 것은 사실상 불가능하다. 어느 정도는 선수 스스로 해결해야 하는 문제들이 있는 것이다. 특히 가족을 동반하여 입국한 선수들은 가장으로 가족의 일들을 해결해야 하는 과제도 있다.

자녀들의 유치원이나 학교 문제는 구단에서 미리 알아보고 준비를 돕는 편의를 제공하는데 기타 다른 생활 속에서 발생하는 문제들은 통역과 직원들이 특별히 더 신경을 써야 하는 수고가 있다. 생각지도 못한 다양한 일들이 꽤 많이 발생하기에 구단들이 노력해야 할 부분도 더 많아진다.

선수는 가급적 경기에만 집중할 수 있도록 돕는데, 시합에 열중하기 어려운 개인사가 생기기도 한다. 아이가 갑자기 아플 수도 있고 어떤 일이 발생할지 모르는 것이다. 한번은 외국인선수가 숙소로 사용하는 아파트에 원인 모를 경보음이 울려 선수가 다급하고 불안한 목소리로 이른 새벽에 전화를 걸어온 적도 있었다.

하지만 무엇보다 가장 큰 고충은 다름 아닌 성적 부진이다. 뜨겁게 응원해주던 팬들도 어느새 차갑게 돌아서고 구단 관계자들의 달라진 반응은 외국인선수들도 쉽게 피부로 느낄 수 있다. 자신을 옥죄는 온갖 퇴출 이야기가 각종 언론에 오르내리기 시작하고, 외국인선수들도 한국 야구 관련 영어 커뮤니티를 알고 있어서 이런 소식은 모를 수 없다.

주변에서 위로와 격려를 섞어 언질을 주기도 하는데 그로 인해 플레이가 더 위축되기도 한다. 심적인 불안감을 안고 경기에 나서면 될 일도 잘 풀리지 않고 모든 것이 점점 꼬여만 간다. 가족들이 총동원하여 함께 야구장으로 응원을 오던 모습도 어느덧 보이지 않는다. 가족들이 더 걱정할까봐 야구장에 오지 못하게 하는 것이다.

태평양을 건너올 때는 모두 부푼 꿈을 안고 성공하여 오래도록 많은 돈을 벌겠다며 야심 차게 왔는데 시즌 개막 후 불과 한두 달이 채 지나지 않았는데 이상한 소리가 들리기 시작한다. 판단, 결정도 빠르고 교체도 빠른 KBO 리그에 외국인선수로서 적응하기가 참으로 어렵다. 첩첩산중 넘어야 할 산들이 많다.

다음으로는 문화 충돌이 있다. 공손하게 인사하는 문화 그리고 특유의 선후배 관계, 모두가 낯설고 불편하다. 성격이 예민한 외국인선수들이 까칠하고 버릇없어 보이기도 하지만 메이저리그 구단의 마이너 팀 생활을 오래하며 트리플A까지 경험한 선수들은 모두 기본적인 소양 교육을 받고 올라온다. 단지 우리 눈에만 그렇게 보일 뿐 그들 나름대로 진지하게 예를 갖추고 하는 행동인데 우리 기준과 잣대로는 미흡하게 보일 때가 많은 것이다.

한번은 이런 일도 있었다. 감독의 면담 호출에 맨발에 슬리퍼를 신고 감독 방을 찾은 선수에게 좀 더 예의를 갖춘 차림으로 다시 오면 좋겠다고 돌려보낸 적이 있기도 했다. 감독이나 코칭스태프로부터 받는 오해는 선수의 경기력에도 영향을 미칠 수 있다. 상호간의 문화 이해도 필요하고 외국인선수들에 대한 배려도 필요한 부분이다.

그들은 락커에서 자유분방하게 슬리퍼를 신고 팀 미팅도 하고 감독 미팅도 하는 것이 당연한 문화인데 이곳에선 문화 충돌이 되는 것이다. 시간이 지나면서 자연스럽게 적응하고 이해하고 소화하겠지만 빠르면 빠를수록 좋다. 어차피 강제로는 안되는 것이고 시간이 걸리기 마련인데 이를 좀 더 일찍 안정화시키는 것은 결국 진심 어린 소통이다.

말은 통하지 않더라도 눈빛과 목소리에 상대방의 진심이 녹아 있다는 것쯤은 이방인인 외국인선수들도 잘 안다. 모두 오감으로 느낄 수 있는 같은 인간이기 때문이다. 외롭고 고달프고 의지할 곳 없는 이들의 입장에서 생각해보면 금방 답을 찾을 수 있다.

야구팬이라면 서재응, 최희섭, 김선우, 봉중근, 추신수 등의 이름만 거론해도 이들의 공통점이 무엇인지 금방 알 수 있을 것이다. 맞다. 이들은 아메리칸 드림을 이루기 위해 어린 나이에 미국 메이저리그에 도전했던 한국 아마추어 야구 최고의 유망주들이었다. 추신수처럼 엄청난 성공을 거둔 선수도 있고, 어느 정도의 실적을 남긴 선수들도 있지만, 많은 선수들이 제대로 꿈을 펼치지 못하고 콜업과 강등, 이적을 반복하며 아픔을 곱씹어야 했다.

내가 2000년 초반 미국 트리플A를 관찰 출장할 시기에 이들은 메이저리그 문턱 앞까지 힘들고 어렵게 진출하여서 고군분투할 시기였고, 또 다른 한편으로 차별과 홀대 등으로 마음에 상처를 입고 있을 시기이기도 하였다. 당시만 해도 미국 트리플A 각 지역에 한인이 많이 거주하지 않는 지역도 있어서 한국 사람을 만나 이야기를 나누는 것만으로도 반갑고 즐거운 일이기도 했다.

서재응은 버지니아주 노퍽의 한국 식당, 최희섭은 켄터키주 루이빌의 한국 식당, 김선우는 콜로라도주 콜로라도 스프링스의 한국 식당, 봉중근은 버지니아주 리치몬드의 일본 식당에서 각각 만나 식사를 한 적이 있다. 한국 야구 이야기도 들려주고 미국 생활의 고충 등 하소연을 들어주기도 하면서 격려하는 자리를 갖고 그들의 성공 스토리를 기대하고 응원했다.

추신수도 완전한 풀타임 메이저리거가 되기 전 트리플A에 머무는 동안 힘든 시간을 보낸 적이 있었다. 추신수 선수와는 몇 차례 만나서 식사를 함께 했다. 두 번의 만남은 스카우트 제의를 위해 만났고 한번은 개인적으로 만나서 식사를 했다. 버펄로의 베트남 쌀국수 집을 기억할지 모르겠다.

모두들 이구동성으로 힘들어 하면서도 극복해내려 했던 이야기들이 지금의 외국인선수들이 KBO 리그를 겪으면서 힘들어 하는 고충들과 일맥상통하는 부분이 있을 것이다. 냉정하면서도 치열한 경쟁과 모든 것이 낯설고 새로운 환경, 그리고 가족, 친구 없이 혼자서 많은 것들 것 홀로 이겨내야 하는 외로움 등등.

문화를 이해하고 그 문화에 녹아들기 위해서는 언어 능력도 중요하겠지만 그보다는 성격과 태도가 많은 것을 좌우한다. 예민한 친구들은 홀로 보내는 시간을 즐길 것이고 호방한 성격은 사람들과 말이 잘 통하지 않아도 함께 어울리려고 한다. KBO에서도 마찬가지이다. 외국인선수이지만 스스로 먼저 다가가고 한국 문화에 일찍 마음의 문을 여는 선수들은 적응기가 짧게 지나갈 것이고, 소극적인 성격과 태도는 시간이 좀 더 길게 걸릴 수밖에 없다. 이는 어디서나 크게 다르지 않을 것이다.

실패에서 찾아가는 해법들

　10개 구단의 최근 5년 외국인선수 중도 교체 관련 자료만 보더라도 각 구단의 특징, 차이점을 여실히 느낄 수 있다. 상위권을 유지하는 팀들은 3~4번 정도이고, 하위권에 머무는 팀들은 여지없이 7~8번이나 곤혹을 치렀다.
　이는 어떤 기준이나 환경에서 비롯되는 것일까? 스카우트 개개인의 능력일까? 구단의 전체적인 시스템일까? 나는 두 가지 모두 해당된다고 생각한다. 앞에서도 언급한 바 있지만, 외국인선수 영입 등 모든 스카우트 관련 업무는 결국 사람들이 하는 것이고, 구단 조직 내에서 프로세스를 거쳐 진행되는 것이다.
　지속적으로 중도 교체 없이 시즌을 이어가는 구단들은 일치하는 공통점들이 있다. 담당 실무자들이 10년 이상 고정적으로 근무하면서 많은 부분이 전문화되어 있다는 점이다. 반면에 담당자들이 자주 바뀐 구단은 외국인선수 선발에 있어서도 시행착오와 이런저런 변화가 있어 보인다.

보통 일반 조직들은 순환 보직을 선호하며 조직의 인력들이 두루 여러 분야에서 경험을 쌓으며 업무 역량을 키울 수 있기를 바란다. 그것이 인적 자원의 전반적인 퀄리티 향상으로 이어져 맨파워 증강을 도모할 수 있다고 여기는 것이 보편적이다.

다른 한편으로는 같은 업무만 오래도록 담당하면 매너리즘에 빠지고 자기계발에 소홀할 수 있다는 우려 섞인 시선도 있다. 그런 부분을 사전에 방지하기도 하고, 자금과 관련된 부서와 이해충돌 등이 우려되는 부서들은 적당한 기간이 되면 인사이동을 통하여 자연스럽게 조직을 개편한다.

도덕적 해이, 윤리적 일탈 같은 부분을 사전에 차단하기 위해 전사 차원에서 정기적으로 시행하기도 한다. 전 직원이 각 부서에서 다양한 업무를 파악하고 실무를 수행하면서 해당 직무의 경험치를 올리고 개인 역량을 키운다는 논리는 여러모로 일리가 있으며 별다른 문제가 없어 보인다.

하지만 전 직원의 전 직무 전문화를 꾀한다는 것이 의미적으로는 바람직하고 그럴듯하나 실상은 해당 직무에 완전히 전문화되기 전에 또 다른 보직으로 순환 이동하는 일이 지속적으로 반복되다 보니 실질적으로는 전문성이 반감되는 일들이 발생하기도 한다. 이론과 실제의 괴리가 발생하는 것은 실물 경기와 경기 지표가 다른 것과 비슷하다.

이와 같은 순환 보직은 회사의 특성, 구단의 특성, 직무의 특성에 따라 많은 부분을 고려하여 시행하는 것이 마땅할 듯하다. 하지만 일부 직무의 특성상, 특히 아마추어 스카우트나 국제 스카우트 파트는 데이터의 연속성, 지속성이 생명과도 같고, 정보 캐치 등의 부가적인 역량은 기존 네트워크 관리 능력 등에서 기인하는 바도 크다.

다양한 양질의 정보를 많이 제공받을 수 있는 사람들과의 관계가 중요한 이유가 여기에 있다. 이는 국내외를 막론하고 모두 해당되는 이야기이다. 조직의 순환 보직에 따라 새로 맡게 되는 국제 스카우트 업무는 업무 자체에 적응할 시간과 정보 파악에도 많은 시간이 필요하다. 또한 선수를 선별하고 최종적으로 계약을 체결하기까지는 부단한 노력이 동반되어야 한다.

한 사람의 용사를 만들기 위해서는 많은 이들의 시간과 공이 들어가야 하듯이 전문 국제 스카우트를 양성하는 데는 구단의 인내와 노력 역시 함께 중장기적으로 겸비되어야 한다. 이 부서는 업무 특성을 고려하여 어느 정도는 보직 순환 적용에서 예외를 둘 필요가 있다고 본다. 보다 더 전문성을 갖춘 실무자들을 육성할 수 있도록 인적 구성과 활용도 중장기적인 플랜과 그에 상응하는 안목으로 구축해야 한다.

외국인선수 중도 교체 없이 순항 중인 구단들의 면면을 보면 담당 실무자들의 경력 연차가 오래되어 다방면으로 많은 경험을 쌓은 경우가 대부분이다. 이들은 계속 국제 스카우트 파트에서 구단과 팀을 위해 최선을 다하고 있다. 중도 교체가 잦은 팀들도 물론 매년 매 시즌 구단 내부의 규칙, 규정 안에서는 최선의 노력을 다할 것이라고 생각한다. 그러나 실패 사례가 반복되고 번번이 고배를 마신다면 변화를 줄 필요가 있지 않을까?

반복되는 실패 원인으로 한두 가지만을 지목하기는 어렵지만, 외국인선수들이 롱런하지 못하고, 아니 한 시즌도 채우지 못하고 계속해서 자주 바뀌는 구단들은 비슷한 특징이 있다. 바로 외국인선수 영입의 의사결정 과정 자체가 복잡하고 프로세스가 일목요연하지 않다는 공통점이 있다. 종합해보면 스카우트들의 눈을 키우고 시스템을 확립하고 해마다 과거의 결정이나 기준이 번복되지 않고 지속성을 유지할 수 있도록 해야 한다. 그렇게 업무를 추진하는 길이 실패 확률을 낮추고 성공 확률을 높이는 길이라고 당당히 이야기할 수 있다.

전 SK 와이번스 외국인선수 이야기

호세 페르난데스

앞에서 몇몇 짧게 언급한 바 있지만 이 지면을 통해서는 전 SK 와이번스 외국인선수들에 대한 이야기를 들려주고자 한다. 과거의 SK, 현재의 SSG 팬이 아니라도 한국프로야구를 좋아하는 이들이라면 누구라도 친숙하게 떠올릴 수 있는 이름들일 것이다. 당시 그 선수들의 선발의 중심에 나도 함께 자리했기에 누구보다 생생한 이야기를 공유할 수 있을 듯하다.

첫 번째 스카우트 보직을 맡고서 정신없이 다녔던 첫해에 비해 두 번째 해부터는 나름 여유를 갖고 시간을 두면서 선수들을 관찰했는데 문학 야구장의 개장(2002년)에 맞춰 맞춤형으로 홈런타자를 영입하고자 했다. 당시 영입한 선수가 호세 페르난데스로, 문학 구장의 특성을 마음껏 활용하여 홈런포를 쏘아올렸다.

그를 처음 볼 때 뭔가 운이 좀 붙을 상황이었는지 나는 평소보다 일찍 출근을 서둘러 야구장에 입장했다. 원칙적으로는 관중들의 입장 시간에 맞춰 경기장에 들어설 수 있었으나 그렇게 되면 원정팀의 훈련을 보지 못하게 되므로 일부러 꾀를 내어 서둘러 들어갔다. 그때 어떤 선수가 프리배팅에서 쉴 새 없이 연신 홈런포를 걷어 올리는 것을 보게 되었다.

엄청난 파워로 스윙을 해대는 그 선수는 실제 볼이 배트에 맞는 족족 새까맣게 원을 그리며 펜스를 넘기는 선수였다. 3루수를 보면서 경기를 치렀는데 수비적인 능력은 그리 높게 평가할 수 없었으며, 주력도 좋은 편은 아니었다. 약간 다리를 절룩거리는 듯한 모습의 베이스러닝이 눈에 띄었다.

메이저리그에 도전하기에는 제약이 좀 있는 몸 상태였던 것인지 그해 가을 시장에 나온 그에게 지속적으로 관심을 보이고 발빠르게 접촉하여 확실히 낚아챘다. 그는 그해 45홈런에 107타점을 기록하며 자신의 이름을 구단 역사와 KBO에 새겼다.

너무 좋은 성적이 나온 탓이었을까? 시즌 직후 일본 구단들의 쏟아지는 러브콜을 받은 페르난데스는 그해 겨울 우리의 구애에도 불구하고 냉정하게 일본으로 발을 돌렸다. 일본프로야구 진출 후에도 홈런타자로서의 면모를 계속 살리며 오래도록 NPB에서 활약하는 그를 멀리서나마 응원했고 항상 잘 지내기를 바랐다.

세월이 많이 흘러서 2019년의 어느 날, 코로나가 터지기 전 미국의 트리플A 야구장에서 우연히 그를 만날 수 있었다. 한 일본 구단의 국제 스카우트로 미국에서 일을 시작했다고 했다. 참으로 오랜만에 만난 것이었는데 서로를 알아보고 긴 악수를 나눴다.

　세상이 정말 좁다는 것을 느끼기도 했고 비록 국적은 다르지만 인연의 끈이 닿은 사람들이니까 이렇게 또 만나고 반가워할 수 있구나 싶어 흐뭇한 마음이었다. 더구나 그 선수가 국제 스카우트가 되어 선수를 관찰하러 다니는 것을 보니 새삼 세월이 많이 흘렀음을, 말 그대로 격세지감을 느꼈다. 내가 그를 영입하기 위해 관찰하고 따라다녔던 게 엊그제 같은데 말이다.

트래비스 스미스와 에디 디아즈

　2003년은 SK가 처음으로 파란을 일으키며 대망의 한국시리즈에 진출했던 해이다. 힘들게 가까스로 포스트시즌에 막차를 타고 올라갔던 우리 팀은 연거푸 준PO와 PO에서 승리를 거두고 마지막 관문 KS까지 진출하는 쾌거를 이루었다.

　새롭게 창단한 지 불과 3년 만에 이룬 성과라서 모두가 고무되어 한마음 한 뜻으로 일체감이 높았던 시기였다. 그때 포스트시즌에서 맹활약한 외국인 투수가 트래비스 스미스였다. 우완 정통파 투수로서 정규시즌 성적은 7승 10패로 그리 좋지 않았으나 단기전 포스트시즌만큼은 절대적인 기여를 했다.

　당시 우리는 선발투수 트래비스 스미스와 야수 에디 디아즈를 보유하고 있었다. 트래비스는 내가 직접 출장 관찰을 통해 영입한 선수이고 디아즈는 에이전트 추천으로 영입한 선수였다. 디아즈는 쏠쏠한 기량을 선보이며 정규시즌과 포스트시즌 모두 팀에 기여했다. 코너워크와

투심성 싱커에 장점이 많았던 트래비스는 시즌 중에는 아쉬운 경기가 많았으나 결국 본인의 가치를 증명하듯 포스트시즌에서 맹활약해주었고 팀의 한국시리즈 진출에 크게 공헌했다.

그 시기 SK 와이번스의 외국인선수 영입 관련 정책은 투 트랙으로 운영되었다. 어떤 해는 내가 직접 관찰해서 지목한 선수 위주로 뽑아서 운영될 때도 있었고, 어떤 해에는 에이전트 추천에 의존해서 선발했을 때도 있었다.

각각 직접 스카우트하여 뽑은 선수와 에이전트 추천 선수를 믹스해서 선발했을 때도 있었다. 에이전트 추천 선수의 경우 그들이 보내주는 다양한 영상을 보고 판단했는데 무엇보다 이 방식의 최대 장점은 선수를 영입하는 데 허비되는 시간을 최소화할 수 있었고 몸값 흥정에도 많은 시간이 필요하지 않아 효율적이었다.

반면 내가 직접 스카우트하여 선발한 선수들은 전혀 모르는 낯선 에이전트에 소속되어 실랑이를 벌이며 감정 소모, 시간 소모도 컸고, 영입 비용도 계속해서 저울질하며 조율해야 했지만 선수 기량을 직접 두 눈으로 확인하고 뽑는 거라서 실력에 대해 불투명한 우려 같은 것은 없었다.

하지만 앞서도 얘기한 바 있듯이 에이전트 추천 선수는 완벽하게 편집된 하이라이트 필름에 가까운 영상만 보고 뽑는 것이기에 언제나 커다란 불확실성이 있었다. 두 가지 방법 다 장단점이 명확했지만, 영입 자체를 간편하고 정확하게 진행하는 프로세스만큼은 에이전트 추천 선수가 훨씬 더 쉽고 변수가 작은 것이 사실이다.

케니 레이번과 마이크 로마노

에이전트 추천 선수의 성공 사례는 단연 2007년 한국시리즈 우승에 일조한 케니 레이번과 마이크 로마노였다. 이 둘은 당시 각각 17승과 12승을 거두며 구단 창단 후 첫 우승의 영예를 안겨주었다.

그러나 케니 레이번은 팬들이 알지 못하는 신체적인 문제가 있었다. 또한 극도로 예민한 성격으로 선수단과 잘 어울리지 못했던 관계적인 문제가 있어 팀을 우승시킨 발군의 실력임에도 불구하고 재계약을 포기하는 상황에 이르렀다. 로마노도 무게감과 기여도 등에서 기대치에 온전히 부응하지는 못한다는 판단 하에 재계약을 포기했다.

이 둘의 호성적과 팀 최초 우승은 에이전트 추천 선수에 대한 신뢰가 상승하는 계기가 되었다. 그러나 이듬해 2008년 시즌은 에이전트의 추천으로 선발한 외국인선수 케니 레이와 다윈 쿠비얀 두 선수 모두 부진하면서, 에이전트 추천 계약의 폐해를 다시금 여실히 체험하게 하는 계기가 되기도 했다. 그해 이 두 선수는 시즌 초반부터 우려를 자아내었고 끝내 중도에 조기 퇴출되었다.

이듬해인 2009년도에도 에이전트 추천 선수로 외국인선수를 꾸린 SK는 시즌 초반부터 외국인선수를 퇴출하고 대체 외국인선수를 뽑느라 분주하게 움직였다. 마이크 존슨이라는 우완투수와 크리스 니코스키라는 좌완투수였는데 기량 미달로 두 명 모두 시즌 초에 동행 종료가 결정되었다. 이때 급하게 대체 선수로 등장하게 된 선수들이 있었으니 바로 카도쿠라 켄과 게리 글로버였다.

게리 글로버와 카도쿠라 켄

나는 한동안 구단 방침과 인사이동에 따라서 외국인선수 선발 스카우트 일을 하지 않고 운영팀 소속으로 2군 선수들을 관리하는 업무를 맡았다. 2009년도는 제2회 WBC가 열리던 해였고, 한국 대표팀이 미국 애리조나 피닉스에 캠프를 꾸리고 컨디션을 조절하기도 했다.

그해 외국인선수 관련 업무를 중간중간 필요할 때 지원하는 것으로 직무가 일부 변경되어 미국 MLB 구단들의 스프링캠프 시범경기 관찰차 출장을 나갔다. 당시에 운영본부장도 동행하여 시범경기도 관전하던 차에 LA 에인절스 시범경기를 보던 중 발견한 선수가 카도쿠라 선수였다.

본인의 MLB 꿈을 이루기 위해 도전한 것인데 주변을 탐색해보니 메이저 40인 로스터 진입은 힘든 상황이었으며 스프링캠프 도중 마이너로 내려갈 확률이 높았다. 그런데 그가 던지는 볼 자체가 매력적이었고, 한국에서 플레이하게 된다면 양호한 성적이 보장될 것 같은 확신이 들었다. 옆에 운영본부장이 있으니 만에 하나를 대비하자고 의견을 내면 마다 할 이유가 전혀 없는 상황이었다.

그때까지만 해도 새로 뽑은 신규 외국인선수 마이크 존슨은 아직 캠프 중이었고 실전 경기에 투입되지는 않고 피칭 정도만 하면서 컨디션을 올리는 중이었다. 경기 퍼포먼스는 완전히 베일에 가려진 상태였고, 그대로 갈지, 동행을 종료할지 같은 부분을 논할 단계가 아니었다.

혹시 모를 향후 변수를 대비하는 차원에서 카도쿠라 켄을 킵해두고 지속 추적했다. 이후 마이크 존슨이 두 경기 만에 기량 미달로 확인되어 빠르게 퇴출되면서 카도쿠라 켄에 대한 영입 작업은 급물살을 타고 바로 진행이 되었다.

역시나 예상했던 대로 카도쿠라의 포크볼 경쟁력은 KBO에서 통했으며 선발투수 역할을 톡톡히 하며 구단의 발 빠른 대처에 한몫했다. 2009년도 5월로 기억한다. 갑자기 소속팀의 상관으로부터 지시를 받고 미국 출장을 급히 나가서 대체 외국인선수를 살펴보러 다녔다.

게리 글로버는 일본 요미우리 자이언츠에서 퇴출되어 미국으로 복귀하여 마이너 계약을 맺고서 혼자서 플로리다의 확장 캠프에서 몸을 만들고 있던 중이었다. 한국으로 데리고 올 만한 가능성이 있는지 여부를 판단해야 하는 임무가 내게 주어졌다. 그런데 그런 것을 판단할 수 있는 환경이 갖춰져 있지 않았다.

예를 들면 선발 등판 경기를 보면서 최소 5이닝 이상을 관찰해야 어떤 부분이 좋고 어떤 부분이 좋지 않은지 전체적이고 종합적으로 판단할 수 있을 텐데 글로버는 일단 해당 경기에 투입된 상황이 아니었고, 영화에서나 나올 것 같은 철조망 둘러쳐진 간이 야구장에서 타자들에게 배팅볼 같은 연습투구를 던져주고 있는 상황이었다.

동양인 한 사람이 땡볕에 포수 뒤쪽 철망에 서서 볼을 던지는 선수와 그에 반응하는 타자들을 유심히 관찰하는 모습이 그곳에서 훈련하는 선수들에게도 의아해 보였을 것이다. 왜냐하면 그곳은 정식 야구 경기장이 아니었고 외부인 출입이 금지된 곳이었기 때문이다. 어쨌든 글로버의 투구는 모두 끝이 났고 이후 내 판단은 매우 신속하게 이루어졌다. 기본 제구력과 볼 끝의 힘 그리고 변화구가 꺾여 들어오는 예리함이 눈에 보였기에 나의 판단을 믿었다.

그래서 게리 글로버에게 다가가 선수의 의사를 확인했다. 한국프로야구 팀에서 나온 스카우트라고 간단히 나를 소개했으며, 이후 혹시 한국에 가서 선수 생활을 할 생각이 있는지, 그렇다면 소속 에이전트와 상의할 수 있도록 연락처를 주면 좋겠다고 내 뜻을 전했다.

대화를 마치고는 한국으로 급하게 평가서를 보냈고, 내가 생각하는 합격 여부를 알렸다. 안정감 있고 몸 상태에 이상이 없으며 선발투수로서 쓸 만하다. 그리고 한국행에 대한 선수 의사도 긍정적인 것을 확인했다. 이러한 내용을 담은 보고서가 구단에 전달되었다. 한국에서는 그 어떤 소식보다 고대하고 반가웠던 것이 바로 이러한 보고였을 것이다.

그렇게 일사천리로 게리 글로버는 한국 땅을 밟고서 후반기 선발 자리를 든든하게 지켜주며 팀에 공헌했다. 잠깐 본 연습 투구 모습 몇 개로 막중한 판단을 해야 하는 스카우트라는 일은 분명 쉬운 일이 아니다. 왜냐하면 그 판단에 따라 팀의 안정적 운영이 걸려 있고 나머지 투수들의 과부하 방지 등 모든 요소들과 직간접적으로 연관되어 있기 때문이다. 어쨌든 당시 나는 간이 꽤나 커서 과감하게 지르기를 주저하지 않았다.

글로버는 2009년 한국시리즈 마지막날 선발로서 훌륭한 피칭을 보이며 분전했다. 비록 그해 우승은 마지막 홈런 한방에 무너지며 준우승에 그쳤지만 글로버와 카도쿠라는 중간 대체 선수로 입단한 것을 감안하면 팀에 지대한 공을 세운 것이었다.

다음해 2010년 이 두 명은 그대로 교체 없이 팀과 함께 했는데 특히 카도쿠라의 분전이 눈에 띄었다. 괄목하게 성장한 그는 무려 14승이나 거두는 최고의 성적을 올리며 팀 우승에 공헌했다. 다만 카도쿠라의 왼쪽 무릎은 계속 그를 괴롭히며 시즌 내내 주변의 우려를 자아냈다.

2010년을 우승으로 마무리한 선수단은 일본 시코쿠에 있는 고치에서 마무리 캠프를 진행했다.

2011년도 외국인선수를 준비하기 위해 분주한 그때 카도쿠라의 무릎은 병원 검진 결과 상당히 좋지 않았고 프런트나 현장 모두 선수가 아깝기는 하였지만 특단의 결정을 내려야 할 때였다. 프런트와 현장의 결정은 어렵사리 하나로 귀결되었다. 의사의 진단을 신뢰하여 판단하는 것에 전체 의견이 일치했다.

실제로 MRI와 CT 검사에서 수술이 불가피한 것으로 나왔고 내년 시즌 대부분을 수술과 재활로 보내야 할 것이라는 진단을 누구도 쉽게 넘길 수는 없었다. 그리하여 카도쿠라의 재계약 불가 방침을 세우던 차에 이에 대해서는 선수를 직접 만나서 자세히 설명해주는 것이 최소한의 도리이고 예의라는 얘기가 오고 갔다.

결국 당시 운영팀장이었던 내가 직접 카도쿠라를 찾아가 설명해주는 것으로 결정되었고, 이내 프런트와 현장의 윗분들께 요코하마로 가서 구단의 뜻을 잘 전달하고 오겠다는 인사를 하고 출발했다.

아마도 카도쿠라 본인은 개인 성적도 월등하게 좋았고 팀 우승까지 거둔 상황을 볼 때 마땅히 두둑한 보너스와 내년 시즌 재계약을 기정사실처럼 여기고 있었을 것이다. 편안하게 집에서 휴식 겸 치료를 이어가고 있던 카도쿠라에게 연락했다.

시간이 괜찮으면 요코하마 집 근처로 찾아가겠다고 전했다. 도쿄에서 전철을 타고 한참이나 이동한 후에 요코하마에 도착했고 곧 그를 만났다. 안타까운 이별의 통보를 전하는 순간 크게 놀라던 카도쿠라의 얼굴 표정이 잊히지 않는다.

상상 밖 구단의 통보에 선수는 어찌할 줄 몰라 했다. 시간이 한참 지난 후 어느 일본 언론 기사를 통해 SK 구단의 처사에 상당히 서운했고 매우 기분이 나빴다는 심경을 전하는 것을 본 적이 있다. 이해할 수 있으나 우리의 판단, 결정은 틀리지 않았다. 카도쿠라는 훗날 재활을 거친 후 다시 한국프로야구에 복귀하여 삼성 라이온즈에서 활약했으나 과거 SK에서 보여줬던 위력적인 퍼포먼스를 재현해내지는 못했다.

게리 글로버 역시 잦은 부상과 부진으로 2011년 계약 연장을 하지 않으면서 2010년 팀의 한국시리즈 우승에 공헌했던 두 선수와 동행은 그리 길게 이어지지 못하고 정리되었다.

크리스 세든과 조조 레이예스

2013년에 들어가기에 앞서 지난 겨울 동안 분주히 움직인 끝에 크리스 세든과 조조 레이예스, 두 투수를 영입했다. 처음 영입했을 당시 더 큰 기대를 받은 것은 조조 레이예스였으나 정작 시즌이 개막한 후로는 크리스 세든의 경기력이 훨씬 돋보이기 시작했다.

메이저리그 경험이 가장 중요한 기준은 아니라는 것을 새삼 다시 느끼는 계기가 되었고 한국프로야구에서 성공할 수 있는 요인들은 미국에서의 평가와는 다른 부분에 있을 수 있다는 것을 깨달았다.

바로 확실한 특징이었다. 스피드는 고작해야 143~145km/h 정도이지만 세든은 타자의 몸 쪽을 집요하고 정확하게 파고들었다. 간간히 던지는 체인지업의 위력은 더욱 배가했다. 스피드가 중요하지 않다는 것을 배운 중요한 경험이었다. 다만 이 경우는 좌완투수인 세든에 국한되는 요소일 수 있다. 우완투수가 저 정도의 구위라면 한국에서 버티기는 쉽지 않다는 것을 잘 알고 있었기 때문이다.

조조 레이예스도 첫해엔 기대했던 모습을 잘 보여준 경기도 있었다. 7~8회까지 원사이드하게 상대를 완전히 압도하면서 이닝을 이어가던 경기도 있었다. 그러나 조조는 지속성, 일관성에 문제를 드러냈다. 잘 던지는 경기와 아닌 경기가 확연하게 차이가 났고. 몸도 점점 더 불어나며 딜리버리되어 넘어오는 팔의 회전에서 정상적인 모습보다 뚜렷한 둔화가 나타나기 시작했다.

최소한 첫해보다는 다음해에 더 잘하리라 믿었던 신뢰감이 2년 차 2014시즌 중반부터 완전히 무너져갔다. 결국 조조 레이예스는 계속된 부진과 빈볼 등의 문제로 언론의 뭇매를 맞으며 퇴출이 강행되었다. 전반기도 채 마치기 전이었다. 성적 부진으로 중도 퇴출된 조조 레이예스는 훗날 구단의 MD 제품인 목 베개를 타깃 삼아 사격 연습을 하면서 총알 구멍을 남긴 사진을 자신의 SNS에 올려 구단과 동료, 팬들을 모욕하기도 했다.

반면 14승을 기록하면서 팀에 잔류하리라 믿었던 세든은 일본으로 소리소문 없이 줄행랑을 쳤다. 당시 나는 미국 LA 근교에 있던 세든의 집에 찾아가 잔류를 요청하는 미팅을 했지만, 냉정하게 거절당했다. 일본프로야구는 다른 KBO 팀들의 외국인선수들은 관심도 없고 왜 하필 우리 선수들만 건드리나 싶어 원망 섞인 자조도 하곤 했다. 그러나 모두 소용없는 메아리일 뿐 세든은 뒤도 돌아보지 않고 떠났다. 훗날 일본과 대만을 거쳐 다시 SK에 돌아온 세든은 과거의 좋은 모습을 되찾지 못하고 조용히 KBO 무대를 떠났다.

메릴 켈리

2014시즌 중 가족 문제로 큰 어려움을 겪었고, 설득과 협상이 교착 상태에 빠진 기존 외국인선수 로스 울프를 대체할 선수를 급히 찾아야 했다. 대체 선수 후보군을 어떻게 압축을 시키고 접촉할 것인지 시간이 많지 않았던 상황에서 어렵게 다음 시즌 타깃으로 레이더에 들어온 선수가 있었으니 그가 바로 메릴 켈리였다.

그 시기가 8월말이었으니 통상적으로 9월 초에 막을 내리는 트리플 A 시즌을 직접 가서 보기엔 물리적 시간적 여유가 없었다. 그런데 함께 출장 나갔던 국제 스카우트 파트 직원인 김현람 씨가 SK 야구단에 입사하기 전에 근무했던 에이전트 회사에서 알고 지냈던 지인이 바로 메릴 켈리의 에이전트여서 빠르게 미팅을 잡을 수 있었다.

유선상으로 많은 것을 논하기엔 무리가 있어서 사무실 방문을 약속했고 우리는 사무실이 아닌 메릴 켈리 에이전트의 집으로 찾아가게 되었다. 그의 집은 샌프란시스코에서 차로 1시간가량 떨어진 외곽에 새롭게 형성된 타운 안에 있었다. 가족들과 어린 자녀들이 동양인들의 갑작스러운 방문이 신기한 듯 웃음을 터뜨리며 반갑게 맞아줬다. 집에서 하는 미팅은 순조로웠고 허심탄회했다. 선수와 에이전트도 기약 없는 메이저리그행에 지친 상태라서 협상에 필요한 많은 부분이 신속하게 이루어졌다.

이후 메릴 켈리는 구단에서 그냥 내보내기엔 아까운 선수라서 최소 바이아웃 금액이 50만 달러는 되어야 보내줄 수 있다는 구단의 답변을 받을 수 있었다. 대신 선수 몸값은 선수 측이 대폭 양보하여 시즌 잔여기간 연봉 5만 달러에 합의가 이루어졌다.

당시 SK는 5강권 싸움에서 치열하게 경쟁하고 있었기에 메릴 켈리가 만약 9월부터 팀에 합류하여 선발 로테이션의 한 자리를 맡았다면 마지막까지 한번 해볼 만한 상황이었다. 마치 긴 가뭄에 단비나 마찬가지였다.

이러한 전반적인 내용을 보고서로 작성하여 수뇌부에 보고하였고 잔여 경기에 최소 2~3승은 올려줄 수 있는 충분한 기량을 갖추고 있다고 자신 있게 이야기하면서 비용 부담에 대한 해소책으로 내년과 내후년을 바라봤을 때 지금 지급하는 50만 달러의 바이아웃 금액은 몇 년간 선수를 사용할 것에 대비하여 미리 내는 선불 개념으로 보면 된다고 설명했다.

결론은 회사 자금 사정으로 인한 대표이사의 재가 불발로 해당 계약은 무산되었다. 이제 와서 말할 수 있는 것이지만 그해 SK는 단 1경기 차이로 포스트시즌 진출에 실패했다. 만약 그때 메릴 켈리를 9월에 영입하여 마지막 스퍼트에 힘을 보탰다면 포스트시즌 양상은 또 어떤 모습으로 바뀌었을지 모른다.

자의적이든 타의적이든 우리는 늘 항상 선택의 기로에 선다. 선택권이 있는 사람들을 설득하는 것도 결국 능력이라고 생각한다. 설득시킬 수 있는 능력은 결정권자의 의사결정을 쉽게 해주며 그에 따른 대가도 크게 온다. 나의 설득력이 부족했던 것은 아닌가, 더욱 강하게 밀어붙여야 했던 게 아닐까 후회한 적도 있었다.

비록 당시 시즌 중은 아니었지만 메릴 켈리는 몇 달이 지난 그해 겨울에 마침내 SK 유니폼을 입었고 이후 4년간 와이번스에 몸담으며 기량이 더 성장하며 훗날 우승에 기여하고 메이저리그에 역수출되었다.

최근에는 애리조나 다이아몬드백스의 에이스로 팀에서의 무게감과 비중이 월등히 높아진 것을 볼 수 있다. 그를 보면 한국에서 기량이 더 향상되어 모국으로 좋은 조건에 돌아가고 이후 더 큰 무대에서도 훌륭한 활약을 펼치는 좋은 케이스를 만든 것 같아 흐뭇하고 기쁘다.

제이미 로맥과 앙헬 산체스

2017년 4월 중순 즈음 나에게 새 오더가 떨어졌다. 긴급히 교체 추진을 위한 미국 출장을 다녀오라는 지시였다. 당시 외국인선수 관련 업무의 주 부서는 운영팀이었다. 운영팀의 기존 데이터베이스에 있던 주요 선수들을 집중적으로 살펴보고 확인하는 계획에 따라서 출장 일정도 그리 맞추었고 현지에서 판단하여 또 이동하고 추가적인 체크를 해 나갔다.

그런데 기존 자료에 전혀 없었던 선수가 현지에서 갑자기 우연히 내 눈에 들어왔다. 바로 제이미 로맥이었다. 무엇보다 진지하게 경기에 임하는 자세가 눈에 들어왔고 이력을 확인해보니 일본프로야구에서 2016시즌 쓴맛을 단단히 보고 퇴출되어 마이너리그 계약으로 샌디에이고 산하 마이너 팀에 있는 것이었다.

NPB 요코하마 베이스타즈에서의 성적은 믿기지 않겠지만 1할대 후반의 타율이었다. 그러나 내 눈에는 로맥의 가능성이 왠지 다르게 보였다. 구단에 보고서가 날아갔다. 로맥이란 선수인데 1루와 외야가 가능하고 타격에서 한국에서는 충분히 통할 수 있을 파워를 갖추었다고 전달했다. 지체할 겨를이 없었다. 어서 빨리 쓸 만한 선수를 데리고 오길 바라는 구단 입장에선 반길 일이었다.

로맥은 일본에서의 실패를 거울삼아 더 열심히 경기에 임하고 있었고 선수의 성향과 스타일도 근면성실 그 자체였다. 야구장 안팎에서 보여주는 모습에서 진지함이 묻어나왔다. 미국에서 뛸 때나 한국에서도 늘 변함없이 그런 마음가짐과 자세로 경기에 임하였다.

출장을 떠난 지 얼마 되지도 않아 빠르게 좋은 결정에 내려 팀에 도움이 될 만한 선수를 추천하니 일사천리로 바이아웃 등 계약 협상이 이뤄져 로맥은 매우 신속하게 한국행 비행기에 오를 수 있었다.

나는 급한 불을 끄면 바로 들어오려는 계획에서 이왕에 나간 김에 내년을 대비하는 차원에서 선수들을 더 체크하고 들어오는 것으로 생각을 바꿔 미국의 동서부를 넘나들며 더 많은 선수들을 차곡차곡 리스트에 채워 나갔다.

그때 후보군으로 점 찍어 놓은 선수들이 앙헬 산체스와 윌머 폰트였다. 앙헬 산체스는 몇 년전 우리 팀의 국제 스카우트 쪽에서 좋게 평가했던 선수였는데 그해 부상으로 시즌아웃 판정을 받으며 팔꿈치 수술을 받았고, 이후 재활을 거친 후 복귀한 상황이었다. 선수의 현재 기량이 쓸 만한지 아닌지 판단하는 게 우선 할 일이었다. 과거에 좋았던 것은 중요하지 않다. 지금 현재가 제일 중요하고 지금 좋은 것을 눈으로 확인해야 나중을 기약할 수 있는 것이다.

앙헬 산체스는 수술 여파로 선발로 출장을 하지는 않고 계속 불펜 대기만 하였다. 언제 나올지 모르는 시간이 며칠씩 지나갔고, 기다리고 기다리던 끝에 2이닝 투구를 볼 수 있었다. 어떤 선수는 몇 경기를 봐도 과감하게 평가를 내리지 못하는 경우가 있는 반면 어떤 선수는 불과

2이닝만 봐도 바로 답이 나올 수도 있다. 그런 느낌을 준 것이 바로 앙헬 산체스 선수였다.

이내 한국에 있는 국제 파트 담당자에게 이 소식을 알려주었다. 내년 시즌 영입 대상으로 충분하겠다고 확실히 생각을 전했다. 담당자는 그 선수를 항상 마음에 두고 있었던 차에 나의 OK 시그널까지 받으니 더욱 확신을 갖게 될 수밖에 없었다. 이후 산체스는 어느 정도는 우리의 계산대로 메이저리그 승격 후 뭇매를 맞고 다시 마이너로 강등된 후 시장에 나오게 되었고 결국 SK 유니폼을 입게 되었다.

윌머 폰트는 나와 단장이 함께 경기장을 찾은 그날 배탈이 난 것인지 무엇 때문인지 까닭 모를 부진을 보여 단장의 외면을 받을 수밖에 없었다. 나의 강력한 추천을 뒤로한 채 다음 기회를 기약했다. 내가 볼 때는 그렇게 잘 던지던 선수가 하필이면 단장과 함께 방문한 그날 왜 그런 경기력을 보였는지 혼자서 아쉬움을 곱씹은 적이 있다.

2018년도에 외국인선수는 로맥과 켈리 그리고 산체스로 꾸려졌다. 세 선수 모두 그해 팀 우승에 기여했다. 스카우트로서 나의 뿌듯함도 클 수밖에 없었다. 2010년도 우승 이후 8년 만에 V4를 달성한 후 구단에는 많은 변화가 찾아왔다. 조직개편, 인사이동이 다양하게 이뤄졌다.

나도 우여곡절 끝에 스카우트팀을 떠나 2019시즌 운영팀장으로 다시 발령을 받아 선수단 운영에 전념하게 됐다.

닉 킹엄과 리카르도 핀토

2019년 당시 외국인선수 전담 부서는 운영팀에서 데이터팀으로 넘어가며 일체의 관련 업무가 이전되었다. 나 역시 자연스럽게 외국인선수 관련 업무와 책임에서 빠지게 되었다.

2019년 SK는 시즌 초부터 중반까지 모두를 압도하는 페이스로 리그를 치고 나갔지만, 시즌 마지막 한 달을 남기고 급추락을 하는 이변 아닌 이변으로 구단과 현장이 극심한 스트레스에 시달려야 했다.

승패 마진을 거의 10경기 이상 앞서며 독주하던 팀이 갑자기 흔들리기 시작하였고, 끝내 1위 자리를 근소한 차이로 내어주며 시즌을 2위로 마친 그 여진은 포스트시즌 플레이오프까지도 이어지며 맥없이 무너졌다.

역대급 대반전으로 도저히 이해할 수 없는 팀 분위기가 시즌 막판과 포스트시즌까지 짓밟고 지나갔다. 힘 한번 쓰지 못한 채 무릎을 꿇었고 시즌 내내 상위권을 내달리던 자신감은 온데 간데없이 다들 넋이 나간 모습으로 패배를 떠안았다. 그런 현실이 믿어지지 않았다.

2019년 10월말 즈음 새로운 외국인선수가 발표되었다. 데이터팀으로 외국인선수 업무가 이관된 후 첫 작품인 셈이었다. 바로 닉 킹엄과 리카르도 핀토였다. 킹엄의 과거 유망주 시절 경기 모습을 직접 본 적이 있었던 나는 데이터팀 담당 직원의 질문에 인상적이었던 부분들을 말해주기도 하였다.

하지만 핀토는 과거에 직접 관찰했음에도 그다지 탐탁치 않아서 적극적으로 추천하지 않았던 선수였다. 나뿐만 아니라 여러 사람이 동반 참석한 미팅에서도 핀토는 전반적으로 높은 점수를 받지 못했는데 어느 날 영입이 최종 결정되었다. 당시만 해도 이런 마뜩잖은 결정이 팀의 한 시즌을 완전히 망가지게 할 줄은 몰랐다. 모두가 그랬다.

SK 구단은 또다시 2019년 11월 중순 조직개편을 발표했다. 외국인 선수 업무를 맡았던 데이터팀의 성과가 아쉬웠는지 혹은 업무추진 과정에서 대표이사의 생각과 다른 부분이 있었는지 데이터팀의 외국인 선수 선발 업무는 킹엄과 핀토의 영입으로 종료되었다. 이에 국제 스카우트 그룹이 신설되면서 내가 운영팀장과 국제 스카우트 그룹장을 겸직하게 되는 인사 발령이 있었다.

2020년은 최악의 상황으로 이어졌다. 닉 킹엄은 금방이라도 던질 수 있다던 팔꿈치가 매일같이 아프다며 통증을 호소했다. 검진 결과 아무런 문제가 없었으나 하루가 다르게 통증을 어필하면서 더는 피칭을 할 수 없을 것 같다는 의사만 피력했다. 구단과 국내 의료진의 큰 문제가 없다는 진단은 철저히 무시했고, 미국 주치의의 진단만을 따랐다. 재활도 중단하는 등 태업을 일삼았다.

또 다른 외국인 선수 핀토는 킹엄 같은 태도 문제는 없었지만, 등판할 때마다 연일 동네북이 되어 팀 야수들의 경기의욕을 꺾어 놓았다. 꾸준히 선발 로테이션을 소화하기는 했으나 시즌 최종 성적은 6승 15패라는 처참한 결과였다. 두 외국인선수의 경기력이 바닥이다 보니 팀도 자연스럽게 성적 하락을 피할 수 없었고 한 시즌의 거의 모든 것들이 풍비박산 나버렸다.

감독은 시즌 중간에 격심한 스트레스를 이기지 못하여 경기 도중 의식을 잃고 쓰러지는 불상사가 발생하기도 했다. 그리하여 구단은 임시 감독대행 체제로 시즌을 마무리할 수밖에 없었다. 구단 안과 밖으로 소음이 끊이질 않았다. 팀 성적이 바닥이면 어쩔 수 없이 크고 작은 문제와 끝도 없이 쏟아지는 노이즈를 맞닥뜨리게 된다.

역대급 외국인선수 농사 실패와 팀 추락으로 2020년 8월 즈음 구단의 전격적인 인사 이동이 있었다. 운영팀장과 국제 스카우트 그룹장을 겸직하던 나는 운영팀장 역할은 내려놓고 다음 시즌을 미리 빠르게 준비하자는 차원에서 국제 스카우트 그룹장 업무에만 전념하게 됐다.

2020년 시즌의 처참했던 외국인선수 농사 실패를 만회하고 모든 것을 새롭게 다시 잘 준비해보자는 뜻으로 코로나19가 한창이던 엄혹한 시기에도 미국 출장 길에 오르기도 했다. 탈도 많고 말도 많았던 2020년은 결국 리그 9위라는 성적표를 달고 막을 내렸다. 구단에 몰아친 책임 광풍은 대표이사와 단장, 사업 본부장 등 이사급 고위 임직원에게 여지없이 내려쳤고, 현장의 감독도 악화된 건강의 위험을 안고 팀을 떠나야 했다.

정든 사람들과의 이별은 언제나 힘들고 쓸쓸하다. 조직에 충성하며 알뜰살뜰 수년간 최선을 다한 사람들에게 한 해 성적이 좋지 않았다고 가차 없이 직을 앗아가는 잔인한 모습을 보면서 말로 표현하기 힘들 정도로 깊은 회한이 밀려왔다.

윌머 폰트와 아티 르위키

2020년을 마무리하는 겨울 즈음 다음 시즌을 미리 준비하며 실수를 되풀이하지 않으려고 애쓴 덕분에 오래전부터 눈여겨보던 윌머 폰트와 르위키를 영입하는 데 성공했다. 두 선수 다 내가 과거에 직접 관찰했던 선수였고, 언제나 마음에 두고 있던 투수들이어서 속으로 쾌재를 부르며 2021시즌이 오기만을 기다렸다.

르위키는 현장의 호평 속에서 무사히 스프링캠프를 치르고 2021시즌 홈 개막전 영예의 선발투수로 출격했다. 롯데를 상대로 가볍게 선발승을 따내며 기대치를 높였다. 이후로도 두 차례 연속 퀄리티 스타트를 기록하며 순항하는 듯했고 현장의 기대와 예상도 최소 10승 이상은 해줄 투수라는 평이었다. 그러나 시즌 초반 잘 나갔던 르위키는 4번째 등판 경기에서 갑작스런 옆구리 부상이 발생해 전력에서 이탈했고 이내 재활군으로 내려갔다. 이어 6월 초 웨이버 공시되었다.

르위키와 함께 에이스 역할을 맡아줄 거라는 기대 속에 시즌을 시작한 윌머 폰트는 시즌 초반 작은 부상에 시달리며 본의 아니게 슬로우 스타터로 출발했다. 2021시즌은 8승 5패 평균자책점 3.46이라는 무난한 성적을 거두었다. 하지만 이듬해 2022년은 팀 우승의 주역으로 발돋움했다. 모두가 2022시즌의 우승은 윌머 폰트 덕분이었다고 이구동성으로 이야기했을 정도였다. 실제로 그의 역할이 지대했다. 13승 6패 평균자책점 2.69라는 빼어난 시즌 성적을 올렸고, 한국시리즈에서도 2승을 올리며 팀 우승에 크게 공헌했다.

나는 2021시즌이 시작되고 불과 한 달이 채 되지 않은 4월 18일 스스로 외국인선수 관련 업무를 그만두었다. 시즌이 개막한 지 얼마 되지 않은 초반이었으나 폰트와 르위키 두 선수 모두 크고 작은 부상으로 인해 선발 로테이션을 온전히 소화하지 못하는 경기들이 나왔다. 그런 상황에서 두 선수 영입에 대한 책임을 지고 스스로 직에서 물러나는 결정을 내렸다.

시즌 초반이었음에도 불구하고 직전 시즌 2020년의 여파가 워낙 심각했던 탓에 외국인선수가 조금만 이상해도 모두가 예민해지는 시기였다. 한 시즌을 온전히 마친 이후 혹은 시즌 후반의 결과까지를 살펴본 후 책임을 묻는 일반적인 통례에서 벗어나 시즌 초에 책임을 지겠다며 자리에서 물러난 것은 매우 드물고 이례적인 일이었다. 이후 외국인선수 업무에서 완전히 물러나 조용히 다른 업무에 전념했다.

몇 년 더 시간이 흐른 뒤 다시 구단에서 외국인선수 업무로 인사 이동이 되었고, 재차 보직이 변경되었다. 다시 메이저리그 스프링캠프를 오가는 미국 출장이 이어졌고, 일본 독립리그를 관찰하는 업무도 주어졌다. 그렇게 2025시즌 여름까지 외국인선수 스카우트 업무를 하며 내 커리어의 후반부, 종반부를 정리할 수 있었다.

KBO 외국인선수 탐구에서 얻어가는 것

결코 짧지 않았던 외국인선수 관련 업무를 돌아보았다. 과거에 함께 했던 타 구단의 외국인 담당 직원들은 거의 모두 하나같이 새로운 얼굴로 바뀌었고 정말 드물게 몇몇 구단만 예전 사람들이 여전히 분주하게 움직이는 것을 본다. 그것도 손에 꼽을 정도로 극소수이지만.

어쩌다 보니 내가 이 분야에서는 가장 많은 경험을 가진, 가장 오래된 경력자가 되어 있다. 계속해서 연속적으로 이 일을 해온 것은 아니지만 잠깐 몇 년간 다른 업무를 맡았던 것을 빼고는 프런트 커리어의 거의 모든 나날들은 외국인선수 업무에 관여하며 쉼 없이 달려왔다고 해도 과언이 아니다.

누구보다도 많은 경험을 쌓았고 그만큼 다양하고 구체적인 노하우도 많이 생겼다. 새로운 외국인 선수들의 유형과 기록을 살펴보고 얼굴 표정, 신체 사이즈, 동작 같은 것을 둘러보면 한국에서 성공하는 선수들이 얼추 그려진다. 그림이 그려지지 않는 선수들은 여지없이 중도에 짐을 싸서 고국으로 돌아가는 것을 봐왔다.

처음 이 책을 구상할 때는 KBO 리그 소속 구단 모든 담당자들에게 조금이나마 도움이 될 수 있는 내용들을 공유하고 싶은 마음이 컸다. 후배들이 더 이상 큰 스트레스를 받지 않고, 어떤 구단이나 모두 훌륭한 선수를 잘 뽑을 수 있게끔 돕고 싶은 마음이었다.

구단의 예산 낭비도 막을 수 있고 후배 야구인들의 업무 부담과 스트레스를 줄여줄 수 있다면 좋겠다는 바람이었다. 그래서 중도 교체로 인한 막대한 비용, 특히 풀 개런티로 버려지는 아까운 예산들을 막아 다른 곳에 더 값지게 투입할 수 있다면 얼마나 좋을까 하는 마음이 많았다.

실수를 줄일 수 있는 방안을 몇 가지 공유하자면, 첫 번째로는 너무나도 험난한 여정이지만 미국 메이저리그의 트리플A 전체 30개 구단을 모두 커버하면서 두루 살피는 것이 가장 중요하다. 시장에 바로 나올 수 있는 선수들과 중장기로 묶어 지켜볼 선수들이 모두 데이터베이스 안에 들어와야 한다. 일본 리그에 진출하는 선수들도 대부분 이 범위 안에 존재한다.

예산과 인력 문제로 겨우 절반 수준인 14~15개 팀 정도만 커버할 수 있다거나 구단의 전년도 데이터베이스를 그대로 받아 그 안에 있는 선수들만 제한적으로 관찰한다면 나중에 빈약한 후보 리스트를 갖출 수밖에 없고 정작 적극적으로 맞붙어서 선수를 낚아채야 할 때 못 붙게 된다.

앞에서도 언급했지만 정예 부대를 꾸리듯이 최고의 요원들로 외국인선수 파트를 꾸려서 오래도록 이 보직을 유지하게 해야 한다. 업무의 특성상 실패를 한 사람들도 나름의 기준과 보는 눈이 생기면서 학습효과가 생긴다. 무엇을 놓쳤는지 무엇이 더 중요했는지 과거에 실패해본 사람이 더 처절하게 느끼는 법이고 이후 점진적으로 실패를 최소화해 갈 수 있다.

일본프로야구에서 활약 중인 선수들도 한번씩 볼 필요가 있다. 다만 이 선수들은 일본 구단이 풀어줘야만 협상이 가능하다는 전제조건이 달린다. 아무리 잘하는 선수라고 해도 팀에서 풀어주지 않으면 말 그대로 그림의 떡이다. 또 풀어줬다고 해서 한국에 온다는 보장도 없다. 한국에 갈 생각은 있는데, 특정 구단에 갈 생각은 없는 경우도 있다. 하지만 만에 하나를 위해 미리 준비해야 함은 마땅하다.

대만 리그 CPBL에서 활약하는 선수들은 우선대상은 아니다. 향후에 급히 대체 선수를 구할 때, 임시 대체 선수를 구할 때는 고려해볼 수 있는 대상이지만, 요즘은 대만 리그에서 뛰는 외국인선수들의 몸값이 예전 같지 않게 상승하였다. 또한 시즌 중 선수를 데려오기 위해서는 바이아웃 머니도 지불해야 하는 문제가 있고, 기본 계약이 풀 시즌으로 묶여 있는 선수도 있어서 임시 대체 선수로 연봉이 맞지 않는 경우가 많다. 여러 가지 요소를 다 잘 고려하여 판단해야 한다.

다음으로 독립리그 선수 관찰이다. 새롭게 개정된 규정에 따라 임시 대체 선수로 대비하기 위해서는 독립리그 선수를 잘 활용해야 한다. 앞서 소개했던 미국의 독립리그 선수들도 좋은 선택지가 될 수 있고, 일본 독립리그도 괜찮은 대안이다. 의외로 좋은 선수들이 열악한 환경에서 플레이하고 있다. 내가 겪어본 미국과 일본의 독립리그 선수들은 자국의 치열한 경쟁으로 인해 프로 레벨의 선택을 못 받았을 뿐, 가진 기량 자체는 출중한 이들이 결코 적지 않았다.

KBO 리그에서 활약하기에 하등의 문제가 없는 준수하고 유망한 선수들이 꽤 많이 눈에 들어왔다. 오히려 기존 KBO 리그의 주전급 선수들을 위협할 만한 기량을 가진 선수들이 KBO 리그 주전급 선수들이 받는 연봉의 10%도 받지 못하면서 간절히 프로의 꿈을 이어가고 있다. 2026년부터 시행되는 KBO의 아시아쿼터 제도로 인해 이런 선수들에게 더 많은 관심과 기회가 돌아갈 것이다.

아마도 2024년부터 임시 대체 선수 물꼬를 튼 SSG의 행보를 거울삼아 많은 구단들이 일본의 독립리그 구단을 노크하리라 본다. 이렇듯 미국의 트리플A와 일본 프로팀 그리고 독립리그까지 두루 넓게 커버하려면 인력과 예산이 추가로 필요할 것이다.

다음으로는 선수를 관찰하는 부분에서 주의해야 할 사항들이다. 관찰 출장 시에는 정해진 출장 일정이 있는 관계로 대부분 대상 선수들 특히 투수들을 면밀히 관찰할 수 있는 시간적인 여유가 없다. 어떤 때는 겨우 5이닝 정도만 관찰하고 끝날 수도 있다. 이것을 보고 거액이 드는 중요한 외국인선수를 선택한다는 것은 어쩌면 운에 맡기는 것이나 같다.

그래서 타깃 범위에 들어온 선수들을 잘 주시해서 추적 관찰해야 한다. 봄에 던진 내용과 여름이 지나면서 나오는 변화도 유심히 관찰해야 한다. 타이트하게 짜인 일정을 소화하며 한 팀이라도 더 관찰하려면 실제로는 특정 선수만 면밀히 집중 관찰하기도 힘든 상황이지만 결국 좋은 선수들은 추려지게 되어 있다.

요즘은 미국 트리플A 경기도 예전과 다르게 활발히 TV 중계를 하고 있어 그나마 다행이다. 마이너리그 홈페이지에서 경기 결과도 잘 확인할 수 있으니 다른 일정을 소화하면서도 자신이 마음에 둔 선수들을 계속 파악하는 것은 어렵지 않다. 어떤 날은 컨디션이 안 좋을 수도 있고 여러 요인으로 인해 부진이 길어질 수도 있다는 것을 잘 살펴야 한다.

국제 스카우트 파트를 꾸리는 인적 자원의 구성은 현장의 스카우트들과 데이터로 접근하여 도출하는 분석 파트가 콜라보레이션을 이루어야 완전체 하모니를 이룰 수 있다. 스카우트들의 판단에 의해 모인 선수들을 데이터적인 관점에서 한 번 더 걸러주는 여과 기능을 하고 양쪽에서 우수한 평가를 받은 선수들이 추려져 데이터베이스에 저장되는 것이다. 실패 확률을 줄이는 방법이다.

데이터 분석 직원은 모니터링을 계속하면서 메이저리그와 마이너리그의 트랜잭션스(Transactions; 선수 매매 거래)를 지속적으로 예의주시하며 이적 변동사항에 대해 논의해야 한다. 생각지도 않던 의외의 물건이 갑자기 시장에 나오는 것이 이쪽 생리이기 때문이다. 메이저리그급 물건들이 갑자기 시장에 나올 때 이런 소식을 한국의 구단에 알려주는 일 같은 건 없다. 각자 구단들이 늘 주시하면서 관찰해야 뭐라도 낚아챌 기회가 생긴다.

하지만 이런 세세한 일에 무관심하거나 관심은 있어도 실질적으로 전력투구할 수 있는 인력이 부족다면 단순히 데이터베이스만 갖고 시장에 참여할 수밖에 없는 형국이다. 이런 저런 이유들로 후보군에 있던 선수들이 한 명씩 빠져나가고 또 놓치고 하면 그땐 정말 타이밍도 선수도 모두 다 놓치게 된다.

한편 주의해야 할 사항으로 기존 외국인선수들의 맹활약으로 트리플A 관찰 일정을 축소하는 경우가 더러 있을 수 있다. 기존 선수들이 좋은 퍼포먼스를 보여주고 있으면 이들과의 계약 연장에 주력해야 하므로 자칫 새로운 데이터 수집을 등한시하게 될 수 있는데 그렇지 않도록 주의해야 한다.

외국인선수 업무는 늘 항상 최악의 상황을 가정하고 준비해야 하는 것이다. 아무리 기존 선수들이 잘하고 있다고 해도 늘 다음에 대한 준비가 되어있어야 한다. 비록 지금 관찰 출장으로 체크하는 선수들이 당장 빠르게 데리고 올 선수가 아니며 다음 시즌이나 몇 년 후를 기약해야 하는 메이저 유망주라고 해도 구단의 외국인선수 데이터베이스에는 올라와 있어야 한다.

그러한 선수들이 몇 년 지나지 않아 구단의 레이더망 안에 들어오고 확실한 타깃으로 좁혀질 수 있다. 지금은 쳐다보지도 못할 나무처럼 느껴지지만 얼마 지나지 않아 대상 후보에 오를 수 있기 때문에 기존 선수들이 잘하든 못하든 국제 스카우트 파트는 늘 항상 준비에 만전을 기해야 한다. 지금 뛰고 있는 선수들도 중요하지만 항상 앞을 내다보고 준비해야 하는 파트임을 되새겨야 할 것이다. 적절한 예산 투입과 효과적인 인적 자원 편성으로 철저히 사전준비를 잘 마친다면 급작스러운 위기에도 잘 버티면서 조기에 정상 궤도로 돌아올 수 있다고 믿는다.

구단 수뇌부는 평소에도 외국인선수 시장, 특히 당해 연도 시장에 대해서는 많은 관심을 갖고 대화를 하며 실질적인 여건을 만들어줘야 한다. 외국인선수가 부진하게 되면 안절부절 좌불안석이 되는 사람들이 스카우트 업무와 관련된 이들이다. 구단 임직원들을 포함하여 많은 주변 사람들에게 미안한 마음을 갖게 되고 자책하게 되는 일들이 많다.

하지만 충분한 시간과 관심을 주고 서포트하면 일련의 과정을 거쳐 점차 전문인으로서 숙련된 인력이 될 수 있다. 프런트 사무실의 여타 직원들이 갖는 스트레스의 몇 배나 되는 중압감을 갖고 선수를 뽑는 보직, 그것도 팀 전력의 절대적인 비중을 차지하는 외국인선수를 선발하는 부서에서 일하는 이들을 모두 좀 더 아끼고 응원해줘야 하는 이유가 여기에 있다.

내가 외국인선수 스카우트 관련 업무에서 강조하고 싶은 이야기들을 허심탄회하게 써 내려간 것이 구단의 고위층이나 관리자급 임직원 스카우트 파트 실무자 등의 관계자들에게 인사이트로 전해질 수 있기를 바란다. 분명 책 곳곳 어딘가에 조금이나마 도움이 되는 팁과 노하우가 숨겨져 있을 것이다. 그것을 잘 포착하여 적절히 활용해주길 바란다. 그리고 야구팬 독자들이 프로야구를, 프로야구 구단을, 구단 프런트를 이해하는 데 도움이 되리라 본다.

또한, 오늘도 이국 땅에서 천리 길도 마다 않고 땀 흘려 외국인선수를 찾아다니는 KBO 리그 전 구단의 해외 스카우트 담당자들의 노고에 선배 스카우트로서 깊은 응원의 박수를 보내고 싶다. 특별히 함께 해외 스카우트 파트에서 고군분투하고 있는 후배 남윤성 스카우트의 앞날에 서광이 비추길 바라고, 앞으로 청출어람하는 야구인이 될 것을 믿는다. 그리고 이 지면을 통해 이제는 구단을 떠나게 되어 더 이상 함께 하지 못하는 아쉬움이 있지만 김현람, 최홍성 두 동료에게도 수고 많았다는 말을 전한다.

PART 3.
야구인 진상봉의 생각들

Chapter 5.
지속적으로 변화하는 선진야구 MLB

코로나19의 여진

한국프로야구 구단들의 코칭스태프, 프런트, 스카우트도 외국인선수 수급의 최대 시장인 메이저리그(MLB)의 변화에 대해 더 많이 알아야 한다. 그래야 우리 야구도 더 배우고 발전할 수 있다. 스카우트로서 미국 야구를 지근거리에서 접한 경험이 많았던 나는 MLB에서 보고 듣고 배운 선진야구를 조금이나마 야구인, 야구팬 독자들과 공유하고 싶은 마음에서 몇몇 생각을 정리하여 전한다.

2020년초 코로나19가 전 세계를 휩쓸고 지나간 여파는 여지없이 미국 프로야구도 그냥 지나치진 않았다. 루키 리그를 거쳐 점차적으로 싱글A로 그리고 더블A와 트리플A로 승급을 올리는 단계를 두고서 선수들을 촘촘하게 집중 육성시키던 시스템이 결국은 무너졌다.

각 구단들은 저마다의 경제력으로 끝까지 버텨보려 하였으나 역부족이였고 무관중의 충격 자체가 주는 메머드급 태풍은 각종 야구산업의 인프라들을 힘없이 맥없이 무너뜨려 갔다. 시민들은 집안에서 발이 묶였고 회사도 재택근무로 전환되어 사람들이 모이는 것을 원천적으로 차단시켰다. 도시 기능은 마비되었고 야구 산업도 일제히 문을 닫는 실정이었다.

급기야 개별 구단들도 선수들을 정리해야 하는 결단을 내려야 했고 정리된 선수들은 쓸쓸히 제2의 인생을 살기위해 각자의 길로 떠나야 했다. 실제 코로나 직전의 미국 메이저리그는 구단별로 대략 200명이 넘는 선수단을 보유하였다.

메이저리그 로스터를 운영하면서 40인 로스터에 드는 선수들과 그 외 계약권리를 가지는 6년 온 더 컨트랙 선수들을 포함하면 인원수가 200명을 넘어선다. 갓 들어온 신인선수들과 입단 6년 차들은 모두 여기에 해당이 되고 6년이 지나기 전에 트레이드가 되던, 메이저로 승급을 하기도 하고 반대로 방출을 당하기도 한다.

이들은 모두 드래프트를 통해서 들어오기도 하고 때론 해외 자유계약으로 입단하는데 국내의 아마추어 선수들이 미국에 진출할 때엔 모두 이러한 조건으로 입단한다. 이들의 연봉은 대부분 단계별로 루키는 19,800달러에서 트리플A까진 35,800달러 사이로, 극히 작은 연봉으로 선수단이 운영되는데 이 금액도 최근 몇 년 동안의 기나긴 협상 끝에 얻어낸 결과이다.

만약 선수가 6년 계약기간이 끝나는 즈음에 기량이 출중하게 올라와 메이저 계약을 맺게 되어 40인 로스터에 들면 제법 큰 금액으로 연봉이 달라지게 된다. 기회의 땅이기 때문에 천문학적인 계약을 이끌어내기도 하는 곳이 미국 메이저리그다.

실제로 LA 에인절스 소속이었던 오타니 선수가 LA 다저스로 FA 이적하면서 받은 금액은 역대 프로스포츠 종목으로서 최대 금액인 7억 달러의 대기록을 세우면서 전 세계를 놀라게 했다. 7억 달러면 우리나라 돈으로 환산하면 약 9,500억 원으로, 거의 1조 원에 이른다. 한 명의 스포츠 선수가 받은 금액이 이 정도라면 이런 상황을 어찌 설명해야 할까? 스포츠 산업이기에 가능한 일이 되었다.

어쨌든 코로나19는 세상 사람들에게 많은 아픔을 주었고 다행히도 지금은 시들해졌다. 수많은 사람들이 사랑하는 사람들과 생이별을 해야 했고, 건강과 일을 잃었으며 좋아하는 많은 것들을 빼앗겼다. 언젠가 또 다른 무엇이 인류를 삼키려 나타나면 또다시 세계의 사람들은 그와 맞서 싸워야 할 것이다. 영화에서 보았던 것처럼 이런 일이 벌어지면 우리 인류는 언제나 그랬듯이 모든 것을 바쳐 맞서 싸울 것이다.

코로나19로 인해 재정 압박에 시달리며 마지못해 선수단을 해체, 축소한 구단들도 있었고, 프런트 직원들도 선수단과 마찬가지로 이별을 통보받았으며 일터를 떠났다. 그렇게나 많았던 스카우트들도 명맥만 유지하면서 대량 해고되었다. 자연히 조직 구조는 필수 인원들만 남게 됐고, 선수단, 코칭스태프, 프런트 모두 예외는 없었다.

다양한 선수층을 세세히 관리하며 단계적으로 육성해오던 구단 시스템이 멈추었고 눈물을 머금고 강제 방출을 시켜야 하는 일들이 코로나19로 인하여 실제로 벌어졌다. 메이저리그 경기는 무관중으로 열려야 했고 트리플A와 더블A 같은 마이너리그 경기는 무한정 연기되어 사실상 모두 취소되었다. 중소 도시의 지역 경제 활성화와 미국민들의 야구 갈증을 풀어주던 단비와도 같았던 모든 마이너리그 경기들은 올

스톱 되는 불운을 겪어야 했다.

끝까지 야구의 길을 포기하지 않은 선수들은 가까운 아카데미 등 사설 훈련 시설을 찾아서 다음 기회를 찾으려 했고 나머지는 모두 가정과 가족을 위한 생계문제 해결을 위해 일자리를 찾아야 했다.

구단들의 가장 큰 고육지책은 선수 관리에 있었다. 어떻게 하면 선수들의 기량을 유지하면서 육성할 수 있을지 끊임없이 고민해야만 했고 방법을 찾아야 했다. 그래서 구단들이 찾아낸 방법이 미국 내에 자생해서 이어져 오는 독립리그 야구를 활용하는 것이었다.

구단들은 매년 드래프트를 통하여 영입한 신인선수들, 즉 고액의 계약금을 주고 영입한 신진급 선수들과 상위 라운드급 선수들을 관리하기 위해 독립리그에 파견하여 경기를 이어가게 하였다.

독립리그는 자체적으로 운영하는 리그이기에 정부의 강제 셧다운에도 비교적 자유로웠다. 장기간 리그를 이어서 하지는 못했지만 짧게나마 리그를 운영하며 관중들을 입장시켜 자본주의 국가답게 일정 부분 자율을 주었다.

나 또한 그해 2020년 가을 한창 코로나19가 악화일로를 겪을 때에 미국 중부와 중북부를 다니면서 독립리그 선수들을 직접 보러 다니며 선수들의 면면들과 독립리그의 현황 등을 체험한 바 있다.

그때 당시에는 트리플A에서 경기를 치를 정도의 기량을 가진 선수들이 대다수 독립리그에서 경기를 펼치는 것을 봤고, 아직까지도 명맥을 이어가고 있는 애틀랜틱 리그는 참여 팀도 꽤 많은 리그로서 현지의 야구팬들로부터 변함없이 많은 사랑을 받고 있음을 느낄 수 있었다. 이러한 풀뿌리 리그가 존재하였기에 그래도 야구에 대한 꿈을 접지 않고 계속 이어서 지금까지 선수 생활을 하는 선수들이 많이 있다.

1, 2차 세계 대전 중에서도 중단 없이 이어져왔던 MLB 프로야구는 역대 한 번도 겪어보지 않았던 무관중 경기를 치르며 낯선 경험들을 이어가야 했다. 평소 4~5만명 이상의 관중들이 운집하여 시끌벅적 즐기던 야구장은 그야말로 고요 그 자체였고 우스갯소리로 상대 벤치에서 나오는 이야기가 이쪽 벤치에서 훤히 들릴 정도로 정적 속에서 시합이 치러졌다.

마스크를 하고 경기를 뛰는 선수들은 그 모습들을 먼 훗날 되돌려 보면 어떤 슬픈 추억들을 담았을지 모르겠다. 하지만 분명한 것은 야구 경기에 관중이 없다는 것은, 팬이 존재하지 않는다는 것은 상상만 해도 끔찍한 일임을 모두 피부로 깨닫지 않았을까? 멋진 플레이를 해도, 중요한 순간의 찰나에 다이빙 캐치로 낚아채서 병살로 위기를 벗어나 이닝을 마무리해도 열화 같은 환호성은 들리지 않았다.

선수들은 모두가 한결같이 팬의 중요성을 진정으로 체감했을 것이며 야구장을 찾아주는 관중들이 늘 함께 해야 하고 소중히 아끼고 존중해야 하는 존재라는 것을 느끼는 계기가 되었을 것이다. 이는 미국뿐만 아니라 일본이나 한국에서도 마찬가지였다. 거의 동일한 조건으로 KBO 리그도 한동안 무관중 경기로 시즌이 치러지는 어려움을 겪었기 때문이다.

코로나19는 물가 인상이란 인플레이션을 야기시켰고 세상을 돌아가게 하는 각종 식자재와 원자재 그리고 주택 가격과 각종 소비재, 기름값 등을 모두 폭등시켰다. 미국 정부가 셧다운 시킨 경제에 대한 보상으로 전 국민에게 어마어마한 돈을 풀었기 때문에 물가가 미친듯이 상승한 이유가 되었다.

미국의 금리 금융정책을 결정하는 연방준비제도 위원회(FED)의 연방공개시장위원회(FOMC)에서도 인플레이션은 한시적일 것이라며 부인하다가 결국 심각한 인플레이션을 인정하고 기준금리를 늦게나마 올리는 실기를 저질렀다.

미국의 기준금리 인상은 세계 경제를 압박하기에 충분했고 개발도상국들의 연이은 금리인상 러시로 펀더멘탈(Fundamental)이 약한 국가는 경제 위기가 초래되고 부동산 시장이 급격히 흔들리는 부작용들로 각국은 바짝 금융시장을 주시하기에 이르렀다.

코로나19로 인한 프로야구를 이야기하다가 경제 이야기로 넘어갔는데 결국은 경제와 프로야구를 떼어놓고 논하기 어려운 까닭이 있어서 그렇다. 특히나 국내 프로야구 구단들은 모두 모기업의 재정 지원을 받으며 운영되는 만성 적자 조직이기에 실질적으로 독립채산으로 바뀌게 되면 살아남을 구단들은 몇 되지 않는 것이 냉엄한 현실이다.

그래서 기준금리 인상과 인플레이션 등 생소한 경제용어이지만 모기업의 매출과 영업이익 등이 자회사인 프로 구단들에게 직간접적으로 밀접하게 연결되어 있음을 알려주고 싶다.

1980년대 프로야구 초창기때엔 정치적인 의미가 많이 부여되어 운영되었지만 지금 시대와 세대는 철저하게 경제 논리로 이루어지는 자유민주주의, 시장경제 체제이기 때문이다. 즉 모기업이 흔들리면 야구단의 존속 자체가 위기에 봉착하기 때문이다.

다시 본론으로 돌아가서 미국 메이저리그는 여전히 끊임없이 변화를 주저하지 않고 시도하고 있다. 메이저리그 선수가 되면 기본적으로 보장받는 최저연봉이 있다. 불과 몇 년 전엔 약 50만 달러였는데 이젠 선수노조와 MLB 사무국의 협상에 의해 점차적으로 상향 조정되어 2024년도에는 74만 달러, 26년부터는 78만 달러까지 늘어나는 합의가 이루어졌다.

또한 5년마다 새롭게 최저연봉을 다시 협상한다는 여지를 남겨놓았기에 앞으로도 더 상향되는 것은 주지의 사실이다. 멀지 않은 날에 최저연봉 100만 달러 시대가 열릴 것이라고 본다. 물가가 천정부지로 오르고 프로야구의 가치를 스스로 올리고자 하는 선수 노조 측의 의견을 십분 반영하여 어렵게 이루어진 결정이지만 구단 측면에서는 울며 겨자 먹기식으로 발맞춰야 하는 선수단 연봉 증가에 대한 부담감이 없다고 말하긴 어렵다.

다만 문제를 최소화하고 원만한 리그 운영을 위하여 받아들였다고 본다. 반발과 충돌을 미연에 방지하기 위함일 것이다. 이는 국내 프로야구에도 미치는 영향이 작지 않을 것이다. 왜냐하면 국내프로야구에서 운영되는 외국인선수는 투수와 야수를 포함하여 도합 3명이고, 이들의 연봉은 각각 제한연봉이 계약금 포함 총 100만 달러가 상한선이다. 메이저리그의 최저연봉이 78만 달러 수준으로 오르면 그만큼 태평양을 건너 한국으로 오는 선수가 얻는 메리트는 상대적으로 크게 줄어든 것으로 여겨질 수밖에 없다.

몇 년 전만 하더라도 최저연봉이 50만 달러였을 때 선수들에게 내미는 '더블' 수준의 100만 달러 보장 금액은 매우 큰 기준이었다. 태평양을 과감하게 건너 낯선 이국 땅으로 가게 만드는 데 큰 역할을 할 수 있는 경쟁력 있는 금액이었다. 미국의 변화는 곧 KBO의 외국인선수 운영정책에도 변화를 줘야 되는 숙제를 안긴다.

  가뜩이나 100만 달러 상한선으로 인해 양질의 기량을 가진 선수들을 일본 리그에 양보해야만 하는 일이 태반인데 이로 인하여 우수한 기량의 선수들을 잡지 못하는 일들이 늘어날지 모른다. 또한 겨우 힘들게 스카우트해온 선수들의 기량 역시 점점 하향 추세를 그리며 중도 교체의 악순환이 반복되는 일이 잦아질 듯한 우려 또한 크다.

미국 스프링캠프 이야기

미국 메이저리그는 공식적으로 스프링캠프를 크게 두 지역에서 연다. 총 30개 팀이 각각 15개씩 플로리다와 애리조나 피닉스라는 비교적 겨울에도 온화한 기온을 갖고 있는 지역에서 스프링 트레이닝을 갖는다. 지자체에서 대규모 야구장을 건립하여 임대하는 형식으로, 누이 좋고 매부 좋은 식으로 스프링캠프 기간 동안 이 지역들은 때 아닌 호황을 누리게 된다.

야구팬들이 각자 응원하는 팀들과 선수들에게 힘을 주고 격려하고자 전국 각지에서 구름처럼 몰려들어 큰돈을 쓰는 것을 마다하지 않는다. 자연히 지역경제는 호텔 등 숙박업부터 시작하여 렌터카, 식당, 각종 편의 시설 등이 골고루 호황을 맞는다.

사례를 들어 이야기하자면 평상시에 120달러에서 150달러 정도의 비용이면 미국 내 호텔 중에서도 그럭저럭 괜찮은 제법 깔끔한 호텔을 구할 수 있다. 소위 말하는 3성급 이상의 양호한 호텔들을 선택할 수 있는데 스프링캠프 기간 동안에는 호텔 자체가 품귀현상이 벌어져서 두 배 이상 오른 250 달러 넘는 돈을 지불해도 방 하나를 구하기가 하늘에 별 따기처럼 힘들어진다.

한국에도 잘 알려진 프랜차이즈 호텔인 홀리데이인이나 매리어트 같은 곳도 이 기간 동안에는 어김없이 가격이 크게 상승한다. 그래서 어쩔 수 없이 20만 원이 넘는 비용으로 2성급 호텔을 찾을 수밖에 없다. 그런 곳은 엘리베이터도 없고 삭막한 분위기에 주변도 을씨년스럽고 별다른 편의시설이 없다.

그럼에도 예약을 잡기가 어렵다. 그런 묘한 상황이 연출되는 곳이 스프링캠프이다. 지역사회에 고무적인 것은 현지 인력들의 대규모 고용창출이 이루어진다는 것이다. 야구장마다 많게는 100명 이상 단기 직원과 아르바이트를 고용하는데 이는 해당 지역에서 큰 산업을 하나 유치한 것이나 마찬가지다.

특히 고용된 직원들을 유심히 살펴보면 연세가 드신 분들도 많다. 먼저 관중들을 맞이하는 주차장에서부터 많은 인력들이 포진되어 있다. 주차장에 들어오는 차량들을 자연스럽게 일렬로 유도하는 간단한 일들은 주로 시니어 스태프들이 맡고 게이트 입장을 위한 티켓 검사 등의 업무와 입장하여 해당 좌석으로 내려가는 통로에서 길을 안내하는 일 등 많은 이들이 고용되어 경기장을 찾는 관중들을 돕는다.

모두에게 소중한 일자리가 되고 관중들은 더욱 편안하게 야구를 볼 수 있는 여건을 만들어준다. 스프링캠프에는 시범경기도 포함되어 있다. 메이저리그 선수들과 메이저 승격 기회를 받기 위한 마이너 선수들, 그리고 초청 선수들이 다 함께 메이저리거가 되기 위한 열망을 안고 치열하게 경쟁한다.

이미 수백억을 받는 스타급 선수들은 팬들의 열렬한 환호에도 아랑곳하지 않고, 그저 자신의 기량과 컨디션을 시즌에 맞추어 끌어올리려고 몸을 풀지만, 나머지 선수들은 마지막 남은 몇 장의 티켓을 부여잡기 위해 몸부림치는 곳이 바로 스프링캠프 시범경기이다.

야구장의 규모는 메인 메이저리그 구장에 비해서는 작지만, 모두 훌륭한 시설을 갖추고 있다. 대부분 1만 5천석 정도의 규모인데 주중에는 1만명 이상 들어차고, 인기 구단의 주말 경기 같은 경우는 1만 5천명 이상의 팬들이 운집해 매진사례를 이룬다.

대중교통이 전무한 사막 한 가운데의 애리조나 피닉스 지역은 모든 관중들이 차로 이동하여 경기를 관람하기 때문에 주차장 규모도 대단하다. 그곳을 가득 채운 차량들을 보노라면 미국 사람들이 남녀노소 얼마나 야구를 사랑하는지 국민적인 애정과 관심을 실감하기에 부족함이 없다.

또한 야구장 입장료도 만만치 않게 많이 받고 있어서 이 수입만으로도 엄청난 매출이 올라오고 선수들의 유니폼 저지, 모자 그리고 각종 머천다이징(Merchandising) 제품들의 매출까지 포함하면 상당한 수익을 올리게 된다. 미국 야구장은 아예 외부 음식물을 갖고 입장할 수 없다. 이는 안전, 보안 같은 부분과도 관련이 있지만 그보다는 야구장 내에서 파는 음식들을 보호하기 위한 것이다. 식품, 음료 판매는 구단의 매출과도 직결되기 때문에 철저히 제한된다. 물도 허용되지 않는다.

어릴 적부터 먹어왔던 야구장의 음식들은 대부분 핫도그부터 시작하여 햄버거 등 간단한 음식들이 대부분이지만 옛날 추억을 소환하는 맛이기에 사람들은 값이 비싸도 기꺼이 지갑을 연다. 물 한 병에 5달러 이상을 받기도 하는데 아이러니한 것이 월마트 같은 대형 마트에 가면 물 20병 한 묶음을 7달러에 살 수 있다.

그럼에도 사람들은 물이든 맥주든 콜라든 쉴 새 없이 사 마시면서 소리치고 웃으면서 야구장 안팎에서 기꺼이 대여섯 시간을 보낸다. 그런 곳이 야구의 본고장 미국 메이저리그 스프링캠프 모습이다. 기간은 보통 2월 22일부터 시범경기가 시작되어 3월 24일까지 1개월 안팎 소요되는데 이때 벌어들인 수익만으로 선수단의 스프링캠프 비용을 모두 충당하고도 남는다고 하니 상호 윈윈으로 이보다 좋은 것이 어디 있을까 싶다.

선수단 자체는 예전보다는 인원이 많이 줄었지만 그래도 스태프까지 포함하면 200명이 넘는 대규모 인력이다. 이들의 호텔비와 식비 등 각종 경비는 수십억에 이를 수 있다. 이런 경비를 무난하게 충당할 수 있는 스프링캠프 시범경기는 야구 사랑이 지대한 미국야구 팬덤이 아니면 쉽사리 이루어질 수는 없을 것이다.

이런 부분들을 롤모델 삼아 잘 벤치마킹하고, 반면교사로 삼을 것도 함께 공부하여 적용하면 좋으련만 아직까지는 여러모로 시기상조인 불가능한 그림으로 보인다. 일단 대한민국의 국토 안에서는 이 시기에 온화한 기후를 가진 지역이 없고, 10개 구단이 동시에 트레이닝을 할 수 있는 매머드급의 프로 레벨 야구 인프라 시설이 갖추어진 곳도 없기에 그저 부러운 마음, 안타까운 마음만 들 뿐이다. 언감생심이다.

제도 변화와
시간과의 싸움

피치 클락이 도입되고 2년째를 맞는 MLB는 여전히 시간과의 전쟁 중이다. 지루하게 늘어질 수 있는 경기를 보다 박진감 있게 끌고 가기 위해서 불필요한 시간들을 대폭 줄이기 위한 노력은 역시나 성과가 있었다.

2022년까지만 해도 경기당 3시간 4분의 시간이 소요되었으나, 2023년 제도 시행 후 2시간 39분으로 무려 25분이나 단축되었다. 경기는 빨라진 시간만큼 박진감이 늘었고 루즈한 경기를 없애기 위해 공인구의 반발력도 높이면서 공격야구를 이끌었다. 2024년까지 주자가 없을 경우 15초, 주자가 있을 경우 20초였던 피치 클락이 다시 유주자 시에만 18초로 단축되면서 스프링캠프 시범경기부터 운영되었다.

다만 너무 시간 단축에만 포커스를 둔 새로운 제도 탓에 투수들의 부상 초래에 대한 우려가 나오기도 한다. 투구와 투구 사이 간격에 충분한 시간이 주어져야 되는데 너무 빨리 던지는 것에만 신경 쓰느라 자 첫 템포 문제로 부상 전조를 눈치채지 못하는 상황이 발생할 수도 있기 때문이다. 사실 모든 새로운 제도에는 명과 암이 공존할 수밖에 없다. 슬기롭게 잘 대처해서 피해를 최소화하는 것만이 살아남는 길이다.

홈 플레이트를 제외한 각 루의 베이스 크기도 기존의 15인치에서 18인치로 확대하면서 주자에게 유리하게 바뀌었다. 이는 주자들의 부상 방지를 위한 측면도 고려한 결정이었다. 그래서 나온 결과도 흥미롭다 팀마다 도루수가 증가하였고 주루 플레이 중에 부상을 당하는 선수의 숫자도 확실히 줄었다. 베이스 크기가 가져온 선한 효과이다.

그리고 야구의 재미를 반감시켰던 수비 시프트에도 제약을 둬서 정중앙의 2루 베이스를 기준점으로 하여 수비수들이 구역을 넘어가지 못하도록 하였고 이를 위반할 시에는 자동으로 볼을 하나 추가하여 페널티를 주었다. 정상적이고 공정한 것을 추구해야 하는 것을 지나치게 변칙적으로 활용하던 것에 대한 조정이었다. 과도한 시프트를 방지하여 안타 코스의 잘맞은 타구가 범타가 되어버리는 사례를 줄였다.

이렇게 미국야구는 지속적으로 살아있는 생물처럼 크고 작은 변화를 꾀하고 있다. KBO도 24년부터 세계 최초로 ABS를 도입하였다. 어쩌면 과학의 힘을 빌려 오랜 시간 동안 사람들을 괴롭혔던 불신의 벽을 과감하게 허무는 것도 좋은 방법이라고 생각된다.

ABS는 2023년도에 아마 야구에서 혁신적으로 잘 시행한 결과를 보더라도 앞으로 프로야구에서 큰 문제없이 안착하리라 본다. 약간의 기계적인 오류만 바로잡으면 훨씬 높은 공정성으로 스포츠의 원 취지를 더욱 빛낼 수 있으리라 생각한다.

우리나라도 2024년부터 피치 클락에 대해 활발하게 논의하며 정식 경기에서 시범적으로 시행 중이다. 위반 경고횟수는 시즌이 지나갈수록 더 늘어나는 추세이다. 시즌이 중반 이후로 갈수록 순위 싸움에 혈안이 되기에 경기에서 피치 클락에 맞추어 바로바로 볼을 던지기가 결코 쉽지 않다.

2025년부터 본격적으로 시행하지만 도입 확정까지는 이견이 많이 나올 것 같다. 머지않은 날에 도입이 확실하게 결정될 것으로 보는데 사실 우리 한국야구도 경기 시간을 더 많이 단축하기 위해서는 무엇이라도 변화를 주기는 해야 한다.

한편으로 사인 교환기 피치컴도 시간과의 싸움에 동참하여 그라운드에 새롭게 등장한 신문물이다. 1분, 1초라도 신속하게 진행되어 경기가 루즈해지지 않고 경제적인 경기를 만들고자 노력하는 일환에서의 도입이다. 투수와 포수의 사인 교환까지도 시간을 아끼자는 취지인데 야구에서 볼 수 있는 작은 묘미가 없어지는 느낌도 없지 않다. 하지만 시간과의 싸움은 계속 더 발전적인 방향으로 가야 한다. 시대와 세대의 요구인 것이다.

투수들의 스피드 전쟁

메이저리그에 스피드 바람이 불었다. 과거에 비해 시속 100마일 이상의 공을 던질 수 있는 강속구 투수의 수가 훨씬 더 많아졌다. 과거 빅뉴스를 만들었던 100마일의 투수들이 이제는 제법 흔하게 발견되고 95마일 이상을 던지는 투수들은 거의 평균적이고 기본적인 구속이 되었다고 해도 과언은 아닌 듯싶다.

반면 예전에 비해 부상자들의 비율도 늘어나고 있다. 이 역시 늘어난 피칭 스피드와 연관성이 있다고 얘기할 수 있을 것이다. 먼저 선수들의 신체 발달이 점점 더 대형화되고 있으며, 과학적인 근력 훈련으로 근력 또한 과거 대비 더욱 효율적으로 파워업 되고 있다. 또한 분석 기술도 훨씬 더 과학적으로 진화하고 발전한 덕분에 선수들이 자신의 장단점을 훤히 꿰뚫고 단점 극복에 더욱 힘을 쓴다. 점진적으로 완전체의 피지컬을 향하여 달려가는 데 효과적이다.

선수들의 의식도 더욱 프로페셔널해져 운동 이외에 불필요하고 소모적인 일에는 크게 관여하지 않고 선수로서의 발전에 실효적인 일에만 자신의 몸과 마음의 시간을 할애하는 추세가 되었다. 그런 분위기와 정신 자세가 무르익어가는 현 시대의 프로 세계에, 새로운 기법인 드라이브 라인이란 훈련법이 창안되었다.

드라이브 라인은 2012년 당시 시애틀의 북쪽 허름한 창고를 임대하여 처음으로 동작 분석과 고중량(웨이티드 볼) 훈련법을 창안한 것이다. 그들도 처음부터 고중량 훈련법을 시작한 것은 아니었으나 시행착오를 거듭하다가 우연치 않은 계기로 웨이티드 볼을 활용한 훈련법을 만들게 되었다.

그들의 연구심과 창의력은 높게 평가되어야 하는 게 맞다. 'Do More Have More'라는 영어 표현이 있다. 참 맞는 말이라고 생각한다. 국내에 구전되는 말로 '많이 먹는 사람이 힘쓴다'는 표현이 있는데 더 하고, 더 가지라는 말과 뜻이 통하는 것 같다. 드라이브 라인이란 선진 투구 훈련법이 자신의 인체 구조와 잘 맞아서 극적인 성과를 내고 입신양명한 선수들도 많이 있다.

그러나 조용히 소리 소문 없이 부상으로 사라진 선수들도 분명히 있을 것이다. 왜냐면 무슨 일이든지 잘된 일들만 부각되지 잘못된 것들은 조용히 묻히기 때문이다. 스피드는 늘었는데 제구력은 저하되는 현상. 야구의 패턴도 변화하여 운영의 묘를 살리는 볼 배합의 기술은 어딘가로 밀리고 그런 투수들도 우선순위에서 밀리면서 오직 볼 스피드가 빠른 선수들로 채워졌다.

메이저리그도 이제 중간투수 야구를 한다. 두 가지 볼만 던지는 투

피치 투수들로 중간 셋업 투수들이 채워지는 그런 야구를 하기 시작했다. 그야말로 '광속구' 전쟁이 된 것이다. 실제로 나는 2024년 3월 애리조나 피닉스에서 펼쳐진 메이저리그 스프링캠프 시범경기를 직접 참관하였다. 3월 11일 열린 텍사스 레인저스와 LA 에인절스의 시범경기에서 에인절스 우완투수 벤 조이스의 피칭을 보며 깜짝 놀라 넋을 잃고 지켜 본적이 있다.

그 선수는 패스트볼 구속이 무려 102마일이었다. 그 정도의 빠른 볼을 어렵지 않게 구사하며 자신의 존재를 알렸는데 아쉽게도 던지는 투구수에 비해 스트라이크 비율이 턱없이 낮았다. 결국 아웃카운트를 늘리지 못하고 1이닝도 채 막지도 못하고 강판되는 것을 보았다.

구속은 엄청나게 빠른데 스트라이크를 던지지 못하니 그 좋은 볼이 무용지물이 되는 것이다. 이런 것이 야구다. 야구 감독들이 제일 싫어하는 것이 소위 '볼질' 하는 투수들이다. 동료 야수들의 맥이 빠지는 것은 두말할 것도 없고 보고 있는 팬들까지 실망스럽게 하며 경기 자체를 무기력하게 만드는 주범이 제구가 되지 않는 볼의 남발, 연속되는 사사구다. 스피드가 중요하지 않다고 할 수 없지만 그래도 제구력이 우선되어야 하는 이유가 바로 이런 것 때문이다.

구단에서도 골머리를 앓기는 마찬가지다. 계륵 같은 존재라서 버리긴 아깝고 당장 쓰기는 어렵고 하여 언젠가를 위하여 계속 키핑해두는 것이다. 자칫 잘못 내보냈다가 다른 팀에 가서 포텐셜(Potential)이 터지기라도 하면 여간 낭패가 아니기 때문이다. 그래서 구속이 빠른 선수들은 이래저래 구단의 고민거리로서 일단은 어느 기간 동안이라도 함께 가야 하는 운명인 것이다.

스피드는 투수들에게 떼려야 뗄 수 없는 불가분의 관계이다. 그래서 너도나도 스피드에 매달린다. 그러다 보니 폐해도 그만큼 늘어나는 것이다. 2024년도 MLB 스프링캠프 기간 동안 심각한 어깨 부상으로 로스터에서 낙마한 투수들의 숫자가 예년에 비해서 엄청나게 늘어났다.

2025년초 스프링캠프 기간이 채 끝나기도 전인 중간 지점에서 30개 구단에서 총 151명의 부상자가 발생하였는데 시즌아웃 판정을 받았거나 무기한 재활로 분류된 선수가 총 48명이었다. 그중에서 투수만 무려 39명이나 기록될 정도로 심각했다. 채 몸이 다 만들어지기도 전에 광속구만 추구하다 보니 불가피하게 벌어진 씁쓸한 상황이다.

인체 구조 중에서 가장 언밸런스한 동작이 공을 던지는 자세이다. 인체 구조를 역행하여 비틀고 꼬아가며 가동 범위를 넘어서며 가해지는 물리력이 신체의 일부분을 점차 손상시킨다. 그러한 운동 행위 중 가장 대표적인 것이 공을 던지는 피칭 동작이란 것은 이미 과학적으로 밝혀진 사실이다.

불완전한 어깨 구조가 활처럼 휘어지고 팔꿈치의 가동 범위를 넘어서는 과도한 굴절 등이 이루어지면서 스로잉이 이루어지면 속구가 만들어지는데 이 같은 동작이 반복되면서 신체의 부위들이 과부하가 걸리며 손상이 생기는 것이다.

몇 년 사이에 미국에는 앞서 얘기한 드라이브 라인이라는 무게 있는 볼을 활용한 어깨 강화운동이 유행하기 시작하였고 구속 저하가 왔거나 부상 이후 재활이 끝난 선수들이 성지순례하듯이 드라이브 라인을 찾아서 마지막 몸부림을 치기도 하고, 또 어떤 선수들은 루틴하게 비시즌을 이곳에서 보내며 구속 유지와 증가에 시간과 노력을 투자하기도 한다.

　이는 지금까지도 성행 중인데 2024년 들어 비로소 부작용으로 인한 주의보가 널리 알려지기 시작하였다. 메이저리그에서 드라이브 라인에 대한 선호도가 꺾이기 시작했다는 이야기이다. 문제는 스피드는 확실히 업이 되는데 선수 부상이 다발성으로 나타나고 제구력은 저하되는 현상이 수치상으로 확연하게 보여 의문부호가 붙으면서 주의령이 발령된 셈이다.

　KBO와 아마추어 야구에도 영향력이 많은 훈련인데 우리나라에서도 주의 깊은 관찰이 필요해 보인다. 특히나 스피드를 중시하는 아마 야구 특성상 우리 꿈나무 선수들이 자칫 어린 나이에 심각한 부상을 당하지 않도록 지도자를 비롯한 야구계 선배들의 세심한 주의가 필요한 것 같다. 무작정 따라 하기보다는 선수들의 나이를 감안하여 과부하를 주지 않는 선에서 근력을 강화할 수 있는 방안들을 계속해서 연구하고 서로 공유해야 할 것이다.

타자들의 메카닉 변화

 전통적으로 타자들의 변화는 투수들이 던지는 구종의 변화에 따라 그에 대응하는 과정에서 자연스럽게 달라져왔다. 과거 투수들의 구종이 다양화되기 전에는 다운스윙이 유행했고 이후에 투수들의 구종에서 커브가 생겨나고 체인지업과 커터, 슬라이더 등에 따라서 타자들의 스윙은 급격하게 변화를 가져왔고 살아남기 위한 저마다의 기술을 터득했다.
 물론 야구의 꽃은 홈런이지만 그래도 컨택이 좋은 교타자가 각광받던 시절이 있었고 정교한 타격을 위한 3할의 예술이란 기술을 널리 배우기도 하였다. 그러나 세월이 흐르면서 메이저리그의 변화는 힘의 논리에 의해 가파르게 상승하는 투수들의 구속과 변화구의 다양한 도입에 따라서 힘 대 힘으로 맞붙는 양상으로 바뀌어 가는 추세가 되었다.
 강속구 투수들이 즐비한 투수를 상대로 연타가 나오긴 어렵다고 판단한 구단들은 장타력을 겸비한 타자를 선호하며 전진 배치시키기에 이르렀고, 타율에 신경 쓰던 시대는 이제 지나갔다. 그래서 30홈런에 2할 5푼만 쳐도 좋은 대우를 받기 시작했고 그런 연유로 타자들의 스윙은 더욱 장타를 치기 위한 궤도로 변화하고 있는 트렌드다.

또한 야구 자체의 룰이 바뀌다 보니 빠른 발을 가진 주력 좋은 타자들도 선호되기 시작한다. 아마도 모든 팀들이 스카우트 과정에서 이런 유형의 선수들을 꽤 많이 보고 검토할 것이다. 연속 안타가 나오기 힘든 상황에서 발 빠른 주자가 도루를 하여 스코어링 포지션으로 옮겨 간 후 다음 타자들에게서 장타를 기대하는 것이다.

막강한 투수를 상대로 이길 수 있는 방안은 결국 쳐내야 하는데 안타 뽑기가 여간 어려운 게 아니기 때문이다. 타자들의 스윙 궤도는 스트라이크 존을 최대한 통과할 수 있는 궤도가 되다 보니 어떻게 보면 배트 끝이 처지는 느낌을 지울 수 없는 스윙이 된다.

자칫 돌아서 나오는 것 같은 스윙이다 보니 빠른 볼에 포인트가 늦어지지는 않을까 하는 우려를 자아내지만 그게 오히려 투구 궤적에서 배트가 지나가는 확률과 히팅이 되는 면이 더 늘어나는 장점을 만들 수 있다는 점에 착안한 스윙이다.

메이저리그 타자들의 대기 타석 모습을 보면, 다들 높은 발사각을 염두에 둔 스윙, 즉 어퍼스윙에 가까운 타격을 보게 된다. 스트라이크 존으로 배트가 지나가기 위해선 이러한 스윙 궤도가 되어야 한다는 이야기다. 이것을 잘못 해석하여 무조건적인 어퍼스윙이 되면 타격을 망칠 수 있다. 레벨 스윙이 된 후에 어퍼가 되어야 하는 것이지, 처음부터 어퍼스윙을 하면 어려움을 겪을 수 있다.

2020년에 보스턴 레드삭스에서 LA 다저스로 FA 이적한 무키 베츠 선수는 메이저리그를 대표하는 강타자이다. 아시아 선수들과 별 차이 없는 신체 사이즈로 신장도 크지 않고 파워풀한 피지컬을 내세우는 선수가 아니지만 매년 30홈런 이상을 때려내며 2024시즌에는 무려 39개의 아치를 그려낸 바 있다.

무키 베츠 선수의 타격 메카닉에 대한 부분을 스프링캠프 시범경기를 보면서 유심히 살핀 적이 있다. 어떤 부분이 남들보다 탁월하기에 매년 좋은 타격 성적을 올릴 수 있는 것인지 면밀히 관찰했다.

물론 천부적으로 타고난 재능도 있겠지만 이 선수의 타격 기술은 손의 리듬감이 보통 선수들에 비해 월등하게 부드러웠고 투수의 투구 타이밍에 적절하게 잘 반응하는 모습이었다. 볼을 맞히는 도구는 배트지만 당연하게도 그 배트를 움직이는 것은 결국 손과 팔이다.

그 손과 팔이 투구에 잘 반응하여 투구 궤적으로 빠르고 강하게 이동해야 배트가 그 길을 따라서 볼을 쳐내는 것이다. 그런 메카닉이 뛰어난 선수가 무키 베츠였다. 한국 선수 중에서 비슷한 유형의 타자를 찾는다면 단연코 이대호를 칭할 수 있다. 국내를 제패한 것은 물론이고 일본 NPB와 미국 MLB에서도 타격 실력으로 존재감을 알린 선수가 이대호였다.

그는 타고난 손과 팔의 타이밍이 있어서 리그를 막론하고 큰 슬럼프 없이 좋은 타격을 일관성 있게 꾸준히 잘 보여줬다. 그 안에는 어떤 유형의 투수들을 만나더라도 어떤 구종의 변화구라도 맞힐 수 있는 본인만의 고유의 팔과 손의 타이밍이 있었다.

볼은 투수의 손을 떠나서 일정한 길을 따라서 포수의 미트에 들어온다. 구종에 따라서 각각의 코스가 있기는 하지만 그에 따른 배트의 방향성은 프로선수이기에 감각적으로 따라가게 마련이다. 문제는 정확성의 차이인데 결국 그 정확성의 오차가 적은 타자가 교타자이고 강타자이다.

현재 메이저리그는 공인구의 반발력을 많이 높였다. 홈런이 되는 볼의 스피드가 대단하다. 과거 같으면 포물선을 그리면서 넘어가야 할 타구들이 이제는 총알 같은 라인드라이브로 넘어간다. 배트에 맞는 타구의 소리조차도 둔탁한 소리가 아니고 맑고 청아한 소리가 난다. 볼이 더 단단하고 잘 튄다는 이야기이다.

홈런이 늘어나고 야구는 더욱 박진감 넘치게 설계된다. 투수의 볼은 점점 광속으로 날아다니고 타자들은 삼진 아니면 홈런이다. 하지만 그러한 흐름 안에서도 메이저리그 야구의 변화는 계속 진행 중이고 진화 중이다.

MLB와 선수노조의 미래를 위한 상생

2021년 시즌을 마치고 MLB는 한바탕 홍역을 치른 일이 있었다. 다름 아닌 2021년 시즌 종료와 동시에 함께 만료되는 노사협약에 대해 새로운 협약을 진행해야 했으나 기한이 다가와도 노사 모두 팽팽한 이견으로 줄다리기만 하던 중이었다.

어차피 시즌이 모두 종료된 12월이었기에 선수노조가 파업을 강행하기에도 시기적으로 맞지 않던 차에 MLB 측에서 먼저 직장폐쇄라는 선제적 액션에 나서며 교착 상태에 빠졌다. 양 측은 첨예하게 대립하며 다음 시즌 스프링캠프 차질부터 정상적인 정규시즌 진행 여부에도 물음표가 켜져 모두를 우울하게 했다.

더구나 2022년 시즌 후 FA 자격을 취득하는 대형급 선수들도 피해를 입을 게 자명했다. 미국은 당해 연도 시즌 중 현역 등록으로 172일을 채워야 한 시즌을 인정하는 MLB 서비스 타임을 받게 된다. 자칫 경기수가 줄어들어 규정 등록일을 채우지 못하면 FA 자격이 1년 뒤로 연기될 공산이 커진다.

만약 파행이 길어져 시즌이 단축되기라도 한다면 손해를 보는 선수들이 쏟아져 나올 판이었다. 2022년 시즌이 정상 종료되면 FA가 될 오타니 쇼헤이도 당시 이에 해당되는 선수였다. 대표적인 대립 안건이 선수단 전체 최저연봉 인상안이었고 노조 측은 한발도 물러서지 않았다. 구단은 구단대로 코로나로 인한 각종 운영 지표에 빨간 불이 켜졌던 시기였기에 쉽사리 물러설 수 없어 말 그대로 배수의 진을 쳤다.

새로운 단체교섭협약(CBA; Collective Bargaining Agreement)은 결국 다음해 3월 11일, 99일 만에 극적으로 타결되면서 정상으로 돌아갔다. 개막일만 기존 4월 1일에서 4월 8일로 일주일 늦추었고 우천으로 연기되는 부득이한 경기들은 더블헤더를 통해서라도 162경기를 모두 정상 소화하는 일정으로 준비되었다. 이러한 산고를 통해 만들어진 새로운 규칙 변경을 위한 공동 경기 위원회에서 피치 클락 도입, 베이스 크기 확대, 시프트 제한 등의 변화도 하나씩 준비되어 갔다.

이에 대해 표를 하나 준비했다. 당시 협약을 이끌어낸 내용들이다. 각 항목에서 뚜렷한 개선세가 엿보이는데 많은 노력의 흔적들이 녹아있다. 메이저리그뿐만이 아니고 산하 마이너리그까지도 고르게 변화된 환경이다. 특히 눈여겨볼 부분은 비시즌 훈련지원금 지급이다. 박봉에 시달리는 선수들이 연봉도 나오지 않는 비시즌에 제대로 된 훈련을 소화하려면 적절한 훈련 장소가 필요하다.

선수들이 쉼 없이 몸관리를 하고 지속적으로 운동과 훈련을 하고 있어야 구단들도 실제적인 자산관리가 되는 것이니 마땅한 환경의 변화

MLB 선수 처우 관련 정책 주요 변경사항

구분		직전시즌	23시즌~26시즌	비고
최저연봉	루키	$4,800	$19,800	비시즌 매주 $250의 훈련지원금 지급
	A	$11,000	$26,200	
	A+	$11,000	$27,200	
	AA	$13,800	$27,300	
	AAA	$17,500	$35,800	
	MLB	$700,000	$720,000~$780,000 매년 $20,000 상향	CBA 노사협정 2년 차
숙소		전 레벨 미제공	더블A·트리플A 숙소 제공	싱글룸 기준

라고 할 수 있다. 그동안 이러한 부분들이 없었다는 것에서 놀라움을 금치 못했고, 이런 세세한 부분까지 선수 노조 측이 폭넓은 시각과 의견소통으로 안건을 갖추고 있었다는 것이 훌륭했다. 밑바닥 마이너 선수들의 삶과 역경을 두루두루 잘 살핀 듯하여 바람직했다고 판단된다.

그 다음은 숙소 제공 부분이다. 아직 루키와 싱글A 범위까지 미치지 못하였지만 변화가 시작되었다는 점에 박수를 보낸다. 머지않아 미국의 모든 프로야구 선수들이 고르게 혜택을 받을 수 있을 것이다.

지속적으로 메이저리그의 발전을 도모하기 위해, 그리고 마이너리그 선수들에게까지도 복지 혜택을 주고자 노력하는 모습들이 역력히 느껴졌다. 선수노조의 줄기찬 요구와 협상으로 얻어낸 소중한 결과물로서 구단과 리그까지 MLB 전체의 상생 노력이 대단하다고 여겨진다.

국내 프로야구 선수협의회도 이러한 것들을 잘 벤치마킹하여 2군에서 주로 생활하는 민초 후배들의 복리후생에 더 많은 관심을 갖고 적절히 소통이 이어져야 할 것이다. 지금까지는 후한 점수를 받기 어려운 정책들을 펼쳐왔다고 본다. 반성과 성찰, 소통이 더 필요하다.

거시적인 안목에서 선수협의회가 나아가야 할 방향성을 명확하게 하고 FA 선수만을 위한 협의회가 아닌 전체 프로야구 선수들을 모두 대표할 수 있는 협의회가 되었으면 한다. 그리하여 KBO리그 선수 전원이 고르게 안정적인 선수 생활을 영위할 수 있도록 지혜를 모아야 할 것이다. 과거 지금의 선수협의회 잉태를 위해서 개인적인 희생을 마다하지 않았던 선배들의 투쟁과 열정이 없었다면 오늘날 후배들이 누리는 부와 명예 역시 존재하지 못했을 것이다.

위 표에서 확인할 수 있듯이 마이너리그 생활은 글자 그대로 눈물 젖은 빵을 먹는 삶이라고 해도 과언이 아니다. 최저연봉도 매우 낮고 그보다 조금 더 받는 선수들도 차이가 얼마 되지 않는다. 그래서 멘탈이 강해야 하고, 버티고 이겨 나갈 인내와 본인의 의지가 제일 중요하다. 1만 달러면 한화로 겨우 1천 4백만 원 안팎의 돈으로 한국 기준 최저연봉에도 미달하는 금액이다.

이런 불합리함을 선수노조와 사무국간의 회의 석상의 테이블에 올려 논의하여 끝내 쟁취해낸 그들의 노력이 실로 가상하다. 미국프로야구의 수많은 변화 중 겉으로 크게 드러나지 않는 작은 부분이라고 할 수도 있지만, 안주하지 않고 정체되지 않고 지속적으로 점진적으로 더 나은 방향으로 나아가는 모습을 보여준다. 한국프로야구와 선수협에도 시사하는 바가 결코 작지 않다.

Chapter 6.
KBO 리빙 레전드 선수들에 대한 생각

코리안 몬스터
류현진

프로야구 세계에는 '했더라면'이라는 유명한 라면 이름이 있다. 그때 직구를 안 던지고 변화구를 던졌더라면, 그때 대타를 안 쓰고 그냥 뒀더라면, 그때 번트 대신 강공을 했더라면, 그때 감독을 다른 사람으로 정했더라면 등등 끝이 없다. 라면의 정수를 보여주는 것이 프로야구다. 그만큼 결과가 빨리 나온다는 이야기이고 그 빠른 결과만큼 결정에 대한 평가도 후회와 미련도 빠르기 때문이다.

야구팬들과 독자들의 귀가 솔깃할 이야기 하나를 꺼내 본다. 해마다 바람 잘 날 없었던 구단 업무의 힘난한 여정에서 나, 진상봉은 대한민국 프로야구 팬이라면 누구나 아는 '류거이' 때 실무를 진행했던 스카우트였다. '류거이'란 말은 '류현진을 거르고 이재원을 택했다'는 뜻의 한국야구 줄임말이다. 지금도 널리 야구 커뮤니티, 사이트 등에서 '카더라'처럼 회자되는 이야기다.

특별히 그때 그 이야기를 해보려고 한다. 2005년도에 류현진 선수는 고등학교 3학년이었다. 지역연고라는 제도가 있어서 해당 연고지에서 졸업하는 우수선수에 한해서 연고구단이 우선권을 가지고 연고 1차 지명으로 투수, 야수 중에서 구단이 원하는 선수를 1명 지명 행사하는 제도였다.

그 당시 SK는 인천과 경기도를 연고지로 두고 해당 지역의 고교를 졸업하는 졸업예정자나 연고 출신 대학 졸업생을 대상으로 지명권을 행사하였다. 그해에 연고지 내 우수한 자원으로는 단연 인천 동산고의 류현진과 인천고의 이재원이 대표적이었다. 두 선수를 두고 선택의 고민을 하던 때였다.

류현진이 이렇게까지 훌륭한 선수로 성장할 것을 미리 알았더라면 누구라도 류현진을 선택하지 않을 수 없었을 것이다. 그런데 류현진을 거르고 이재원을 택한 우리의 판단으로, 류현진은 SK의 1차 연고 지명 대상에서 제외되면서 자연스럽게 2차 지명 라운드로 나가게 된다.

당시 성적의 역순으로 지명하게 되는 순서상 우선순위는 롯데였고, 그 다음 순서가 한화였다. 롯데도 류현진 선수가 아닌 다른 선수를 지명하였다. 마침내 류현진은 한화의 부름을 받게 되었고 잠재 능력을 마음껏 뽐내며 한국 최고의 투수 자리에 올랐다.

SK가 류현진을 지명하지 않은 이유는 과연 무엇이었을까? 좋은 포수가 필요하다는 심플한 이유 하나만으로 훗날 한국프로야구를 접수한 대투수를 뽑지 않을 수 있었겠는가? 그래서 야구는 '했더라면'이 쉽게 나오는 것이다.

당시 구단은 류현진의 팔꿈치 인대 접합수술(일명 MCL)에 주목했다.

그때만 하더라도 상당히 위험한 수술이었으며, 미국의 조브 박사가 집도하는 MCL 수술만 조금 인정받던 터라 국내 의료계에서는 성공사례나 예후가 거의 없던 시절이었다.

그래서 더욱 조심스러울 수밖에 없는 상황이었고 계속 조사와 검토가 이어졌다. 류현진 선수는 수술 후 6개월만에 볼을 잡고 캐치볼에 들어갔다. 미국에서 알려진 루틴 스케줄에 따르면 약 1년 후부터 순차적으로 캐치볼 프로그램에 들어가는 것이 통상적인데 너무 빠르게 다시 볼을 잡았다는 것도 불안 요인을 증폭시키기에 충분했다.

구단의 고민은 깊어질 수밖에 없었고 이런저런 사유로 인하여 부상 리스크가 크다고 판단하는 류현진 선수는 SK 반경에서 조금씩 멀어지고 있었다. 한편 SK 구단 사정상 포수 포지션에서 자원의 뎁스가 매우 약한 상황이었고, 정상호를 대체할 포수가 시급한 포지션 사정이었기에 그런 부부도 류현진 선수를 선발하지 않는 데 한몫을 했다.

또한 그 당시 팔꿈치 부상 선수들에 대한 선입견이 가장 큰 요인으로 작용했다. 생소했던 MCL 수술에 대한 확신이 없었고 국내에서 참고할 만한 성공 사례가 없었다. 재활에 성공할 수도 없는 인대 손상은 부상 이후 결국 모든 선수들의 기량 하락으로 이어졌던 상황이었다. 많은 투수들이 팔꿈치 부상을 입으면 다수가 은퇴 수순을 밟던 시절이기도 했다.

가뜩이나 부상 선수들로 인하여 팀 성적도 좋지 않은 상황들이 이어지고 있어서 구단 내부에서는 안정적으로 팀내 필요 포지션으로 지명하자는 방향으로 의견이 일치되었다. SK는 그렇게 훗날 역사에 남을 '류거이'라는 줄임말을 만들게 되었지만, 지명 당시에는 좋은 포수 자원을 영입했다는 것에 만족감을 나타냈다. 최소한 이듬해 봄, 새 시즌이 시작되기 전 까지만 해도 말이다.

류현진 선수는 지명이 끝난 후 바로 이어진 봉황대기에서 팔꿈치 수술 후유증을 완전히 이겨낸 모습을 보였다. 원래 좋았던 제구력에 힘까지 더 붙은 모습으로 평소 137~138km/h대의 구속이 140km/h 이상으로 상향된 퍼포먼스를 보였다. 그때만 해도 류현진을 놓아준 것에 대한 아쉬움은 없었다. 구단의 종합적인 판단이 옳았다고 스스로 위안을 삼으면서 애써 좋은 피칭을 하는 모습을 먼발치에서 담담히 바라보기만 하였다.

그런데 류현진 선수가 한화에 입단하고 난 뒤 피지컬이 더욱 좋아지면서 엄청난 파워까지 장착하게 됐다. 고교 졸업반 때만 해도 140km/h 안팎의 속구를 던지던 선수가 그해 프로야구 시범경기에서 갑자기 150km/h의 빠른 볼을 뿌리며 과감하게 포수 미트에 꽂아 넣는 것이 아닌가! 어떻게 이렇게 될 수 있는 건지 눈을 의심할 수밖에 없었고, 왠지 모를 불안한 예감이 들었다. 대박을 눈앞에서 놓쳤다는 그런 마음 말이다.

그해 류현진 선수는 시즌 내내 승승장구하면서 끝을 모르고 계속 상승곡선을 그리며 날아올랐다. 류현진을 거른 SK와 롯데는 어떤 말로도 그의 활약상에 대한 표현을 할 수 없었고, 앓는 소리는 더더욱 낼 수도 없었다. 대신 우리가 선택한 이재원 선수가 잘 하기만을 바랄 뿐이었고 더 훌륭한 선수가 되기를 뒤에서 묵묵히 응원하며 서포트해야 했다.

류현진 선수 같은 대투수를 잡지 않은 스카우트로서의 혜안은 참으로 뭐라고 말하기는 어려운 일이다. 결과가 나오고 난 뒤 비평을 하는

것은 쉽다. 그러나 구단 당사자가 되면 모든 것이 너무나도 어려워진다. 정답이 없고 언제 어디서 어떤 결과가 나올지 아무도 모르기 때문이다.

프로야구와 관계된 이들 모두가 류현진의 팔꿈치 수술 예후와 적응 그리고 파워 증강에 놀라움을 금치 못했다. 그때부터 팔꿈치 수술에 대한 면역이 생기고 면죄부가 씌워졌다. 즉, 팔꿈치 수술에 대해서 크게 대수롭지 않은 일이라며 구단 수뇌부를 설득하는 것이 용이해진 셈이다. 수술만 잘 되면 더 강해지고 튼튼해질 수 있다는 실제사례가 증명되면서 팔꿈치가 아프더라도 부상 이전의 기량을 확신할 만하다면 입단한 후에 수술하는 것까지 감안하여 선수를 지명하는 트렌드 아닌 트렌드가 생겨났다.

부상에 대한 노이로제가 있던 구단들이 불과 몇 년 지나지 않아 팔꿈치 부상에 대한 내성이 생기며 우려와 불안을 털어낼 수 있었다. 언젠가는 팔꿈치 수술처럼 어깨 수술도 불안에서 벗어나는 그런 날이 오기를 야구인의 한 사람으로 기대한다. 아직도 어깨 수술은 난관이다. 어깨 수술 이후 완벽하게 예전 모습으로 돌아오는 것은 어렵다. 그것도 수술 내용에 따라 다르겠지만 회전근개 파열과 관절와순 파열로 나누어지는 어깨 수술은 슬랩과 방카르트라는 부위별 수술이 선수들을 괴롭히고 좌절하게 만든다.

코리안 몬스터 류현진 선수는 2024년 2월 한화 이글스 복귀가 결정되었다. 메이저리거로서 명성을 날리고 당당히 복귀했다. 아이러니하게도 이재원 선수 역시 2024시즌을 앞두고 한화 유니폼으로 갈아입었고, 이제는 두 선수가 이글스에서 함께 배터리로 호흡을 맞추고 있다.

이들이 한 팀에서 투수, 포수로 함께 플레이하게 될 줄이야! 웃지 못할 '류거이'의 인연은 그렇게 새로운 챕터를 맞았다.

# KBO 홈런왕
소년장사 최정

우리는 2004년 연고 1차 지명으로 최정을 선택하였다. 당시만 해도 SK는 인천, 경기, 강원을 통합 연고지로 인정받아 지명을 행사할 때였다. SK 연고 지역은 꾸준하게 유망주가 발굴되는 서울에 비하면 늘 항상 대어급 유망주가 귀한 텃밭이었다.

모처럼 야수 중에서는 많은 고민이 필요하지 않았던 최정이라는 훌륭한 선수가 나왔고, 반면에 투수로는 야탑고의 윤석민이 있었다. 훗날 정상급 투수로 성장한 윤석민도 괜찮은 카드였지만 당시에는 최정이 단연 독보적이어서 비교하기에는 적절하지 않았다. SK 구단은 큰 고민 없이 최정에게 손을 내밀었다.

유망 내야수가 귀한 아마추어 시장성을 감안하여 해마다 보강이 가능한 투수보다는 희소가치가 있는 내야수를 선택한 것이 이유였다. 구단 욕심 같아서는 이들이 순차적으로 올해 그리고 다음해 연도별로 나왔으면 나란히 두 명을 다 잡을 수도 있는 건데 그런 희망사항이 언제나 잘 맞아 떨어지는 일은 드물다. 어떤 해는 아예 준척급 자원이 없어서 가능성이 보이고 태도가 좋은 무난한 선수를 선택할 때도 많았다.

최정은 경기 지역에서 안양 평촌중학교와 수원 유신고등학교를 졸업했다. 이미 지역에서 야구 잘하는 순둥이로 소문이 자자한 터였는데 실제로도 수줍음이 많아 묻는 질문에 겨우 짧게 답하는 정도의 내성적인 성향을 가진 친구였다. 감독이나 코치의 지시에 한 번도 불응한 적이 없었던 모범적인 선수였으며, 매우 착실했다.

중학교와 고등학교 모두 훌륭한 지도자 밑에서 생활했고 야구뿐만 아니라 인성 교육도 제대로 배웠으며 야구 기술도 나날이 발전하고 있었다. 주 포지션은 3루였으나 팀이 급하게 필요할 때는 구원 투수로 등판하기도 했고 때로는 포수로도 경기에 투입된 적이 있었던 전천후 멀티 플레이어였다.

원래 볼 던지는 재능이 뛰어난 선수라서 어느 포지션에 서더라도 제 역할을 톡톡히 하는 선수였기에 해당 팀의 지도자들로부터 신임을 듬뿍 받고 귀염을 독차지하던 모범생 엘리트 선수였다. 고교 3학년때 전국대회 지역 예선전에서는 위기 상황에서 급히 마운드에 올라 불을 끄기도 했는데 패스트볼 스피드가 무려 147km/h를 찍기도 했다. 제구력도 겸비 되어 있어서 투수로서의 잠재력도 우수했다.

다만 신체적인 부분에서 향후 키가 더 성장할 수 있는 체형은 아니었다. 엉덩이가 약간 큰 편이였고 하체가 탄탄하고 굵은 편이라서 갑자기 키가 쑥쑥 더 클 수 있는 체형은 아니었다. 다시 말해 투수로서의 신체조건은 적합하지 않았고, 야수로서 훨씬 더 좋은 스타일이었다는 이

야기다.

주력이 월등하게 좋은 선수는 아니었지만 베이스러닝에 센스가 있어서 팀 필요에 따라 도루도 곧잘 하곤 했다. 그야말로 딱 3루수에 적합한 신체조건과 괜찮은 주력을 갖춘 내야수로 보는 게 정확한 평가였다. 지금에 와서 뒤돌아보면 내야수로 집중하여 도전한 것이 오늘날의 최정이 있기까지의 탁월한 선택 아니었나 싶다.

나는 당시 어린 최정을 관찰할 때 이렇게 KBO 리그 최고의 홈런타자로 성장할 줄은 몰랐다. 거포로 분류할 수 있는 유형의 타자가 아니었고 중장거리 타자로서 클러치 능력이 좋은 중심타자로 성장 가능성이 충분한 선수로 봤지 홈런타자로의 변신은 놀라움 그 자체였다.

최정은 타고난 타격감각을 지닌 선수였다. 고교선수가 완벽하게 변화구를 받아서 치는 것은 예나 지금이나 쉽지 않고 흔하지 않았는데 최정은 경기 때마다 그런 모습을 어렵지 않게 보여줬다. 매 경기 존재감이 넘칠 정도로 최정에 의해서 그날의 경기 흐름이 바뀌고는 했다. 오죽했으면 만루 상황에서도 최정을 고의사구로 걸어 보내면서 차라리 1점을 주고 다음 타자와 승부하는 모습까지 목격할 수 있었다.

KBO 리그의 홈런 역사를 새로 써가고 있는 최정이지만, 입단 초부터 모든 것이 순탄하게 스타트한 것은 아니었다. 첫해에는 알 수 없는 부진이 찾아와서 정신적으로 힘든 한 해를 보냈다. 아무리 멘탈(Mental)에 어려움이 있었다고 해도, 이해하기 힘든 부분이 있었는데 당시에 캐치볼이 안 되는 상황이 반복되었다.

볼 던지는 능력만큼은 최고라고 여겨지던 내야수 유망주가 빈번하게 에러를 냈다. 천하의 최정도 심리적으로 쫓기니 어쩔 수 없이 손이 말리기 시작한 것이다. 3루에서 1루로 던지기만 하면 폭투에 가까운 악송구가 나오던 최정의 플레이는 지금으로선 상상도 안 되는 모습이지만 프로 첫해 최정은 분명히 그렇게 던지면서 한없이 움츠러들어 있었다.

당시 나는 최정이 그런 상황을 벗어날 수 있도록 코칭스태프들과 많은 대화를 나누며 선수가 자신감을 회복하고 편안한 감각을 되찾을 수 있게 집중했다. 최정에게 예전의 감각을 회복시키려 3루가 아닌 마운드에서 투수처럼 피칭을 하게 하면서 과거의 감각을 찾게끔 노력했고, 엄청난 양의 내야 평고를 소화하고 송구 훈련을 이어가면서 심리적으로도 기술적으로도 방법을 찾아갔다.

당시 일본인 내야 수비코치 후쿠하라가 최정의 회복에 많은 도움과 심리적인 안정을 주었고 코치의 역할이 선수의 성장 과정에 있어 얼마나 중요한 부분인지를 피부로 실감했다. 연속되는 악송구에도 언제부턴가 조금씩 자신의 본 모습을 찾아가며 실책이 줄어들기 시작했다. 약간의 진통은 분명 있었지만 그 다음해부터 1년, 2년이 지나자 정상 궤도에 올랐고 이후 지금의 최정으로 자리할 수 있었다.

볼 던지는 것에 자신을 잃은 순간 그 어떤 조치에도 효과를 찾기 어려웠던 힘든 시간을 이겨내고 서서히 자신의 진가를 드러내기 시작했다. 2005년도 신인으로 첫해 프로의 혹독함을 경험한 이후 최정은 구단의 중 장기적인 계획에 맞추어 본격적인 3루수로서의 수업을 시작하며 먼 여정을 떠났다.

언젠가 한번은 최정의 아버지가 나를 찾아온 일이 있었다. 긴히 의논하고 싶은 사항이 있다며 정중히 만남을 요청했다. 일반적으로 선수가 프로 구단에 입단하면 부모님들이 경기장을 찾는다고 해도 그저 관전이나 응원 목적의 방문이지, 구단 관계자와 뭔가를 논의하기 위해 찾아오는 경우는 매우 드물다.

최정의 아버지는 당시 교직에 계신 영어 선생님이었고, 학생 주임 교사이기도 했다. 재직 중인 고등학교에서 엄격하면서도 인품이 좋은 선생님으로 알려져 있었다. 자녀 교육에 있어서도 확고하고 올바른 기준과 원칙이 있었던 분이었다. 그런데 자식 일로 인하여 고민 끝에 어려운 발걸음을 옮긴 것이다.

사연은 이러했다. 당시 최정과 한 방을 쓰는 룸메이트 선배가 있었는데, 그 선수로부터 방에서 괴롭힘을 당하고 있고 그로 인해 스트레스와 불면증이 심한 상태여서 도저히 운동에 집중하기 어렵다는 얘기였다. 최정이 온순한 소처럼 무던한 성격을 가진 선수라는 것을 잘 알고 있었던 터라 오죽했으면 아버지에게 힘든 얘기를 털어놓을까 싶어 안타까웠다.

어떤 특별한 조치가 꼭 필요한 상황으로 보였고, 선수단에는 이 일이 드러나지 않도록 자연스럽게 아버지와 선수의 고민을 해결해주기로 마음먹고 움직였다. 무턱대고 후배 편만 드는 조치가 내려지거나 구단이 선수단의 위계질서에 개입하는 모양새가 되면 선배들이 동요하고 엉뚱한 방향으로 불똥이 튈 수도 있는 상황을 아는 탓에 조심스럽게 실행에 옮겼다.

겉으로는 별다른 흔적 없이 해결이 잘 되었고 그 일은 아무도 모른 채 묻혔다. 방법은 여러 가지가 있지만 가급적 프런트가 주도적으로 시행하면 안 되고, 선수단 스스로 자체적으로 움직이는 방법들이 있었다.

예를 들면 같은 포지션 선수들끼리 방을 함께 쓰면서 서로 게임 복기도 하고 의논도 하고 시너지를 내자는 차원에서 자연스럽게 여러 명의 룸메이트를 한 번에 바꾸는 것이다.

고등학교를 갓 졸업한 선수가 프로에 들어와 부닥치고 이겨내야 할 모든 일들이 엄청 힘든 시기인데 마음도 여리고 나이도 어린 최정이 감당하기 힘들었던 선배 룸메이트의 괴롭힘은 견딜 수 없는 정신적인 상처를 줄 수밖에 없었고, 경기 집중력 역시 저하되기 마련이었다.

오늘날 SSG 구단이 최정이라는 역대급 홈런타자를 보유할 수 있게 되기까지 무수히 많은 일들이 있었고, 선수 개인의 노력과 구단과 코칭 스태프의 합심이 어우러져 현재의 최정을 만들 수 있었다. 선수 특유의 무던한 성격과 이 팀, 저 팀으로 옮겨가지 않고 한 팀에서 꾸준히 활약할 때 더 나은 결과를 낼 수 있다고 생각하는 성향도 최정과 SSG의 완벽한 동행을 있게 한 요소였다.

하지만 무엇보다도 최정 선수 자신의 정신력을 칭찬해주고 싶다. 걷잡을 수 없이 깊은 슬럼프에 빠져 고개를 절로 흔들 수밖에 없는 상황에서도 그는 언제나 강인한 마인드와 자세로 스스로 잘 헤치고 이겨냈다. 타격 자세를 비롯해 여러 기술적인 면에서도 스스로 더 나은 변화를 일궈왔다.

자신의 배팅이 흔들릴 때 그 원인을 찾고자 노력했고 과감하게 많은 것을 바꾸기도 했다. 최정의 스윙은 프로 초창기 그리고 안정기 때와는 다르게 최근 몇 년 많은 변화가 있었고, 끊임없이 새로운 시도를 하고 있다는 것을 알아챌 수 있었다. 스스로 노력하면서 발전적인 변화를 가져오는 지혜로운 선수가 최정이다.

천하의 최정도 이제 머지않아 불혹의 나이를 맞이하게 될 것이다. 그도 언젠가 찾아올 에이징 커브를 피해 갈 수는 없다. 하지만 그는 점차 눈 건강이 약화되고 근력의 순발력이 감소해도 그런 부분을 미리 대비하고 준비하여 또 다른 버전의 최정으로 변모하리라 본다. 앞으로도 많은 팬들에게 감동의 스토리를 안겨줄 것이고 경기장을 열광케 할 것이다.

한편으로 슈퍼스타다운 내면의 미도 더욱 잘 가꾸어 나가기 바란다. 야구만 잘 하는 선수가 아니라 유니폼을 벗고 난 뒤의 다음 인생에서도 훌륭한 인격과 인품으로 홈런을 펑펑 쳐내는 멋진 어른이 되기를 바란다. 한 발 한 발 걸어가는 족적마다 역사가 되어가고 있는 최정 선수를 보며 끝없는 자긍심을 느낀다. 책에 다 싣지 못하는 수많은 일들에 대하여, 묵묵히 구단과 팀에 헌신한 최정 선수에게 그리고 그의 부친에게도 감사의 뜻을 전하고 싶다.

SSG 레전드이자
국대 에이스 김광현

나의 스카우트 인생에서 결코 잊을 수 없는 특별한 이름이 바로 김광현이다. 그는 SSG는 물론이고 KBO를 넘어 올림픽, WBC 등의 국제대회에서도 한국을 대표하는 좌완투수로 이름을 아로새겼다. 또한 메이저리그에 진출하여 활약하는 등 자신의 꿈을 이루었고 이후 한국에 돌아와 복귀 첫 시즌에 팀 우승의 견인차 역할을 하며 여전한 기량을 선보였다.

SSG에서 두 번의 FA 계약과 미국 진출 등으로 이미 부와 명예를 거머쥔 김광현은 팀내에서도 솔선수범하면서 투수들은 물론 타 포지션 모든 팀원들을 모두 알뜰히 살피며 고참 역할을 잘 수행하는 완전한 리더가 되어 있다. 장차 지도자로서도 훌륭히 자질을 펼칠 수 있는 능력이 충분한 한국야구의 미래 자원이기도 하다.

나는 2000년부터 스카우트 업무를 맡아서 아마추어 선수들을 지명하여 구단에 입단시켰다. 오랜 기간 현 SSG의 토대가 된 선수들을 선발해서 영입하다 보니 시간이 지나고 세월이 쌓이면서 주전급 대부분의 선수들이 거의 모두 직접 지명했던 선수들로 채워지는 것을 경험하면서 뿌듯하지 않을 수 없었고, 스카우트의 중요성과 책임감을 새삼 중요하게 깨달았다.

대표적인 선수들을 열거하면 모두가 과거 SK 와이번스의 왕조를 이끌었던 선수들로서 그들의 성장과 성공의 발자취를 늘 함께 지켜보며 동고동락했다고 해도 결코 과언이 아니다. 현재 다른 구단에서 코치로도 활동하고 있는 옛 선수들을 지목하자면 정상호, 박재상, 임훈 등이 있고, 해설위원 박정권도 나의 손을 거쳤다. 가장 대표적인 선수들이 최정, 김광현, 정근우, 김강민 등이다.

특히 김광현은 스카우트 당시부터 포텐셜적인 면에서 단연 넘버원으로 기대했던 선수였다. 고교 2학년때부터 청소년 대표팀에 발탁되어 존재감을 알린 김광현은 마치 예정된 것처럼 순탄하게 성장했고, 별다른 큰 부상 없이 고교 3학년의 문을 열었다.

이후 경기에서도 특유의 와일드하고 순발력 있는 경기력을 유지하며 아마 야구계의 관심과 시선을 한 몸에 받고 있었다. 다만 김광현의 소속팀인 안산공업고등학교가 전력상 다소 약한 팀에 속하였고 김광현을 받쳐줄 다른 투수들이 빈약하여 에이스 김광현에게 혹사 아닌 혹사가 이어질 수밖에 없는 구조로 진행되는 게임이 많았다.

김광현의 피지컬적인 매력은 무엇보다 타고난 탄력에 있다. '야생마를 연상시킨다' 같은 흔한 표현이 가장 적절한, 더할 나위 없이 딱 들어맞는 그런 신체였다. 타고난 탄력에 군살 하나 없이 군더더기 없는 신체를 유지하며 발전시켜온 김광현은 주력까지 매우 좋은 선수였다. 아마 단거리 육상 선수로 활약했어도 충분히 대성했을 만한 신체이며, 주법도 힘차게 차고 나가는 스타일이었다.

지금이야 과거에 비해서는 체중이 좀 늘어 커다란 몸의 소유자가 되었지만 당시 고3 때만 하더라도 길다랗게 마른 체형으로 가볍게 그라운드를 날아다녔다. 한 눈에 봐도 균형 잡힌 신체 밸런스에 탁월한 탄력을 느낄 수 있는 몸에서 뿜어져 나오는 와일드한 피칭, 그 포스는 가히 한국야구 역대급 좌완투수라고 해도 과한 표현이 아니었다.

최근 김광현의 투구 모션에서 어깨의 수평 각도가 시계의 3시를 가리킨다면, 당시 고3 김광현은 어깨의 수직 각도가 매우 가파르게 올라가는 탑 위치를 보여주는 선수였다. 마치 1시를 가리킨다고 하면 이해가 빠를 것이다. 지금 당시의 피칭 모션을 분석한다면 다소 과할 정도로 높은 각도를 보인다고 할 수도 있는데 그만큼 부상 위험도 있을 만한 투구 폼이었다.

슬라이더로 던지는 볼이 마치 하늘에서 떨어지는 폭포수처럼 각이 큰 커브가 되어 김광현이 던지는 경기는 타자들의 삼진 퍼레이드를 보는 것과 같았다. 실제로 김광현의 볼을 받아 칠 고교 타자들은 거의 없었다고 봐야 한다. 매 경기 탈삼진 숫자가 거의 15개 안팎이었으니, 경기 때마다 그렇게 많이 던지면 어깨가 성할 리 없겠다는 우려가 들기도 했다. 그때부터 차츰 보이지 않게 잘 관리해줘야 되겠다는 생각이 강하게 일었다.

나는 당시 김광현을 일찌감치 연고 1차 지명 선수로 점 찍어 놓고 구단 고위층에게도 언질을 했고, 그를 포함한 연고지 1차 지명 현황 보고를 마무리해 놓은 상황이었기에 분주히 밀착 관찰을 이어갔고 지속적인 관심을 내비치고 있었다.

당연히 관리 모드로 들어가서 철저히 선수를 보호해야 할 책무가 나에게도 있었다. 학교 입장에선 당연히 김광현의 분투가 필요하고 동료 후배들의 대학 진학을 위해서도 최선을 다하여 경기를 해야 했다. 그런 상황을 이해하면서도 어떻게 하면 미래의 우리 에이스가 될 선수의 투구수를 줄일 수 있을지 깊은 고민을 하지 않을 수 없었다.

다행히 당시 안산공고 감독은 빙그레 이글스 시절 함께 선수 생활을 했던 후배였기에 어렵지 않게 김광현의 장래에 대해 논의할 수 있었다. 선수의 부상 위험, 피로 누적 등에 대해 자연스럽게 감독의 협조와 배려를 구하면서도 성적을 내야 하는 팀과 감독의 입장 역시 백분 이해하여 최적의 운용이 될 수 있도록 했다.

요즘은 아마 야구가 투구수 제한을 규정화하여 에이스급 선수들의 혹사 우려는 많이 해소되었지만 당시만 해도 에이스는 연일 연투를 해야 하는 실정이었기에 노심초사할 수밖에 없었다. 아마 야구에서 혹사된 뒤 프로 입단 후에 부상으로 제대로 활동도 해보지 못하고 꿈을 접게 되는 안타까운 선수들이 꽤 많이 발생했던 시기여서 각별히 신경 쓰면서 경기를 지켜봐야 했다.

워낙 가진 능력이 좋은 선수였기에 기량에 대한 체크라기보다는 컨디션 점검 및 관리 차원에서 경기를 따라다녔다는 표현이 맞을 듯하다. 김광현은 성격 자체가 씩씩한 편이어서 매사 긍정적이었지만 고3 시즌 초반에는 생각보다 컨디션이 올라오지 않아서 감독도 의아해했고 본인 스스로도 문제에 대해서 고민하던 시기였다. 봄 시즌에 볼에 힘이 실리지 않아 치고 들어오는 게 약했고 밸런스가 무너진 것이 보였다.

하지만 나는 크게 개의치 않았다. 어차피 이미 우리 선수가 될 선수였고 선수의 멘탈이나 전반적인 성향, 그리고 몸 상태와 기량과 기본기 등등을 열거하더라도 무엇 하나 모자람이 없는 자원이었기에 프로 입단 후 처음부터 차차 만들어나가도 전혀 문제가 되지 않는다고 판단한 까닭이었다.

그해 2006년 5월 어느 날 나는 갑자기 김광현의 계약을 조기에 마무리 지어서 선수의 심적부담을 떨쳐주고 홀가분하게 던질 수 있게 해주면 더 좋을 것 같다는 생각이 들었다. 속마음은 만약 김광현이 컨디션을 회복하여 다시 불같은 강속구를 뿌려대며 이슈가 집중되면 분명히 메이저리그에서 언제든 입질이 들어올 것이라 예단했다. 조기에 계약을 마무리 짓자고 마음먹은 후 이내 이를 실행하고자 구단 내부의 결재를 얻고 김광현과의 조기 계약을 추진하게 되었다.

통상적으로 연고 1차 선수들은 7월 정도에 지명과 함께 계약이 이루어지는데 김광현의 부담감을 덜어주고 싶다는 마음으로 서둘러 계약을 마무리하게 되었고, 이 결과는 실제로 김광현을 편하게 해주었다. 계약 이후 한결 밝아진 표정으로 더욱 팀을 위해서 최선을 다하는 김광현의 모습을 볼 수 있었다.

당시 김광현 선수의 부모님도 고3 시즌 초반 알 수 없는 부진에 속이 타기는 마찬가지였다. 소박하고 점잖은 부모님 두 분의 인품이 한결같아서 고민하는 자식을 위해 선뜻 빠르게 사인을 해주셨다. 지금도 감사한 마음은 변함없다.

후일담이지만 당시 MLB 구단 스카우트들도 김광현을 눈여겨보고

있었는데 접촉조차도 해보기 전에 SK가 낚아채 갔다는 하소연이 들렸다. 정상적으로 업무를 추진했으면 김광현을 메이저 구단에게 빼앗길 뻔했다는 소리다. 하지만 어디까지나 '썰'일 뿐, 당시에는 그 어떤 메이저리그 팀도 김광현에게 공식적으로 직접 연락을 취한 곳이 없었다.

조기에 계약을 마친 김광현은 거짓말처럼 시즌 중반에 들어오면서 몸에 힘도 붙으면서 자신의 역량을 맘껏 펼쳤다. 연투와 혹사 부분도 감독의 배려와 동료, 후배 선수들의 고른 기회 제공 등의 이유로 한결 나아졌다. 투구수가 적절히 잘 관리되면서 구단으로선 일석이조로 매사 만사형통이었다.

다만 그해 전국체전때는 어쩔 수 없이 학교의 입장이 더 크게 반영되어 나도 한 발 양보하여 체전을 마치게 하였다. 결론적으로 말하자면 선수 보호도 잘 되어 무리 없이 잘 입단하게 되었고 김광현도 마지막까지 모교를 위하고 동료와 후배들을 위해 최선을 다했으니 모두 윈윈이 된 것이다.

김광현은 비교적 빠르게 프로 적응을 일찍 마무리하고 탄탄대로를 직행한 것이나 마찬가지였다. 데뷔 첫 시즌은 신인으로선 무난한 성적이라고 할 수 있는 3승 7패 평균자책 3.62을 기록하였고, 20경기나 등판하는 등 결과 이상으로 내용이 좋았다. 시즌 초보다 시즌 후반부에 들어가면서 자신감이 붙었고 볼의 위력이 살아나며 김광현이란 이름을 당당히 새기는 계기를 스스로 만들어냈다.

하이라이트는 2007년 코리안시리즈 3차전에 선발 등판하여 승리를 따낸 것이다. KS 1차전과 2차전을 내리 두산에게 내주며 패색이 짙었던 SK는 히든 카드로 김광현을 내세웠는데 그 경기에서 김광현은 마치

기다렸다는 듯이 미친 존재감을 보이며 상대 타선을 무력화시켰다. 직구 스피드가 150km/h를 넘나들며 타자들을 돌려세웠다. 추격의 불씨를 살린 최대 공신이었다.

코리안시리즈에서 처음 두 경기를 내리 내주고 나머지 경기를 모두 잡는다는 것은 상상조차 하기 힘든 어려운 확률이었지만 SK는 김광현의 역투를 시작으로 대역사를 만들었다. 첫 우승을 구단에 선사하면서 김광현의 시대를 알렸고 첫해부터 승승장구하는 커리어를 만들어나갔다. 이후 김광현은 명실상부한 KBO 리그의 역대급 좌완투수로 발돋움해 위대한 계보에 자신의 이름 석 자를 새겼다.

100승만 해도 대단한 기록을 썼다고 하는 프로야구에서 무려 174승을 이어가고 있는 김광현도 이제 어느덧 세월과 나이를 느끼기 시작했다. 하지만 구단 역사 속에 영원히 남을 한국시리즈 5회 우승은 늘 김광현에서 시작하여 그에게서 마무리됐다. 김광현은 첫 FA 4년 계약 첫해 그동안 쉼 없이 달려온 후유증으로 팔꿈치 인대 접합수술을 받고 재활에 매진했다. 이후 다음해 2018시즌 팀에 우승을 선사하고 이듬해 시즌 종료 후 꿈을 쫓아 미국행에 도전해보고 싶다며 구단에 의사를 타진했다.

팬들과 여론도 그동안 김광현이 구단을 위해 할 만큼 했으니 이제는 선수의 꿈을 위해 보내줘야 한다는 분위기로 급물살을 탔다. 구단도 이에 화답하듯 비록 팀의 전력이 어려워지더라도 에이스 투수의 꿈을 위해 보내준다는 대승적인 판단을 내렸다.

4년의 FA 계약 기간 동안 정상적인 시즌 소화는 2년에 불과했음에도 어떠한 비즈니스적 대가도 없이 선수의 길을 열어주는 구단과 구단

주, 그리고 열망하던 우승에 기여하고 10년이 넘는 긴 시간을 한 구단에 헌신한 후 자신의 오랜 꿈을 밝힌 선수. 이런 낭만 넘치는 구단과 선수의 관계를, 서사를 또 어디서 볼 수 있을까?

이후 2년간의 메이저리그 생활을 마치고 구단으로 유턴한 김광현은 한층 더 성숙해지고 어른스러운 모습으로 의젓하게 돌아왔다. 미국에 다녀온 후 팬들을 생각하는 마음이 더 깊어졌고, 선수단 내에서도 위아래를 모두 살피며 고민거리들을 들어주고 앞장서서 궂은 일에 나서는 등 언제나 선수단과 함께하고 있다.

비시즌때는 자금 사정이 열악한 후배 투수들의 훈련 경비를 대신 내주며 보다 나은 환경에서 훈련할 수 있도록 배려했다. 그것도 한 번의 선심성 보여주기식 행동이 아니라 진심이 가득 담긴 후배 사랑으로 매해 서포트를 지속했다. 고참다운 행동으로서 선수단 전체에 선한 영향력을 미치는 모습은 멀리서 지켜보는 내게도 좋은 향기가 충분히 전해졌다.

어느 날은 구단 프런트 직원들에게도 직접 준비한 선물을 건네며 친근감과 소속감을 더했다. 가슴이 더 따뜻해졌고 생각이 더 깊어졌다는 방증이었다. 이제는 결코 적지 않은 나이가 됐다. 1988년생이니 투수로서도 전성기를 지나고 있는 나이라고 볼 수 있다. 과거 압도적인 힘으로 상대를 찍어 누르던 투구 스타일에서 이젠 제법 관록으로 영리하게 볼 배합을 하며 타자를 상대하는 모습을 보인다.

세월은 김광현도 그냥 비켜 가지는 않을 것이다. 하지만 세간의 많은 사람들이 예상하고 예측하는 에이징 커브를 시원하게 뒤집을 멋진 결과들이 나오길 바란다. 틀을 깨고 루틴에서 과감하게 변화를 가진다면 다시 팀의 에이스로 돌아갈 수 있을 것이다.

　팀의 간판으로서 야구장 안과 밖에서 지켜보는 시선이 참으로 많을 것이다. 힘든 일이지만, 항상 언행이 일치해야 하고 시의적절해야 하며, 한국야구를 대표하는 공인으로서의 책임도 더 커졌다. 물론 지금까지 너무나 잘해왔고 앞으로도 잘하리라 믿지만 매사 조심하고 또 조심해야 할 세상이다. 시간이 날 때마다 야구 외의 세상과도 더 많이 소통하면서 안목과 견해를 넓힐 필요도 있을 것이다.

　KBO 리그의 최상위 클래스 톱티어 선수로서 인격과 인품 등 뭐가 달라도 남달라야 한다. 많은 이들이 더 높은 기준을 요구하기 때문이다. 여간 큰 부담이 아닐 수 없지만, 배려와 겸양마저도 자신의 것으로 체득하여 실천할 수 있기를 바란다. 선수로서의 첫 번째 인생은 가히, 과히 대성공이었다고 할 수 있다. 커리어 후반부 세컨드 인생도 첫 번째 못지않게 큰 그림을 그리며 훌륭한 사람으로, 대인으로 잘 헤쳐 나가기를 바란다. 그에 맞는 준비가 필요하겠으나, 마땅히 잘 해낼 수 있으리라 믿는다.

에필로그

과거에는 행복이 찾아온다고 느꼈지만, 이제는 직접 행복을 찾아 다니는 시대이다. 이 책의 원고 작업을 모두 완료했을 때 처음 내가 생각한 제목은 『행복 그라운드를 디자인하라』였다. 프로야구를 행복한 무대로 만드는 것은 세부적인 직무를 떠나 모든 프런트의 책임이자 의무로서 야구팬들을 위해 마땅히 해야 할 일이고, 더 깔끔하게 완벽에 가깝게 잘 해내야 하는 일이라는 의미를 담고 싶었다.

선수단과 프런트가 모두 몸담고 있는 곳 야구장, 그라운드가 우선 먼저 행복해야 하고, 행복한 마인드를 가진 사람들이 만들어내는 행복 그라운드는 팬들에게도 행복을 펼쳐주고 또 다른 행복을 찾고 느낄 수 있게 한다고 생각했다.

프런트와 선수단의 몸짓 하나 하나에 정성과 열정이 담겨서 바라보는 이들이 행복한 그라운드가 되길 바라는 마음으로 야구단을 운영해야 하고 매사가 팬심과 함께 납득과 이해가 공존해야 했다.

긴 세월을 한 팀에서 일하다 보니 여러 보직을 두루 거쳤고, 야구단에서 경험할 수 있는 현장 부서 일들은 모두 다 직접 겪어보았다. 그러다 보니 속속들이 야구단의 생리와 운영을 체득하였고 그 경험을 바탕으로 이러한 글들을 써내려 왔다.

특히 오래도록 선수단 운영 업무를 했고, 외국인선수 스카우트와 관련하여 25년 가까이 직간접적으로 업무에 관여하였다. 뒤돌아보면 참으로 사연도 많고 사건사고도 많았으며 그 숱한 일들을 많은 임직원들과 함께 최전선에서 막아내고 견디고 이겨내었다.

25년의 짧지 않은 역사 속에서 일궈낸 5회의 우승과 9번의 한국시리즈 진출이라는 성적이 말해주듯이 역대 최소의 외부 FA 영입으로도 괄목할 성장을 이루었다. 냉정한 평가는 물론 우리 스스로 자화자찬할 것이 아니라 야구팬들의 몫으로 돌려야겠지만 말이다.

함께 했던 많은 훌륭한 분들이 계셨기에 가능한 일이었다. 훨씬 더 긴 역사를 가진 타 구단보다 더 많은 성과를 이루었다는 것은 그만큼 구단 수뇌부와 구성원들의 땀과 노력이 컸기 때문이다. 우리의 맨파워가 뛰어났다는 구체적이고 객관적인 증명이라고 할 수도 있을 것이다. 구단 관계자 전, 현직 모든 분들의 노고 없이 가능하지 못했던 역사라고 생각한다.

이제 프로야구는 국민 스포츠로 굳건하게 자리매김하였기에 사회의 많은 부분에 영향력을 미친다. 프로야구 선수들을 공인이라 칭하는 것에 이의를 제기할 사람은 거의 없을 것이다. 이젠 모든 행동거지를 조심해서 신중하게 해야 할 정도로 사회의 큰 관심을 받고 있으며, 많은 이들로부터 사랑과 격려를 받는다.

가지 많은 나무에 바람 잘 날 없듯이 숱한 일들이 많고 많았던 프로야구 세계이지만, 그 중에서도 내가 재직한 구단은 감히 청정지역이라고 말할 수 있을 정도로 KBO를 뒤흔들었던 굵직한 사건들에서 자유롭게, 건강하게 운영되었다.

'클린 구단'이라고 자부심을 가질 정도로 이미지에 걸맞게 선수단 관리가 제대로 잘 이루어졌으며 한마디로 말해 큰 탈 없이 잘 비켜 나갔다. 평상시 선수단 교육에 중점을 둔 성과일 수도 있고 나름대로 인성이 좋은 선수들을 스카우트하고 트레이드 시에도 평판을 세심히 살핀 결과물일지도 모른다.

여하튼 그 많은 사건사고에서 잘 벗어나기도 했고 설사 어떠한 일들이 터지더라도 조기에 잘 해결하여 수면 위로 부상하는 것을 철저히 막기도 하였다. 조직이 일사천리로 잘 움직였다는 증명이기도 하다.

입단 이후 선수들의 잘못으로 인해 발생하는 대표적인 사건사고 유형은 야구팬들이라면 한번쯤 소식을 들은 적이 있는 승부조작 사건, 불법도박, 병무비리, 음주 사고, 성비위 문제, 폭행 사건 등이다.

사회통념적으로 더욱 가중 처벌되는 부분도 없지 않아 있는 편이다. 장래가 촉망되던 유망선수들이 크고 작은 문제에 연루되어 안타깝게도 유니폼을 벗고 평생 해왔던 야구 일을 떠나기도 하고 음주운전 등 순간의 잘못으로 장래를 망치는 선수들도 많았던 게 사실이다. 안타깝기 그지없는 일들이었다.

과거 프로야구 태동기와 과도기에 비하면 선수들의 음주 문화는 이제 정말 큰 변화를 가져왔고 선수들의 프로의식과 문화도 안정되게 자리잡아가고 있다. 음주 문제로 KBO가 시끄러워지는 일도 많이 줄어들고 있는 추세이다. 그만큼 프로야구 시장이 확장되었고 그에 비례하여 선수들의 의식도 신장되고 성숙해졌다.

그래서 프로야구 선수들에게 요구되는 사회의 책임이 더 높아진 것도 사실이며 '노블레스 오블리주(Noblesse Oblige)'를 기대하는 니즈도 커진다. 이와 같이 상향된 프로야구의 위상에 걸맞은 선수협 차원의 사회활동이 비시즌에도 더 활발하게 이루어지길 바란다.

나아가서 사회의 취약계층과 불우이웃도 항상 염두에 두고 봉사활동을 이어 가면 좋겠다. 훈훈한 인심을 전하는 기부도 부와 명예를 축적한 만큼 사회에 다시 돌려주며 선한 영향력을 미치기를 바란다. 야구장 안에서뿐만 아니라 그라운드 밖에서도 페어플레이와 스포츠맨십으로 솔선수범하는 모습을 보여주기를 바란다.

40여 년 전 프로야구를 태동시키며 내건 캐치프레이즈에 맞는 어린이에게 꿈과 희망을 심어주는 진정한 프로야구가 되어 보다 더 발전하는 KBO 그리고 모든 구성원이 되기를 간절히 기원한다.

참으로 많은 내용들의 이야기를 쏟아내었다. 그간 내가 느낀 생생한 이야기들은 사실과 경험에서 비롯된 것으로 프로와 아마추어, 국내, 국외에 이르기까지 다양한 분야에서 독자들이 잘 알지 못했던 것들을 전하고자 했다.

무수히도 많이 스쳐 지나가는 정보의 홍수 속의 작은 부분일 수도 있고, 어떤 것은 기존에는 느끼지 못했던 공기와 바람처럼 갑자기 다른 의미로 다가올 수도 있다. 빠르게 변화되는 디지털 세상에서 독자라는 새 주인을 찾아가는 깨알 같은 글씨들이, 그 안에 담긴 의미들이 여러

분들의 인생과 야구에 미력하나마 도움이 되길 바라는 마음이다.

뒤돌아 예전 영광을 떠올려 보니 팬들과 함께 갈망했던 우승의 환희와 터질 듯했던 성취감도 마냥 오래가지는 않았다. 밀려들어오는 온갖 다른 것들로 행복한 미소를 머금은 얼굴이 이내 다른 표정으로 바뀌기도 했던 것 같다. 반면 비록 최종 성적은 준우승이었어도 하늘을 얻은 것처럼 기쁜 얼굴로 한 해를 수놓았던 적도 있었다.

과연 무엇이 이러한 잣대를 만들어 사람들로 하여금 진심으로 기쁜 마음을 만들고 행복했다고 하는가 궁금하다. 여태껏 살아보니 결국은 사람 마음이었다. 보여도 보이지 않고 들려도 들리지 않는 것, 함께 있어도 함께 하지 않을 수 있고, 떨어져 있어도 함께 할 수 있는 것들, 이 모든 것들이 사람의 마음이다.

스스로 다스리는 마음은 자신을 다잡는 다짐일 뿐 끊임없이 자신을 괴롭히는 번민들은 형체에 상관없이 자신을 시험한다. 하늘에 구름이 일었다 지고 반복되거늘 매번 그때마다 구름을 탓하지도 하늘을 탓하지도 않는다. 모든 시시비비는 자신에게 있다. 일체유심조로 살아가는 법, 홀로 살아가도 결국 모두와 함께 살아가는 법이다.

태어나 60년이라는 인생을 살아오면서 전부는 아니지만 한 부분에 대하여 책을 낸다는 것은 과단한 용기가 필요했다. 차분하게 스스로를 되돌아보는 글쓰기 작업은 늘 깊은 성찰로 나를 반성하게 하며, 남은 인생을 의연하게 살아가게 만든다.

내가 경험한 야구 관련 이야기에 약간의 인생 철학을 조금 덧붙였다. 나와 함께 호흡하며 내적으로 외적으로 많은 도움을 주신 고마운 분들에게 다시 한 번 진심으로 감사드리고, 항상 변함없이 옆에서 조언을 아끼지 않은 사랑하는 아내와 가족들에게 고맙다는 얘기를 전하고 싶다.

THE SCOUT
스카우트

초판 1쇄 펴낸 날 | 2025년 7월 18일

지은이 | 진상봉
펴낸이 | 홍정우
펴낸곳 | 브레인스토어

책임편집 | 김다니엘
편집진행 | 이은수, 박혜림
디자인 | 이예슬
마케팅 | 방경희
사진 | SSG 랜더스, 게티이미지, 진상봉

주소 | (03908) 서울시 마포구 월드컵북로 375, DMC이안상암1단지 2303호
전화 | (02)3275-2915~7
팩스 | (02)3275-2918
이메일 | brainstore@publishing.by-works.com
블로그 | http://blog.naver.com/brain_store
인스타그램 | https://instagram.com/brainstore_publishing

등록 | 2007년 11월 30일(제313-2007-000238호)

© 브레인스토어, 진상봉, 2025
ISBN 979-11-6978-057-5 (03690)

* 이 책은 저작권법에 따라 보호받는 저작물이므로 무단전재와 무단복제를 금하며, 이 책 내용의 전부 또는 일부를 이용하려면 반드시 저작권자와 브레인스토어의 서면 동의를 받아야 합니다.